ALEXANDRE DUMAS

LA FEMME
AU COLLIER DE VELOURS

LE CAPITAINE MARION — LA JUNON — LE KENT

PUBLIÉS PAR DUFOUR ET MULAT

ÉDITION ILLUSTRÉE PAR J.-A. BEAUCÉ, ETC.

PARIS
MARESCQ ET Cie, ÉDITEURS
5, RUE DU PONT-DE-LODI, 5
1855

LA FEMME
AU COLLIER DE VELOURS

LE CAPITAINE MARION — LA JUNON — LE KENT

PARIS. — IMPRIMERIE SIMON RAÇON ET COMP., RUE D'ERFURTH, 1.

LA FEMME
AU COLLIER DE VELOURS

LE CAPITAINE MARION — LA JUNON — LE KENT

PAR

ALEXANDRE DUMAS

DESSINS PAR J.-A BEAUCÉ, ED. COPPIN, LANCELOT, ETC

MARESCQ ET Cie, ÉDITEURS

LIBRAIRIE CENTRALE DES PUBLICATIONS ILLUSTRÉES A 20 CENTIMES
5, RUE DU PONT-DE-LODI, 5
1857

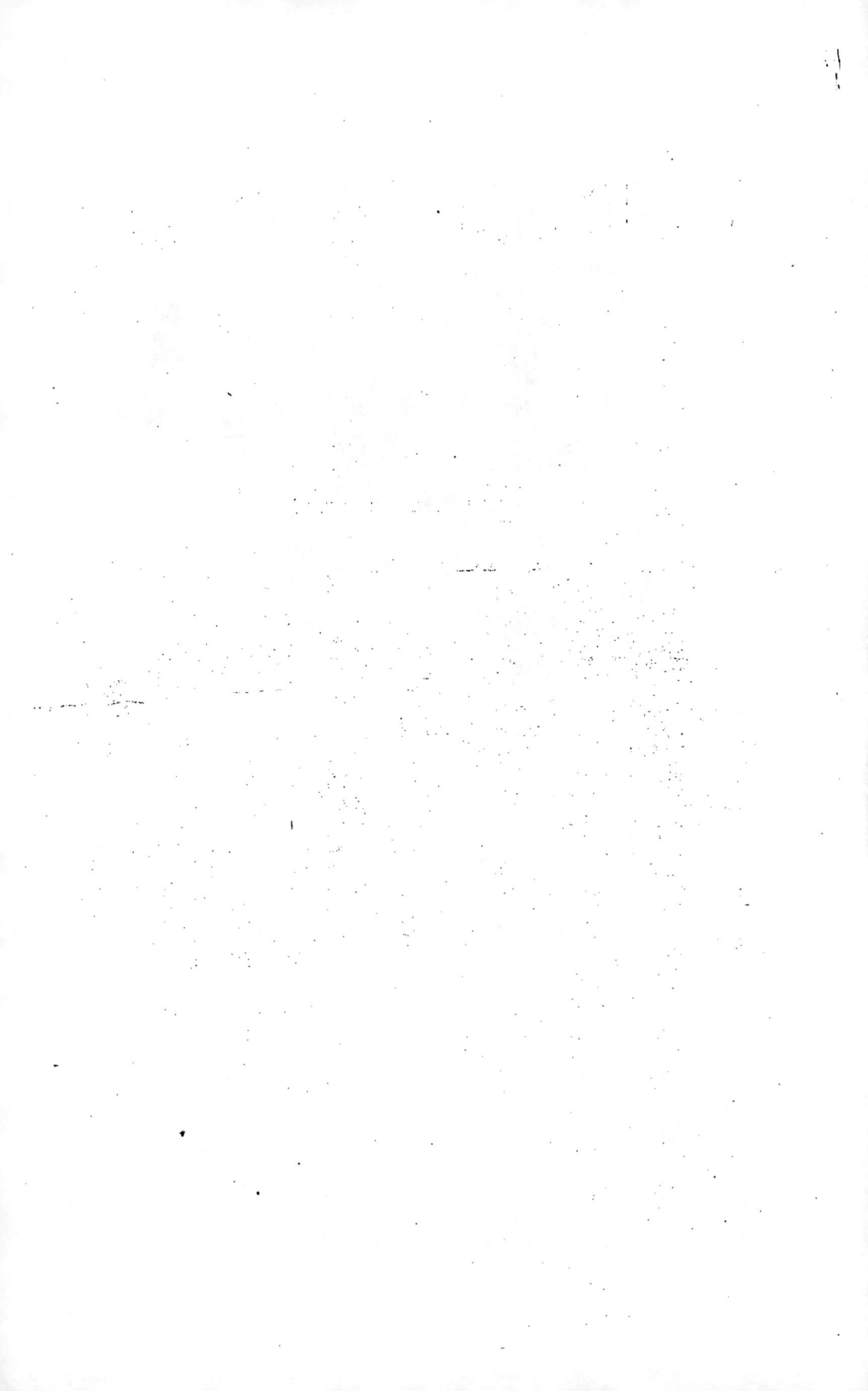

LA FEMME
AU COLLIER DE VELOURS

ALEXANDRE DUMAS

—o—o◊o—o—

I

L'ARSENAL

L e 4 décembre 1846, mon bâtiment étant à l'ancre depuis la veille dans la baie de Tunis, je me réveillai vers cinq heures du matin avec une de ces impressions de profonde mélancolie qui font, pour tout un jour, l'œil humide et la poitrine gonflée.

Cette impression venait d'un rêve.

Je sautai en bas de mon cadre, je passai un pantalon à pieds, je montai sur le pont et je regardai en face et autour de moi.

J'espérais que le merveilleux paysage qui se déroulait sous mes yeux allait distraire mon esprit de cette préoccupation, d'autant plus obstinée, qu'elle avait une cause moins réelle.

J'avais devant moi, à une portée de fusil, la

Paris. — Imp. Simon Raçon & Cⁱᵉ, rue d'Erfurth, 1.

1

jetée qui s'étendait du fort de la Goulette au fort de l'Arsenal, laissant un étroit passage aux bâtiments qui veulent pénétrer du golfe dans le lac. Ce lac aux eaux bleues, comme l'azur du ciel qu'elles réfléchissaient, était tout agité, dans certains endroits, par les battements d'ailes d'une troupe de cygnes, tandis que, sur des pieux plantés de distance en distance pour indiquer des bas-fonds, se tenait immobile, pareil à ces oiseaux qu'on sculpte sur les sépulcres, un cormoran qui, tout à coup, se laissait tomber comme une pierre, plongeait pour attraper sa proie, revenait à la surface de l'eau avec un poisson au travers du bec, avalait ce poisson, remontait sur son pieu, et reprenait sa taciturne immobilité jusqu'à ce qu'un nouveau poisson, passant à sa portée, sollicitât son appétit, et, l'emportant sur sa paresse, le fît disparaître de nouveau pour reparaître encore.

Et pendant ce temps, de cinq minutes en cinq minutes, l'air était rayé par une file de flamands dont les ailes de pourpre se détachaient sur le blanc mat de leur plumage, et, formant un dessin carré, semblaient un jeu de cartes composé d'as de carreau seulement, et volant sur une seule ligne.

A l'horizon était Tunis, c'est-à-dire un amas de maisons carrées, sans fenêtres, sans ouvertures, montant en amphithéâtre, blanches comme de la craie, et se détachant sur le ciel avec une netteté singulière. A gauche s'élevaient, comme une immense muraille à créneaux, les montagnes de Plomb, dont le nom indique la teinte sombre; à mi-pied rampaient le marabout et le village des Sidi-Fathallah ; à droite, on distinguait le tombeau de saint Louis, et la place où fut Carthage, deux des plus grands souvenirs qu'il y ait dans l'histoire du monde. Derrière nous se balançait à l'ancre le *Montézuma*, magnifique frégate à vapeur de la force de quatre cent cinquante chevaux.

Certes, il y avait bien là de quoi distraire l'imagination la plus préoccupée. A la vue de toutes ces richesses, on eût oublié et la veille, et le jour et le lendemain. Mais mon esprit était, à dix ans de là, fixé obstinément sur une seule pensée qu'un rêve avait clouée dans mon cerveau.

Mon œil devint fixe. Tout ce splendide panorama s'effaça peu à peu dans la vaguité de mon regard. Bientôt je ne vis plus rien de ce qui existait. La réalité disparut ; puis, au milieu de ce vide nuageux, comme sous la baguette d'une fée, se dessina un salon aux lambris blancs, dans l'enfoncement duquel, assise devant un piano où ses doigts erraient négligemment, se tenait une femme inspirée et pensive à la fois, une muse et une sainte. Je reconnus cette femme, et je murmurai comme si elle eût pu m'entendre :

— Je vous salue, Marie, pleine de grâces, mon esprit est avec vous.

Puis, n'essayant plus de résister à cet ange aux ailes blanches qui me ramenait aux jours de ma jeunesse, et, comme une vision charmante, me montrait cette chaste figure de jeune fille, de jeune femme et de mère, je me laissai emporter au courant de ce fleuve qu'on appelle la mémoire, et qui remonte le passé au lieu de descendre vers l'avenir.

Alors je fus pris de ce sentiment si égoïste, et par conséquent si naturel à l'homme, qui le pousse à ne point garder sa pensée à lui seul, de doubler l'étendue de ses sensations en les communiquant, et de verser enfin dans une autre âme la liqueur douce ou amère qui remplit son âme.

Je pris une plume et j'écrivis :

« A bord du *Véloce*, en vue de Carthage et de Tunis, le 4 décembre 1846.

« Madame,

« En ouvrant une lettre datée de Carthage et de Tunis, vous vous demanderez qui peut vous écrire d'un pareil endroit, et vous espérerez recevoir un autographe de Régulus ou de Louis IX. Hélas ! madame, celui qui met de si loin son humble souvenir à vos pieds n'est ni un héros, ni un saint, et s'il a jamais eu quelque ressemblance avec l'évêque d'Hippone, dont il y a trois jours il visitait le tombeau, ce n'est qu'à la première partie de la vie de ce grand homme que cette ressemblance peut être applicable. Il est vrai que, comme lui, il peut racheter cette première partie de la vie par la seconde. Mais il est déjà bien tard pour faire pénitence, et, selon toute probabilité, il mourra comme il a vécu, n'osant pas même laisser après lui ses confessions, qui, à la rigueur, peuvent se laisser raconter, mais qui ne peuvent guère se lire.

« Vous avez déjà couru à la signature, n'est-ce pas, madame, et vous savez à qui vous avez affaire; de sorte que maintenant vous vous demandez comment, entre ce magnifique lac qui est le tombeau d'une ville, et le pauvre monument qui est le sépulcre d'un roi, l'auteur des *Mousquetaires* et de *Monte-Cristo* a songé à vous écrire, à vous justement quand, à Paris, à votre porte, il demeure quelquefois un an tout entier sans aller vous voir.

« D'abord, madame, Paris est Paris, c'est-à-dire une espèce de tourbillon où l'on perd la mémoire de toutes choses, au milieu du bruit que fait le monde en courant et la terre en tournant. A Paris, voyez-vous, je fais comme le monde et comme la terre ; je cours et je tourne, sans compter que, lorsque je ne tourne ni ne cours, j'écris. Mais alors, madame, c'est autre chose, et, quand j'écris, je ne suis déjà plus si séparé de vous que vous le pensez, car vous êtes une de ces rares personnes pour lesquelles j'écris, et il est bien extraordinaire que je ne me dise pas, lorsque j'achève un chapitre dont je suis content, ou un livre qui est bien venu : — Marie Nodier, cet esprit rare et charmant, lira cela, — et je suis fier, madame, car j'espère qu'après que vous aurez lu ce que je viens d'écrire, je grandirai peut-être encore de quelques lignes dans votre pensée.

« Tant il y a, madame, pour en revenir à ma pensée, que, cette nuit, j'ai rêvé, je n'ose pas dire à vous, mais de vous, oubliant la houle qui balançait un gigantesque bâtiment à vapeur que le gouvernement me prête, et sûr lequel je donne l'hospitalité à un de vos amis et à un de vos admirateurs, à Boulanger, et à mon fils, sans compter Giraud, Maquet, Chancel et Desbarolles, qui se rangent au nombre de vos connaissances ; tant il y a, disais-je, que je me suis endormi sans songer à rien, et comme je suis presque dans le pays des Mille et une Nuits, un génie m'a visité et m'a fait entrer dans un rêve dont vous avez été la reine. Le lieu où il m'a conduit, ou plutôt ramené, madame, était bien mieux qu'un palais, était bien mieux qu'un royaume ; c'était cette bonne et excellente maison de l'Arsenal, au temps de sa joie et de son bonheur, quand notre bien-aimé Charles en faisait les honneurs avec toute la franchise de l'hospitalité antique, et notre bien respectée Marie, avec toute la grâce de l'hospitalité moderne.

« Ah ! croyez bien, madame, qu'en écrivant ces lignes, je viens de laisser échapper un bon gros soupir. Ce temps a été un heureux temps pour moi. Votre esprit charmant en donnait à tout le monde, et quelquefois, j'ose le dire, à moi plus qu'à tout autre. Vous voyez que c'est un sentiment égoïste qui me rapproche de vous. J'empruntais quelque chose à votre adorable gaieté, comme le caillou du poëte Saadi empruntait une part du parfum de la rose.

« Vous rappelez-vous le costume d'archer de Paul ? vous rappelez-vous les souliers jaunes de Francisque Michel ? vous rappelez-vous mon fils en débardeur ? vous rappelez-vous cet enfoncement où était le piano et où vous chantiez *Lazzara*, cette merveilleuse mélodie que vous m'avez promise, et que, soit dit sans reproches, vous ne m'avez jamais donnée ?

« Oh ! puisque je fais appel à vos souvenirs, allons plus loin encore : vous rappelez-vous Fontaney et Alfred Johannot, ces deux figures voilées qui restaient toujours tristes au milieu de nos rires, car il y a dans les hommes qui doivent mourir jeunes un vague pressentiment du tombeau ? Vous rappelez-vous Taylor, assis dans un coin, immobile, muet et rêvant dans quel voyage nouveau il pourra enrichir la France d'un tableau espagnol, d'un bas-relief grec ou d'un obélisque égyptien ? Vous rappelez-vous de Vigny, qui, à cette époque, doutait peut-être de sa transfiguration et daignait encore se mêler à la foule des hommes ? Vous rappelez-vous Lamartine, debout devant la cheminée, et laissant rouler jusqu'à nos pieds l'harmonie de ses beaux vers ; vous rappelez-vous Hugo le regardant et l'écoutant comme Étéocle devait regarder et écouter Polynice, seul parmi nous avec le sourire de l'égalité sur les lèvres ; tandis que madame Hugo, jouant avec ses beaux cheveux, se tenait à demi couchée sur le canapé, comme fatiguée de la part de gloire qu'elle porte ?

« Puis, au milieu de tout cela, votre mère, si simple, si bonne, si douce ; votre tante, madame de Tercy, si spirituelle et si bienveillante ; Dauzats, si fantasque, si hâbleur, si verveux ; Barye, si isolé au milieu du bruit, que sa pensée semble toujours envoyée par son corps à la recherche d'une des sept merveilles du monde ; Boulanger, aujourd'hui si mélancolique, demain si joyeux, toujours si grand peintre, toujours si grand poëte, toujours si bon ami dans sa gaieté comme dans sa tristesse ; puis enfin cette petite fille se glissant entre les poëtes, les peintres, les musiciens, les grands hommes, les gens d'esprit et les savants ; cette petite fille que je prenais dans le creux de ma main et que je vous offrais comme une statuette de Barre ou de Pradier ? Oh ! mon Dieu ! qu'est devenu tout cela, madame ?

« Le Seigneur a soufflé sur la clef de voûte, et l'édifice magique s'est écroulé, et ceux qui le peuplaient se sont enfuis, et tout est désert à cette même place où tout était vivant, épanoui, florissant.

« Fontaney et Alfred Johannot sont morts, Taylor a renoncé aux voyages, de Vigny s'est fait invisible, Lamartine est député, Hugo pair de France, et Boulanger, mon fils et moi, sommes à Carthage, d'où je vous vois, madame, en poussant ce bon gros soupir dont je vous parlais tout à l'heure, et qui, malgré le vent qui emporte comme un nuage la fumée mourante de notre bâtiment, ne rattrapera jamais ces chers souvenirs que le temps aux ailes sombres entraîne silencieusement dans la brume grisâtre du passé.

« O printemps, jeunesse de l'année ! ô jeunesse, printemps de la vie !

« Eh bien, voilà le monde évanoui qu'un rêve m'a rendu, cette nuit, aussi brillant, aussi visible, mais en même temps, hélas ! aussi impalpable que ces atomes qui dansent au milieu d'un rayon de soleil, infiltré dans une chambre sombre par l'ouverture d'un contrevent entrebâillé.

« Et maintenant, madame, vous ne vous étonnez plus de cette lettre, n'est-ce pas ? Le présent chavirerait sans cesse s'il n'était maintenu en équilibre par le poids de l'espérance et le contrepoids des souvenirs, et malheureusement ou heureusement peut-être, je suis de ceux chez lesquels les souvenirs l'emportent sur les espérances.

« Maintenant parlons d'autre chose ; car il est permis d'être triste, mais à la condition qu'on n'embrunira pas les autres de sa tristesse. Que fait mon ami Boniface ? — Ah ! j'ai, il y a huit ou dix jours, visité une ville qui lui vaudra bien des pensums, quand il trouvera son nom dans le livre de ce méchant usurier qu'on nomme Salluste. Cette ville, c'est Constantine, la vieille Cyrta, merveille bâtie au haut d'un rocher, sans doute par une race d'animaux fantastiques ayant des ailes d'aigles et des mains d'hommes comme Hérodote et Levaillant, ces deux grands voyageurs, en ont vu.

« Puis, nous avons passé un peu à Utique et beaucoup à Byzerte. Giraud a fait dans cette dernière ville le portrait d'un notaire turc, et Boulanger de son maître clerc. Je vous les envoie, madame, afin que vous puissiez les comparer aux notaires et aux maîtres clercs de Paris. Je doute que l'avantage reste à ces derniers.

« Moi, j'y suis tombé à l'eau en chassant les flamands et les cygnes, accident qui, dans la Seine, gelée probablement à cette heure, aurait pu avoir des suites fâcheuses, mais qui, dans le lac de Caton, n'a eu d'autre inconvénient que de me faire prendre un bain, tout habillé, et cela au grand étonnement d'Alexandre, de Giraud et du gouverneur de la ville, qui, du haut d'une terrasse, suivaient notre barque des yeux, et qui ne pouvaient comprendre un événement qu'ils attribuaient à un acte de ma fantaisie, et qui n'était que la perte de mon centre de gravité.

« Je m'en suis tiré comme les cormorans dont je vous parlais tout à l'heure, madame ; comme eux j'ai disparu, comme eux je suis revenu sur l'eau ! seulement, je n'avais pas, comme eux, un poisson dans le bec.

« Cinq minutes après je n'y pensais plus, et j'étais sec comme M. Valéry, tant le soleil a mis de complaisance à me caresser.

« Oh ! je voudrais, partout où vous êtes, madame, conduire un rayon de ce beau soleil, ne fût-ce que pour faire éclore sur votre fenêtre une touffe de myosotis.

« Adieu, madame ; pardonnez-moi cette longue lettre ; je ne suis pas coutumier de la chose, et, comme l'enfant qui se défendait d'avoir fait le monde, je vous promets que je ne le ferai plus ; mais aussi, pourquoi le concierge du ciel a-t-il laissé ouverte cette porte d'ivoire par laquelle sortent les songes dorés ?

« Veuillez agréer, madame, l'hommage de mes sentiments les plus respectueux.

« ALEXANDRE DUMAS.

« Je serre bien cordialement la main de Jules. »

Maintenant, à quel propos cette lettre tout intime ? C'est que, pour raconter à mes lecteurs l'histoire de la femme au collier de velours, il me fallait leur ouvrir les portes de l'Arsenal : c'est-à-dire de la demeure de Charles Nodier.

Et maintenant que cette porte m'est ouverte par la main de sa fille, et que par conséquent nous sommes sûrs d'être les bienvenus : « qui m'aime me suive. »

Le baron Taylor. — PAGE 3.

II

L'ARSENAL (SUITE)

l'extrémité de Paris, faisant suite au quai des Célestins, adossé à la rue Morland, et dominant la rivière, s'élève un grand bâtiment sombre et triste d'aspect nommé l'Arsenal.

Une partie de terrain sur lequel s'étend cette lourde bâtisse s'appelait, avant le creusement des fossés de la ville, le Champ-au-Plâtre. Paris, un jour qu'il se préparait à la guerre, acheta le champ et fit construire des granges pour y placer son artillerie. Vers 1533, François Ier s'aperçut qu'il manquait de canons et eut l'idée d'en faire fondre. Il emprunta donc une de ces granges à sa bonne ville, avec promesse, bien entendu, de la rendre dès que la fonte serait achevée; puis, sous prétexte d'accélérer le travail, il en emprunta une seconde, puis une troisième, toujours avec la même promesse ; puis, en vertu du proverbe qui dit que ce qui est bon à prendre est bon à garder, il garda sans façon les trois granges empruntées.

Vingt ans après, le feu prit à une vingtaine de milliers de poudre qui s'y trouvaient enfermés. L'explosion fut terrible : Paris trembla comme tremble Catane les jours où Encelade se remue. Des pierres furent lancées jusqu'au bout du faubourg Saint-Marceau ; les roulements de ce terrible tonnerre allèrent ébranler Melun. Les maisons du voisinage oscillèrent un instant, comme si elles étaient ivres, puis s'affaissèrent sur elles-mêmes. Les poissons périrent dans la rivière, tués par cette commotion inattendue ; enfin, trente personnes, enlevées par l'ouragan de flammes, retombèrent en lambeaux : cent cinquante furent blessées. D'où venait ce sinistre ? Quelle était la cause de ce malheur ? On l'ignora toujours ; et, en vertu de cette ignorance, on l'attribua aux protestants.

Charles IX fit reconstruire, sur un plus vaste plan, les bâtiments détruits. C'était un bâtisseur que Charles IX : il faisait sculpter le Louvre, tailler la fontaine des Innocents par Jean Goujon, qui y fut tué, comme chacun sait, par une balle perdue. Il eût certainement mis fin à tout, le grand artiste et le grand poëte, si Dieu, qui avait certains comptes à lui demander à propos du 24 août 1572, ne l'eût rappelé.

Ses successeurs reprirent les constructions où il les avait laissées, et les continuèrent. Henri III fit sculpter, en 1584, la porte qui fait face au quai des Célestins ; elle était accompagnée de colonnes en forme de canons, et sur la table de marbre qui la surmontait, on lisait ce distique de Nicolas Bourbon, que Santeuil demandait à acheter au prix de la potence :

Œtna hæc Henrico vulcania tela ministrat
Tela gigantéos debellatura furores.

Ce qui veut dire en français :

« L'Etna prépare ici les traits avec lesquels Henri doit foudroyer la fureur des géants. »

Et, en effet, après avoir foudroyé les géants de la Ligue, Henri planta ce beau jardin qu'on y voit sur les cartes du temps de Louis XIII, tandis que Sully y établissait son ministère et faisait peindre et dorer les beaux salons qui font, encore aujourd'hui, la bibliothèque de l'Arsenal.

En 1823, Charles Nodier fut appelé à la direc-tion de cette bibliothèque, et quitta la rue de Choiseul, où il demeurait, pour s'établir dans son nouveau logement.

C'était un homme adorable que Nodier, sans un vice, mais plein de défauts, de ces défauts charmants qui font l'originalité de l'homme de génie, prodigue, insouciant flâneur, flâneur comme Figaro était paresseux ! avec délices.

Nodier savait à peu près tout ce qu'il était donné à l'homme de savoir ; d'ailleurs, Nodier avait le privilége de l'homme de génie : quand il ne savait pas il inventait, et ce qu'il inventait était bien autrement ingénieux, bien autrement coloré, bien autrement probable que la réalité.

D'ailleurs, plein de systèmes, paradoxal avec enthousiasme, mais pas le moins du monde propagandiste, c'était pour lui-même que Nodier était paradoxal, c'était pour lui seul que Nodier se faisait des systèmes ; ses systèmes adoptés, ses paradoxes reconnus ; il en eût changé, et s'en fût immédiatement fait d'autres.

Nodier était l'homme de Térence, à qui rien d'humain n'est étranger. Il aimait pour le bonheur d'aimer ; il aimait comme le soleil luit, comme l'eau murmure, comme la fleur parfume : tout ce qui était bon, tout ce qui était beau, tout ce qui était grand lui était sympathique ; dans le mauvais même, il cherchait ce qu'il y avait de bon, comme, dans la plante vénéneuse, le chimiste, du sein du poison même, tire un remède salutaire.

Combien de fois Nodier avait-il aimé ? c'est ce qu'il lui eût été impossible de dire à lui-même ; d'ailleurs, le grand poëte qu'il était, il confondait toujours le rêve avec la réalité. Nodier avait caressé avec tant d'amour les fantaisies de son imagination, qu'il avait fini par croire à leur existence. Pour lui, Thérèse Aubert, la Fée aux Miettes, Inès de la Sierra, avaient existé. C'étaient ses filles, comme Marie ; c'étaient les sœurs de Marie ; seulement, madame Nodier n'avait été pour rien dans leur création ; comme Jupiter, Nodier avait tiré toutes ces Minerves-là de son cerveau.

Mais ce n'étaient pas seulement des créatures humaines, ce n'étaient pas seulement des filles d'Ève et des fils d'Adam que Nodier animait de son souffle créateur. Nodier avait inventé un animal, il l'avait baptisé. Puis, il l'avait, de sa propre autorité, sans s'inquiéter de ce que Dieu en disait, doté de la vie éternelle.

Cet animal c'était le taratantaleo.

Vous ne connaissez pas le taratantaleo, n'est-ce

pas? ni moi non plus; mais Nodier le connaissait, lui, Nodier le savait par cœur. Il vous racontait les mœurs, les habitudes, les caprices du
taratantaleo. Il vous eût raconté ses amours si,
du moment où il s'était aperçu que le taratantaleo
portait en lui le principe de la vie éternelle, il ne
l'eût condamné au célibat, la reproduction étant
inutile là où existe la résurrection.

Comment Nodier avait-il découvert le tarătan-
taleo?

Je vais vous le dire :

A dix-huit ans, Nodier s'occupait d'entomologie. La vie de Nodier s'est divisée en six phases
différentes :

D'abord, il fit de l'histoire naturelle : la *Bibliothèque entomologique ;*

Puis de la linguistique : le *Dictionnaire des
Onomatopées ;*

Puis de la politique : la *Napoleone;*

Puis de la philosophie religieuse : les *Médi-
tations du Cloître ;*

Puis des poésies : les *Essais d'un jeune barde ;*

Puis du roman : *Jean Sbogar, Smarra, Trilby,*
le *peintre de Salzbourg, Mademoiselle de Mar-
san, Adèle,* le *Vampire,* le *Songe d'or,* les *Souvenirs de Jeunesse,* le *Roi de Bohême et ses
sept Châteaux,* les *Fantaisies du docteur Néo-
phobus,* et mille choses charmantes encore que
vous connaissez, que je connais, et dont le nom
ne se retrouve pas sous ma plume.

Nodier en était donc à la première phase de
ses travaux; Nodier s'occupait d'entomologie,
Nodier demeurait au sixième, — un étage plus
haut que Béranger ne loge le poëte. — Il faisait
des expériences au microscope sur les infiniment
petits, et, bien avant Raspail, il avait découvert
tout un monde d'animalcules invisibles. Un
jour, après avoir soumis à l'examen l'eau, le
vin, le vinaigre, le fromage, le pain, tous les
objets enfin sur lesquels on fait habituellement
des expériences, il prit un peu de sable mouillé
dans la gouttière, et le posa dans la cage de son
microscope, puis il appliqua son œil sur la len-
tille.

Alors il vit se mouvoir un animal étrange,
ayant la forme d'un vélocipède, armé de deux
roues qu'il agitait rapidement. Avait-il une rivière à traverser? ses roues lui servaient comme
celles d'un bateau à vapeur; avait-il un terrain
sec à franchir? ses roues lui servaient comme
celles d'un cabriolet. Nodier le regarda, le dé-
tailla, le dessina, l'analysa si longtemps, qu'il
se souvint tout à coup qu'il oubliait un rendez-

vous, et qu'il se sauva, laissant là son microscope, sa pincée de sable et le taratantaleo dont
elle était le monde.

Quand Nodier rentra, il était tard; il était fatigué, il se coucha, et dormit comme on dort à
dix-huit ans. Ce fut donc le lendemain seulement,
en ouvrant les yeux, qu'il pensa à la pincée de
sable, au microscope et au taratantaleo.

Hélas! pendant la nuit le sable avait séché, et
le pauvre taratantaleo qui, sans doute, avait besoin d'humidité pour vivre, était mort. Son petit
cadavre était couché sur le côté, ses roues étaient
immobiles. Le bateau à vapeur n'allait plus; le
vélocipède était arrêté.

Mais, tout mort qu'il était, l'animal n'en était
pas moins une curieuse variété des éphémères,
et son cadavre méritait d'être conservé aussi bien
que celui d'un mahmouth ou d'un mastodonte;
seulement, il fallait prendre, on le comprend,
des précautions bien autrement grandes pour
manier un animal cent fois plus petit qu'un
ciron, qu'il n'en faut prendre pour changer de
place un animal dix fois gros comme un éléphant.

Ce fut donc avec la barbe d'une plume que
Nodier transporta sa pincée de sable de la cage
de son microscope dans une petite boîte de
carton, destinée à devenir le sépulcre du taratantaleo.

Il se promettait de faire voir ce cadavre au
premier savant qui se hasarderait à monter ses
six étages.

Il y a tant de choses auxquelles on pense à dix-
huit ans, qu'il est bien permis d'oublier le cadavre d'un éphémère. Nodier oublia pendant
trois mois, dix mois, un an peut-être, le cadavre
du taratantaleo.

Puis, un jour, la boîte lui tomba sous la main.
Il voulut voir quel changement un an avait produit sur son animal. Le temps était couvert, il
tombait une grosse pluie d'orage. Pour mieux
voir, il approcha le microscope de la fenêtre, et
vida dans la cage le contenu de la petite boîte.

Le cadavre était toujours immobile et couché
sur le sable; seulement le temps, qui a tant de
prise sur les colosses, semblait avoir oublié l'infiniment petit.

Nodier regardait donc son éphémère, quand
tout à coup une goutte de pluie, chassée par le
vent, tombe dans la cage du microscope et hu-
mecte la pincée de sable.

Alors, au contact de cette fraîcheur vivifiante,
il semble à Nodier que son taratantaleo se ra-
nime, qu'il remue une antenne, puis l'autre;

Isaac Laquedem. — PAGE 13.

qu'il fait tourner une de ses roues, qu'il fait tourner ses deux roues, qu'il reprend son centre de gravité, que ses mouvements se régularisent, qu'il vit enfin.

Le miracle de la résurrection vient de s'accomplir, non pas au bout de trois jours, mais au bout d'un an.

Dix fois Nodier renouvela la même épreuve, dix fois le sable sécha, et le taratantaleo mourut ; dix fois le sable fut humecté et dix fois le taratantaleo ressuscita.

Ce n'était pas un éphémère que Nodier avait découvert, c'était un immortel. Selon toute probabilité, son taratantaleo avait vu le déluge, et devait assister au jugement dernier.

Malheureusement, un jour que Nodier, pour la vingtième fois peut-être, s'apprêtait à renouveler son expérience, un coup de vent emporta le sable séché, et, avec le sable, le cadavre du phénoménal taratantaleo.

Nodier reprit bien des pincées de sable mouillé sur sa gouttière et ailleurs, mais ce fut inutilement, jamais il ne retrouva l'équivalent de ce qu'il avait perdu : le taratantaleo était le seul de son espèce, et, perdu pour tous les hommes, il ne vivait plus que dans les souvenirs de Nodier. Mais aussi là vivait-il de manière à ne jamais s'en effacer.

Nous avons parlé des défauts de Nodier ; son défaut dominant, aux yeux de madame Nodier, du moins, c'était sa bibliomanie ; ce défaut, qui faisait le bonheur de Nodier, faisait le désespoir de sa femme.

C'est que tout l'argent que Nodier gagnait passait en livres ; combien de fois Nodier, sorti pour aller chercher deux ou trois cents francs, absolument nécessaires à la maison, rentra-t-il avec un volume rare, avec un exemplaire unique!

L'argent était resté chez Techener ou Guillemot.

Madame Nodier voulait gronder ; mais Nodier, tirait son volume de sa poche, il l'ouvrait, le fermait, le caressait, montrait à sa femme une faute d'impression qui faisait l'authenticité du livre.

Et cela tout en disant :

— Songe donc, ma bonne amie, que je retrouverai trois cents francs, tandis qu'un pareil livre, hum ! un pareil livre est introuvable ; demande plutôt à Pixérécourt.

Pixérécourt, c'était la grande admiration de Nodier, qui a toujours adoré le mélodrame. Nodier appelait Pixérécourt le Corneille des boulevards.

Presque tous les matins Pixérécourt venait rendre visite à Nodier.

Le matin, chez Nodier, était consacré aux visites des bibliophiles. C'était là que se réunissaient le marquis de Ganay, le marquis de Château-Giron, le marquis de Chalabre, le comte de Labédoyère, Bérard, l'homme des Elzevirs, qui, dans ses moments perdus, refit la Charte de 1830 ; le bibliophile Jacob, le savant Wess de Besançon, l'universel Peignot de Dijon ; enfin les savants étrangers, qui, aussitôt leur arrivée à Paris, se faisaient présenter ou se présentaient seuls à ce cénacle, dont la réputation était européenne.

Là on consultait Nodier, l'oracle de la réunion ; là on lui montrait des livres ; là on lui demandait des notes : c'était sa distraction favorite. Quant aux savants de l'Institut, ils ne venaient guère à ces réunions, ils voyaient Nodier avec jalousie. Nodier associait l'esprit et la poésie à l'érudition, et c'était un tort que l'Académie des sciences ne pardonne pas plus que l'Académie française.

Puis Nodier raillait souvent, Nodier mordait quelquefois. Un jour il avait fait le Roi de Bohême et ses sept Châteaux ; cette fois-là, il avait emporté la pièce. On crut Nodier à tout jamais brouillé avec l'Institut. Pas du tout : l'Académie de Tombouctou fit entrer Nodier à l'Académie française.

On se doit quelque chose entre sœurs.

Après deux ou trois heures d'un travail toujours facile ; après avoir couvert dix ou douze pages de papier de six pouces de haut sur quatre de large, à peu près, d'une écriture lisible, régulière, sans rature aucune, Nodier sortait.

Une fois sorti, Nodier rôdait à l'aventure, suivant néanmoins presque toujours la ligne des quais, mais passant et repassant la rivière, selon la situation topographique des étalagistes ; puis des étalagistes il entrait dans les boutiques de libraires, et des boutiques de libraires dans les magasins de relieurs.

C'est que Nodier se connaissait non-seulement en livres, mais en couvertures. Les chefs-d'œuvre de Gascon sous Louis XIII, de Desseuil sous Louis XIV, de Pasdeloup sous Louis XV et de Derome sous Louis XV et Louis XVI, lui étaient si familiers, que, les yeux fermés, au simple toucher, il les reconnaissait. C'était Nodier qui avait fait revivre la reliure, qui, sous la Révolution et l'Empire, cessa d'être un art ; c'est lui qui encouragea, qui dirigea les restaurateurs de cet art, les Touvenin, les Bradel, les Niédée, les Bozonnet et les Legrand. Touvenin, mourant de la poitrine, se levait de son lit d'agonie pour jeter un dernier coup d'œil aux reliures qu'il faisait pour Nodier.

La course de Nodier aboutissait presque toujours chez Crozet ou Techener, ces deux beaux-frères désunis par la rivalité, et entre lesquels son placide génie venait s'interposer. Là, il y avait réunion de bibliophiles ; là, on s'assemblait pour parler livres, éditions, ventes ; là, on faisait des échanges ; puis, dès que Nodier paraissait, c'était un cri ; mais, dès qu'il ouvrait la bouche, silence absolu. Alors Nodier narrait, Nodier paradoxait, de omni re scibili et quibusdam aliis.

Le soir, après le dîner de famille, Nodier travaillait d'ordinaire dans la salle à manger entre trois bougies posées en triangle, jamais plus, jamais moins ; nous avons dit sur quel papier et de quelle écriture, toujours avec des plumes d'oie ; Nodier avait horreur des plumes de fer, comme, en général, de toutes les inventions nouvelles ; le gaz le mettait en fureur, la vapeur l'exaspérait, il voyait la fin du monde infaillible et prochaine dans la destruction des forêts et dans l'épuisement des mines de houille. C'est dans ces fureurs contre le progrès de la civilisation que Nodier était resplendissant de verve et foudroyant d'entrain.

Vers neuf heures et demie du soir, Nodier sortait ; cette fois, ce n'était plus la ligne des quais qu'il suivait, c'était celle des boulevards ; il entrait à la Porte-Saint-Martin, à l'Ambigu ou aux Funambules, aux Funambules de préférence. C'est Nodier qui a divinisé Debureau ; pour Nodier, il n'y avait que trois acteurs au monde : Debureau, Potier et Talma ; Potier et Talma étaient morts, mais Debureau restait, et consolait Nodier de la perte des deux autres.

Nodier avait vu cent fois le *Bœuf enragé*.

Tous les dimanches, Nodier déjeunait chez Pixérécourt : là, il retrouvait ses visiteurs : le bibliophile Jacob, roi tant que Nodier n'était pas là, vice-roi quand Nodier paraissait ; le marquis de Ganay, le marquis de Chalabre.

Le marquis de Ganay, esprit changeant, amateur capricieux, amoureux d'un livre comme un roué du temps de la régence était amoureux d'une femme, pour l'avoir : puis, quand il l'avait, fidèle un mois ; non pas fidèle, enthousiaste, le portant sur lui, et arrêtant ses amis pour le leur montrer ; le mettant sous son oreiller le soir, et se réveillant la nuit, rallumant sa bougie pour le regarder, mais ne le lisant jamais ; toujours jaloux des livres de Pixérécourt, que Pixérécourt refusait de lui vendre à quelque prix que ce fût ; se vengeant de son refus en achetant, à la vente de madame de Castellane, un autographe que Pixérécourt ambitionnait depuis dix ans.

— N'importe, disait Pixérécourt furieux, je l'aurai.

— Quoi ? demandait le marquis de Ganay.

— Votre autographe.

— Et quand cela ?

— A votre mort, parbleu !

Et Pixérécourt eût tenu sa parole si le marquis de Ganay n'eût jugé à propos de survivre à Pixérécourt.

Quant au marquis de Chalabre, il n'ambitionnait qu'une chose : c'était une Bible que personne n'eût ; mais aussi il l'ambitionnait ardemment. Il tourmenta tant Nodier pour que Nodier lui indiquât un exemplaire que, que Nodier finit par faire mieux encore que ne désirait le marquis de Chalabre : il lui indiqua un exemplaire qui n'existait pas.

Aussitôt le marquis de Chalabre se mit à la recherche de cet exemplaire.

Jamais Christophe Colomb ne mit plus d'acharnement à découvrir l'Amérique. Jamais Vasco de Gama ne mit plus de persistance à retrouver l'Inde que le marquis de Chalabre à poursuivre sa Bible. Mais l'Amérique existait entre le 70e degré de latitude nord et les 55e et 54e de latitude sud. Mais l'Inde gisait véritablement en deçà et au delà du Gange, tandis que la Bible du marquis de Chalabre n'était située sous aucune latitude, ni ne gisait ni en deçà, ni au delà de la Seine. Il en résulta que Vasco de Gama retrouva l'Inde, que Christophe Colomb découvrit l'Amérique, mais que le marquis eut beau chercher, du nord au sud, de l'orient à l'occident ; il ne trouva pas sa Bible.

Plus la Bible était introuvable, plus le marquis de Chalabre mettait d'ardeur à la trouver.

Il en avait offert cinq cents francs ; il en avait offert mille francs ; il en avait offert deux mille, quatre mille, dix mille francs. Tous les bibliographes étaient sans dessus dessous à l'endroit de cette malheureuse Bible. On écrivit en Allemagne et en Angleterre. Néant. Sur une note du marquis de Chalabre, on ne se serait pas donné tant de peine, et on eût simplement répondu : *Elle n'existe pas*. Mais, sur une note de Nodier, c'était autre chose. Si Nodier avait dit : la Bible existe, incontestablement La Bible existait. Le pape pouvait se tromper ; mais Nodier était infaillible.

Les recherches durèrent trois ans. Tous les dimanches le marquis de Chalabre, en déjeunant avec Nodier chez Pixérécourt, lui disait :

— Eh bien, cette Bible, mon cher Charles…

— Eh bien ?

— Introuvable !

— *Quære, et invenies*, répondait Nodier.

Et, plein d'une nouvelle ardeur, le bibliomane se remettait à chercher, mais ne trouvait pas.

Enfin on apporta au marquis de Chalabre une Bible.

Ce n'était pas la Bible indiquée par Nodier ; mais il n'y avait que la différence d'un an dans la date ; elle n'était pas imprimée à Kehl, mais elle était imprimée à Strasbourg ; il n'y avait que la distance d'une lieue ; elle n'était pas unique, il est vrai ; mais le second exemplaire, le seul qui existât, était dans le Liban au fond d'un monastère druse. Le marquis de Chalabre porta la Bible à Nodier et lui demanda son avis :

— Dam ! répondit Nodier, qui voyait le marquis prêt à devenir fou s'il n'avait pas une Bible, prenez celle-là, mon cher ami, puisqu'il est impossible de trouver l'autre.

Le marquis de Chalabre acheta la Bible moyennant la somme de deux mille francs, la fit relier d'une façon splendide et la mit dans une cassette particulière.

Quand il mourut, le marquis de Chalabre laissa sa bibliothèque à mademoiselle Mars. Mademoiselle Mars, qui n'était rien moins que bibliomane, pria Merlin de classer les livres du défunt et d'en faire la vente. Merlin, le plus honnête homme de la terre, entra un jour chez mademoiselle Mars avec trente ou quarante mille francs de billets de banque à la main.

Il les avait trouvés dans une espèce de portefeuille pratiqué dans la magnifique reliure de cette Bible presque unique.

—Pourquoi, demandai-je à Nodier, avez-vous fait cette plaisanterie au pauvre marquis de Chalabre, vous si peu mystificateur ?

—Parce qu'il se ruinait, mon ami, et que, pendant les trois ans qu'il a cherché sa Bible, il n'a pas pensé à autre chose ; au bout de ces trois ans il a dépensé deux mille francs ; pendant ces trois ans-là il en eût dépensé cinquante mille.

Maintenant que nous avons montré notre bien-aimé Charles pendant la semaine et le dimanche matin, disons ce qu'il était le dimanche depuis six heures du soir jusqu'à minuit.

—◦⋄◦—

III

L'ARSENAL (SUITE)

Comment avais-je connu Nodier ?

Comme on connaissait Nodier. Il m'avait rendu un service, — c'était en 1827, — je venais d'achever *Christine* ; je ne connaissais personne dans les ministères, personne au théâtre ; mon administration, au lieu de m'être une aide pour arriver à la Comédie-Française, m'était un empêchement. J'avais écrit, depuis deux ou trois jours, ce dernier vers, qui a été si fort sifflé et si fort applaudi :

Eh bien... j'en ai pitié, mon père : qu'on l'achève !

En dessous de ce vers, j'avais écrit le mot FIN : il ne me restait plus rien à faire que de lire ma pièce à MM. les comédiens du roi et à être reçu ou refusé par eux.

Malheureusement, à cette époque, le gouvernement de la Comédie-Française était, comme le gouvernement de Venise, — républicain, mais aristocratique, et n'arrivait pas qui voulait près des sérénissimes seigneurs du comité.

Il y avait bien un examinateur chargé de lire les ouvrages des jeunes gens qui n'avaient encore rien fait, et qui, par conséquent, n'avaient droit à une lecture qu'après examen ; mais il existait dans les traditions dramatiques de si lugubres histoires de manuscrits attendant leur tour de lecture pendant un ou deux ans, et même trois ans, que moi, familier du Dante et de Milton, je n'osais point affronter ces limbes, tremblant que ma pauvre *Christine* n'allât augmenter tout simplement le nombre de

Questi sciaurati che mai non fur vivi.

J'avais entendu parler de Nodier, comme protecteur né de tout poëte à naître. Je lui demandai un mot d'introduction près du baron Taylor. Il me l'envoya ; huit jours après j'avais lecture au Théâtre-Français, et j'étais à peu près reçu.

Je dis à peu près, parce qu'il y avait dans *Christine*, relativement au temps où nous vivions, c'est-à-dire à l'an de grâce 1827, de telles énormités littéraires, que MM. les comédiens ordinaires du roi n'osèrent me recevoir d'emblée et subordonnèrent leur opinion à celle de M. Picard, auteur de la *Petite Ville*.

M. Picard était un des oracles du temps.

Firmin me conduisit chez M. Picard. M. Picard me reçut dans une bibliothèque garnie de toutes les éditions de ses œuvres et ornée de son buste. Il prit mon manuscrit, me donna rendez-vous à huit jours et nous congédia.

Au bout de huit jours, heure pour heure, je me présentai à la porte de M. Picard. M. Picard m'attendait évidemment : il me reçut avec le sourire de Rigobert dans *Maison à vendre*,

— Monsieur, me dit-il en me tendant mon manuscrit proprement roulé, avez-vous quelques moyens d'existence ?

Le début n'était pas encourageant.

— Oui, monsieur, répondis-je ; j'ai une petite place chez M. le duc d'Orléans.

— Eh bien, mon enfant, fit-il en me mettant affectueusement mon rouleau entre les deux mains et me prenant les mains du même coup, allez à votre bureau.

Et, enchanté d'avoir fait un mot, il se frotta les mains en m'indiquant du geste que l'audience était terminée.

Je n'en devais pas moins un remercîment à Nodier. Je me présentai à l'Arsenal. Nodier me reçut, comme il recevait, avec un sourire aussi... Mais il y a sourire et sourire, comme dit Molière.

Peut-être oublierai-je un jour le sourire de Picard, mais je n'oublierai jamais celui de Nodier.

Je voulus prouver à Nodier que je n'étais pas tout à fait aussi indigne de sa protection qu'il eût pu le croire d'après la réponse que Picard m'avait faite. Je lui laissai mon manuscrit. Le lendemain je reçus une lettre charmante, qui me rendait tout mon courage, et qui m'invitait aux soirées de l'Arsenal.

Ces soirées de l'Arsenal, c'était quelque chose de charmant, quelque chose qu'aucune plume ne rendra jamais. Elles avaient lieu le dimanche et commençaient en réalité en six heures.

A six heures, la table était mise. Il y avait les dîneurs de fondation ; Cailleux, Taylor, Francis Wey, que Nodier aimait comme un fils ; puis, par hasard, un ou deux invités, — puis qui voulait.

Une fois admis à cette charmante intimité de la maison, on allait dîner chez Nodier à son plaisir. Il y avait toujours deux ou trois couverts attendant les convives de hasard. Si ces trois couverts étaient insuffisants, on en ajoutait un quatrième, un cinquième, un sixième. S'il fallait allonger la table, on l'allongeait. Mais malheur à celui qui arrivait le treizième ! Celui-là dînait impitoyablement à une petite table, à moins qu'un quatorzième ne vînt le relever de sa pénitence.

Nodier avait ses manies : il préférait le pain bis au pain blanc, l'étain à l'argenterie, la chandelle à la bougie.

Personne n'y faisait attention que madame Nodier, qui le servait à sa guise.

Au bout d'une année ou deux, j'étais un de ces intimes dont je parlais tout à l'heure. Je pouvais arriver, sans prévenir, à l'heure du dîner ; on me recevait avec des cris qui ne me laissaient pas de doutes sur ma bienvenue, et l'on me mettait à table, ou plutôt je me mettais à table entre madame Nodier et Marie.

Au bout d'un certain temps, ce qui n'était qu'un point de fait devint un point de droit. Arrivais-je trop tard, était-on à table, ma place était-elle prise : on faisait un signe d'excuse au convive usurpateur, ma place m'était rendue, et, ma foi ! se mettait où il pouvait celui que j'avais déplacé.

Nodier alors prétendait que j'étais une bonne fortune pour lui, en ce que je le dispensais de causer. Mais, si j'étais une bonne fortune pour lui, j'étais une mauvaise fortune pour les autres. Nodier était le plus charmant causeur qu'il y eût au monde. On avait beau faire à ma conversation tout ce qu'on a fait à un feu pour qu'il flambe, l'éveiller, l'attiser, y jeter cette limaille qui fait jaillir les étincelles de l'esprit comme celles de la forge ; c'était de la verve, c'était de l'entrain, c'était de la jeunesse ; mais ce n'était point cette bonhomie, ce charme inexprimable, cette grâce infinie, où, comme dans un filet tendu, l'oiseleur prend tout, grands et petits oiseaux. Ce n'était pas Nodier.

C'était un pis-aller dont on se contentait, voilà tout.

Mais parfois je boudais, parfois je ne voulais pas parler, et, à mon refus de parler, il fallait bien, comme il était chez lui, que Nodier parlât ; alors tout le monde écoutait, petits enfants et grandes personnes. C'était à la fois Walter Scott et Perrault, c'était le savant aux prises avec le poëte, c'était la mémoire en lutte avec l'imagination. Non-seulement alors Nodier était amusant à entendre, mais encore Nodier était charmant à voir. Son long corps efflanqué, ses longs bras maigres, ses longues mains pâles, son visage plein d'une mélancolique bonté, tout cela s'harmoniait avec sa parole un peu traînante, que modulait sur certains tons ramenés périodiquement un accent franc-comtois que Nodier n'a jamais entièrement perdu. Oh ! alors le récit était chose inépuisable, toujours nouvelle, jamais répétée. Le temps, l'espace, l'histoire, la nature, étaient pour Nodier cette bourse de Fortunatus d'où Pierre Schlemill tirait ses mains toujours pleines. Il avait connu tout le monde, Danton, Charlotte Corday, Gustave III, Cagliostro, Pie VI, Catherine II, le grand Frédéric, que sais-je? comme le comte de Saint-Germain et le taratantaleo, il avait assisté à la création du monde et traversé les siècles en se transformant. Il avait même, sur cette transformation, une théorie des plus ingénieuses. Selon Nodier, les rêves n'étaient qu'un souvenir des jours écoulés dans une autre planète, une réminiscence de ce qui avait été jadis. Selon Nodier, les songes les plus fantastiques correspondaient à des faits accomplis autrefois dans Saturne, dans Vénus ou dans Mercure : les images les plus étranges n'étaient que l'ombre des formes qui avaient imprimé leurs souvenirs dans notre âme immortelle. En visitant, pour la première fois, le Musée fossile du Jardin des Plantes, il s'est écrié, retrouvant des animaux qu'il avait vus dans le déluge de Deucalion et de Pyrrha, et parfois il lui échappait d'avouer que, voyant la tendance des Templiers à la possession universelle, il avait donné à Jacques Molay le conseil de maîtriser son ambition. Ce n'était pas sa faute si Jésus-Christ avait été crucifié; seul parmi ses auditeurs, il l'avait prévenu des mauvaises intentions de Pilate à son égard. C'était surtout le Juif errant que Nodier avait eu l'occasion de rencontrer : la première fois à Rome, du temps de Grégoire VII; la seconde fois à Paris, la veille de la Saint-Barthélemy, et la dernière fois à Vienne en Dauphiné, et sur lequel il avait les documents les plus précieux. Et à ce propos il relevait une erreur, dans laquelle étaient tombés les savants et les poëtes, et particulièrement Edgar Quinet : ce n'était pas Ahasvérus, qui est un nom moitié grec moitié latin, que s'appelait l'homme aux cinq sous, c'était Isaac Laquedem : de cela il pouvait en répondre, il tenait le renseignement de sa propre bouche. Puis de la politique, de la philosophie, de la tradition, il passait à l'histoire naturelle. Oh! comme dans cette science Nodier distançait Hérodote, Pline, Marco Polo, Buffon et Lacépède! il avait connu des araignées près desquelles l'araignée de Pélisson n'était qu'une drôlesse, il avait fréquenté des crapauds près desquels Mathusalem n'était qu'un enfant; enfin, il avait été en relation avec des caïmans près desquels la tarasque n'était qu'un lézard.

Aussi il tombait à Nodier de ces hasards comme il n'en tombe qu'aux hommes de génie. Un jour qu'il cherchait des lépidoptères, — c'était pendant son séjour en Styrie, pays des roches granitiques et des arbres séculaires, — il monta contre un arbre afin d'atteindre une cavité qu'il apercevait, fourra sa main dans cette cavité, comme il avait l'habitude de le faire, et cela assez imprudemment, car un jour il retira d'une cavité pareille son bras enrichi d'un serpent qui s'était enroulé à l'entour; — un jour donc qu'ayant trouvé une cavité il fourrait sa main dans cette cavité, il sentit quelque chose de flasque et de gluant qui cédait à la pression de ses doigts. Il ramena vivement sa main à lui, et regarda : deux yeux brillaient d'un feu terne au fond de cette cavité. Nodier croyait au diable; aussi, en voyant ces deux yeux qui ne ressemblaient pas mal aux yeux de braise de Caron, comme dit Dante, Nodier commença par s'enfuir, puis il réfléchit, se ravisa, prit une hachette, et, mesurant la profondeur du trou, il commença de faire une ouverture à l'endroit où il présumait que devait se trouver cet objet inconnu. Au cinquième ou sixième coup de hache qu'il frappa, le sang coula de l'arbre, ni plus ni moins que, sous l'épée de Tancrède, le sang coula de la forêt enchantée du Tasse. Mais ce ne fut pas une belle guerrière qui lui apparut, ce fut un énorme crapaud encastré dans l'arbre où, sans doute, il avait été emporté par le vent, quand il était de la taille d'une abeille. Depuis combien de temps était-il là? Depuis deux cents ans, trois cents ans, cinq cents ans peut-être. Il avait cinq pouces de long sur trois de large.

Une autre fois, c'était en Normandie, du temps où il faisait avec Taylor le voyage pittoresque de la France, il entra dans une église; à la voûte de cette église étaient suspendus une gigantesque araignée et un énorme crapaud. Il s'adressa à un paysan pour demander des renseignements sur ce singulier couple.

Et voilà ce que le vieux paysan lui raconta, après l'avoir mené près d'une des dalles de l'église, sur laquelle était sculpté un chevalier couché dans son armure.

Ce chevalier était un ancien baron, lequel avait laissé dans le pays de si méchants souvenirs, que les plus hardis se détournaient afin de ne pas mettre le pied sur sa tombe, et cela, non point par respect, mais par terreur. Au-dessus de cette tombe, à la suite d'un vœu fait par ce chevalier à son lit de mort, une lampe devait brûler nuit et jour, une pieuse fondation ayant été faite par le mort, qui subvenait à cette dépense et bien au delà.

Un beau jour, ou plutôt une belle nuit, pendaìt laquelle, par hasard, le curé ne dormait pas, il vit de la fenêtre de sa chambre, qui donnait sur celle de l'église, la lampe pâlir et s'éteindre. Il attribua la chose à un accident et n'y fit pas cette nuit une grande attention.

Mais, la nuit suivante, s'étant réveillé vers les deux heures du matin, l'idée lui vint de s'assurer si la lampe brûlait. Il descendit de son lit, s'approcha de la fenêtre, et constata *de visu* que l'église était plongée dans la plus profonde obscurité.

Cet événement, reproduit deux fois en quarante-huit heures, prenait une certaine gravité. Le lendemain, au point du jour, le curé fit venir le bedeau et l'accusa tout simplement d'avoir mis l'huile dans sa salade, au lieu de l'avoir mise dans la lampe. Le bedeau jura ses grands dieux qu'il n'en était rien ; que tous les soirs, depuis quinze ans qu'il avait l'honneur d'être bedeau, il remplissait consciencieusement la lampe, et qu'il fallait que ce fût un tour de ce méchant chevalier qui, après avoir tourmenté les vivants pendant sa vie, recommençait à les tourmenter trois cents ans après sa mort.

Le curé déclara qu'il se fiait parfaitement à la parole du bedeau, mais qu'il n'en désirait pas moins assister le soir au remplissage de la lampe ; en conséquence, à la nuit tombante, en présence du curé, l'huile fut introduite dans le récipient, et la lampe allumée : la lampe allumée, le curé ferma lui-même la porte de l'église, mit la clef dans sa poche, et se retira chez lui.

Puis il prit son bréviaire, s'accommoda près de sa fenêtre dans un grand fauteuil, et, les yeux alternativement fixés sur le livre et sur l'église, il attendit.

Vers minuit, il vit la lumière qui illuminait les vitraux diminuer, pâlir et s'éteindre.

Cette fois, il y avait une cause étrangère, mystérieuse, inexplicable, à laquelle le pauvre bedeau ne pouvait avoir aucune part.

Un instant, le curé pensa que des voleurs s'introduisaient dans l'église et volaient l'huile. Mais en supposant le méfait commis par des voleurs, c'étaient des gaillards bien honnêtes de se borner à voler l'huile, quand ils épargnaient les vases sacrés.

Ce n'étaient donc pas des voleurs ; c'était donc une autre cause qu'aucune de celles qu'on pouvait imaginer, une cause surnaturelle peut-être. Le curé résolut de reconnaître cette cause, quelle qu'elle fût.

Le lendemain soir il versa lui-même l'huile

pour bien se convaincre qu'il n'était pas dupe d'un tour de passe-passe ; puis, au lieu de sortir, comme il l'avait fait la veille, il se cacha dans un confessionnal.

Les heures s'écoulèrent, la lampe éclairait d'une lueur calme et égale : Minuit sonna...

Le curé crut entendre un léger bruit, pareil à celui d'une pierre qui se déplace, puis il vit l'ombre d'un animal avec des pattes gigantesques, laquelle ombre monta contre un pilier, courut le long d'une corniche, apparut un instant à la voûte, descendit le long de la corde, et fit une station sur la lampe, qui commença de pâlir, vacilla et s'éteignit.

Le curé se trouva dans l'obscurité la plus complète. Il comprit que c'était une expérience à renouveler, en se rapprochant du lieu où se passait la scène.

Rien de plus facile : au lieu de se mettre dans le confessionnal, qui était dans le côté de l'église opposé à la lampe, il n'avait qu'à se cacher dans le confessionnal qui était placé à quelques pas d'elle seulement.

Tout fut donc fait le lendemain comme la veille ; seulement le curé changea de confessionnal et se munit d'une lanterne sourde.

Jusqu'à minuit, même calme, même silence, même honnêteté de la lampe à remplir ses fonctions. Mais aussi, au dernier coup de minuit, même craquement que la veille. Seulement, comme le craquement se produisait à quatre pas du confessionnal, les yeux du curé purent immédiatement se fixer sur l'emplacement d'où venait le bruit. C'était la tombe du chevalier qui craquait.

Puis la dalle sculptée qui recouvrait le sépulcre se souleva lentement, et, par l'entre-bâillement du tombeau, le curé vit sortir une araignée de la taille d'un barbet, avec un poil long de six pouces, des pattes longues d'une aune, laquelle se mit incontinent, sans hésitation, sans chercher un chemin qu'on voyait lui être familier, à gravir le pilier, à courir sur sa corniche, à descendre le long de la corde, et, arrivée là, à boire l'huile de la lampe, qui s'éteignit.

Mais alors, le curé eut recours à sa lanterne sourde, dont il dirigea les rayons vers la tombe du chevalier.

Alors il s'aperçut que l'objet qui la tenait entr'ouverte était un crapaud gros comme une tortue de mer, lequel, en s'enflant, soulevait la pierre et donnait passage à l'araignée, qui allait incontinent pomper l'huile, qu'elle revenait partager avec son compagnon.

Tous deux vivaient ainsi depuis des siècles dans cette tombe, où ils habiteraient probablement encore aujourd'hui si un accident n'eût révélé au curé la présence d'un voleur quelconque dans son église.

Le lendemain le curé avait requis main-forte, on avait soulevé la pierre du tombeau, et l'on avait mis à mort l'insecte et le reptile, dont les cadavres étaient suspendus au plafond et faisaient foi de cet étrange événement.

D'ailleurs, le paysan qui racontait la chose à Nodier était un de ceux qui avaient été appelés par le curé pour combattre ces deux commensaux de la tombe du chevalier, et, comme lui, s'était acharné particulièrement au crapaud. Une goutte de sang de l'immonde animal, qui avait jailli sur sa paupière, avait failli le rendre aveugle comme Tobie.

Il en était quitte pour être borgne.

IV

L'ARSENAL (SUITE)

our Nodier, les histoires de crapauds ne se bornaient pas là, il y avait quelque chose de mystérieux dans la longévité de cet animal qui plaisait à l'imagination de Nodier. Aussi toutes les histoires de crapauds centenaires ou millenaires, les savait-il ; tous les crapauds découverts dans des pierres ou dans des troncs d'arbres, depuis le crapaud trouvé en 1756 par le sculpteur Leprince, à Eretteville, au milieu d'une pierre dure où il était encastré, jusqu'au crapaud enfermé par Hérissant, en 1771, dans une case de plâtre, et qu'il retrouva parfaitement vivant, en 1774, étaient-ils de sa compétence. Quand on demandait à Nodier de quoi vivaient les malheureux prisonniers : — ils avalent leur peau, répondait-il. Il avait étudié un crapaud petit-maître qui avait fait six fois peau neuve dans un hiver, et qui six fois avait avalé la vieille. Quant à ceux qui étaient dans des pierres de formation primitive depuis la création du monde, comme le crapaud que l'on trouva dans la carrière de Boursvick, en Gothie, l'inaction totale dans laquelle ils avaient été obligés de demeurer, la suspension de la vie dans une température qui ne permettait aucune dissolution, et qui ne rendait nécessaire la réparation d'aucune perte, l'humidité du lieu, qui entretenait celle de l'animal, et qui empêchait sa destruction par le dessèchement, tout cela paraissait à Nodier des raisons suffisantes à une conviction dans laquelle il y avait autant de foi que de science.

D'ailleurs Nodier avait, nous l'avons dit, une certaine humilité naturelle, une certaine pente à se faire petit lui-même qui l'entraînait vers les petits et les humbles. Nodier bibliophile trouvait parmi les livres des chefs-d'œuvre ignorés qu'il tirait de la tombe des bibliothèques ; Nodier philanthrope trouvait parmi les vivants des poëtes inconnus, qu'il mettait au jour et qu'il conduisait à la célébrité ; toute injustice, toute oppression le révoltait, et, selon lui, on opprimait le crapaud, on était injuste envers lui, on ignorait ou l'on ne voulait pas connaître les vertus du crapaud. Le crapaud était bon ami ; Nodier l'avait déjà prouvé par l'association du crapaud et de l'araignée, et, à la rigueur, il le prouvait deux fois en racontant une autre histoire de crapaud et de lézard, non moins fantastique que la première, — le crapaud était donc, non-seulement bon ami, mais encore bon père et bon époux. En accouchant lui-même sa femme, le crapaud avait donné aux maris les premières leçons d'amour conjugal ; en enveloppant les œufs de sa famille autour de ses pattes de derrière ou en les portant sur son dos, le crapaud avait donné aux chefs de famille la première leçon de paternité ; quant à cette bave que le crapaud répand ou lance même quand on le tourmente, Nodier assurait que c'était la plus innocente substance qu'il y eût au monde, et il la préférait à la salive de bien des critiques de sa connaissance.

Ce n'était pas que ces critiques ne fussent reçus chez lui comme les autres, et ne fussent même bien reçus; mais, peu à peu, ils se retiraient d'eux-mêmes, ils ne se sentaient point à l'aise au milieu de cette bienveillance qui était l'atmosphère naturelle de l'Arsenal, et à travers laquelle ne passait la raillerie que comme passe la luciole au milieu de ces belles nuits de Nice et de Florence, c'est-à-dire pour jeter une lueur et s'éteindre aussitôt.

On arrivait ainsi à la fin d'un dîner charmant, dans lequel tous les accidents, excepté le renversement du sel, excepté un pain posé à l'envers, étaient pris du côté philosophique; puis on servait le café à table. Nodier était sybarite au fond, il appréciait parfaitement ce sentiment de sensualité parfaite qui ne place aucun mouvement, aucun déplacement, aucun dérangement entre le dessert et le couronnement du dessert. Pendant ce moment de délices asiatiques, madame Nodier se levait et allait faire allumer le salon. Souvent moi, qui ne prenais point de café, je l'accompagnais. Ma longue taille lui était d'une grande utilité, pour éclairer le lustre sans monter sur les chaises.

Alors, le salon s'illuminait; car avant le dîner et les jours ordinaires on n'était jamais reçu que dans la chambre à coucher de madame Nodier; alors le salon s'illuminait et éclairait des lambris peints en blanc avec des moulures Louis XV, un ameublement des plus simples, se composant de douze fauteuils et d'un canapé en casimir rouge, de rideaux de croisées de même couleur, d'un buste d'Hugo, d'une statue de Henri IV, d'un portrait de Nodier et d'un paysage alpestre de Régnier.

Dans ce salon, cinq minutes après son éclairage, entraient les convives, Nodier venant le dernier, appuyé soit au bras de Dauzatz, soit au bras de Bixio, soit au bras de Francis Wey, soit au mien, Nodier toujours soupirant et se plaignant comme s'il n'eût eu que le souffle; alors il allait s'étendre dans un grand fauteuil à droite de la cheminée, les jambes allongées, les bras pendants, ou se mettre debout devant le chambranle, les mollets au feu, le dos à la glace. S'il s'étendait dans le fauteuil, tout était dit; Nodier, plongé dans cet instant de béatitude que donne le café, voulait jouir en égoïste de lui-même, et suivre silencieusement le rêve de son esprit; s'il s'adossait au chambranle, c'était autre chose : c'est qu'il allait conter; alors tout le monde se taisait, alors se déroulait une de ces charmantes histoires de sa jeunesse, qui semblent un roman de Longus, une idylle de Théocrite, ou quelque sombre drame de la révolution, dont un champ de bataille de la Vendée ou la place de la Révolution était toujours le théâtre; ou enfin quelque mystérieuse conspiration de Cadoudal ou d'Oudet, de Staps ou de Lahorie; alors ceux qui entraient faisaient silence, saluaient de la main, et allaient s'asseoir dans un fauteuil ou s'adosser contre le lambris; puis l'histoire finissait, comme finit toute chose. On n'applaudissait pas; pas plus qu'on n'applaudit le murmure d'une rivière, le chant d'un oiseau; mais, le murmure éteint, mais le chant évanoui, on écoutait encore. Alors, Marie, sans rien dire, allait se mettre à son piano, et, tout à coup, une brillante fusée de notes s'élançait dans les airs comme le prélude d'un feu d'artifice; alors les joueurs, relégués dans des coins, se mettaient à des tables et jouaient.

Nodier n'avait longtemps joué qu'à la bataille, c'était son jeu de prédilection, et il s'y prétendait d'une force supérieure; enfin, il avait fait une concession au siècle et jouait à l'écarté.

Alors Marie chantait des paroles d'Hugo, de Lamartine ou de moi, mises en musique par elle; puis, au milieu de ces charmantes mélodies, toujours trop courtes, on entendait tout à coup éclore la ritournelle d'une contredanse, chaque cavalier courait à sa danseuse, et un bal commençait.

Bal charmant dont Marie faisait tous les frais, jetant, au milieu de trilles rapides brodés par ses doigts sur les touches du piano, un mot à ceux qui s'approchaient d'elle, à chaque traversé, à chaque chaîne des dames, à chaque chassé-croisé. A partir de ce moment, Nodier disparaissait, complètement oublié, car lui, ce n'était pas un de ces maîtres absolus et bougons dont on sent la présence et dont on devine l'approche. C'était l'hôte de l'antiquité, qui s'efface pour faire place à celui qu'il reçoit, et qui se contentait d'être gracieux, faible et presque féminin.

D'ailleurs Nodier, après avoir disparu un peu, disparaissait bientôt tout à fait, Nodier se couchait de bonne heure, ou plutôt on couchait Nodier de bonne heure. C'était madame Nodier qui était chargée de ce soin. L'hiver, elle sortait la première du salon; puis quelquefois, quand il n'y avait pas de braise à la cuisine, on voyait une bassinoire passer, s'emplir et entrer dans la chambre à coucher. Nodier suivait la bassinoire, et tout était dit.

Que regardait-il? — Page 22.

Dix minutes après, madame Nodier rentrait. Nodier était couché, et s'endormait aux mélodies de sa fille, et au bruit des piétinements et aux rires des danseurs.

Un jour nous trouvâmes Nodier bien autrement humble que de coutume. Cette fois, il était embarrassé, honteux. Nous lui demandâmes avec inquiétude ce qu'il avait.

Nodier venait d'être nommé académicien.

Il nous fit ses excuses bien humbles, à Hugo et à moi.

Mais il n'y avait pas de sa faute, l'Académie l'avait nommé au moment où il s'y attendait le moins.

C'est que Nodier, aussi savant à lui seul que tous les académiciens ensemble, démolissait pierre à pierre le dictionnaire de l'Académie ; il racontait que l'immortel chargé de faire l'article écrevisse lui avait un jour montré cet article, en lui demandant ce qu'il en pensait.

L'article était conçu dans ces termes :

« Écrevisse, petit poisson rouge qui marche à reculons. »

— Il n'y a qu'une erreur dans votre définition, répondit Nodier, c'est que l'écrevisse n'est pas un poisson, c'est que l'écrevisse n'est pas rouge, c'est que l'écrevisse ne marche pas à reculons... le reste est parfait.

J'oublie de dire qu'au milieu de tout cela Marie Nodier s'était mariée, était devenue madame Ménessier; mais ce mariage n'avait absolument rien changé à la vie de l'Arsenal. Jules était un ami à tous : on le voyait venir depuis longtemps dans la maison : il y demeura au lieu d'y venir, voilà tout.

Je me trompe, il y eut un grand sacrifice accompli : Nodier vendit sa bibliothèque, Nodier aimait ses livres, mais il adorait Marie.

Il faut dire une chose aussi, c'est que personne ne savait faire la réputation d'un livre comme Nodier. Voulait-il vendre ou faire vendre un livre, il le glorifiait par un article : avec ce qu'il découvrait dedans, il en faisait un exemplaire unique. Je me rappelle l'histoire d'un volume intitulé le *Zombi du grand Pérou*, que Nodier prétendit être imprimé aux colonies, et dont il détruisit l'édition de son autorité privée; le livre valait cinq francs; il monta à cent écus.

Quatre fois Nodier vendit ses livres, mais il gardait toujours un certain fonds, un noyau précieux à l'aide duquel, au bout de deux ou trois ans, il avait reconstruit sa bibliothèque.

Un jour, toutes ces charmantes fêtes s'interrompirent. Depuis un mois ou deux, Nodier était plus souffreteux, plus plaintif. Au reste, l'habitude qu'on avait d'entendre plaindre Nodier faisait qu'on n'attachait pas une grande attention à ses plaintes. C'est qu'avec le caractère de Nodier il était assez difficile de séparer le mal réel d'avec les souffrances chimériques. Cependant, cette fois, il s'affaiblissait visiblement. Plus de flâneries sur les quais, plus de promenades sur les boulevards, un lent acheminement seulement, quand du ciel gris filtrait un dernier rayon du soleil d'automne, un lent acheminement vers Saint-Mandé.

Le but de la promenade était un méchant cabaret, où, dans les beaux jours de sa bonne santé, Nodier se régalait de pain bis. Dans ses courses, d'ordinaire, toute la famille l'accompagnait, excepté Jules, retenu à son bureau. C'était madame Nodier, c'était Marie, c'étaient les deux enfants, Charles et Georgette; tout cela ne voulait plus quitter le mari, le père et le grand-père. On sentait qu'on n'avait plus que peu de temps à rester avec lui, et l'on en profitait.

Jusqu'au dernier moment, Nodier insista pour la conservation du dimanche; puis, enfin, on s'aperçut que de sa chambre le malade ne pouvait plus supporter le bruit et le mouvement qui se faisait dans le salon. Un jour, Marie nous annonça tristement que, le dimanche suivant, l'Arsenal serait fermé; puis tout bas elle dit aux intimes : Venez, nous causerons.

Nodier s'alita enfin pour ne plus se relever. J'allai le voir.

— Oh! mon cher Dumas, me dit-il en me tendant les bras du plus loin qu'il m'aperçut, du temps où je me portais bien, vous n'aviez en moi qu'un ami; depuis que je suis malade, vous avez en moi un homme reconnaissant. Je ne puis plus travailler, mais je puis encore lire, et, comme vous voyez, je vous lis, et quand je suis fatigué, j'appelle ma fille, et ma fille vous lit.

Et Nodier me montra effectivement mes livres épars sur son lit et sur sa table.

Ce fut un de mes moments d'orgueil réel. Nodier isolé du monde, Nodier ne pouvant plus travailler, Nodier, cet esprit immense, qui savait tout, Nodier me lisait et s'amusait en me lisant.

Je lui pris les mains, j'eusse voulu les baiser, tant j'étais reconnaissant.

A mon tour, j'avais lu la veille une chose de lui, un petit volume qui venait de paraître, en deux livraisons de la *Revue des Deux-Mondes*.

C'était *Inès de las Sierras*.

J'étais émerveillé. Ce roman, une des dernières publications de Charles, était si frais, si coloré, qu'on eût dit une œuvre de sa jeunesse que Nodier avait retrouvée et mise au jour, à l'autre horizon de sa vie.

Cette histoire d'Inès, c'était une histoire d'apparition de spectres, de fantômes; seulement, toute fantastique durant la première partie, elle cessait de l'être dans la seconde; la fin expliquait le commencement. Oh! de cette explication je me plaignis amèrement à Nodier.

— C'est vrai, me dit-il, j'ai eu tort; mais j'en ai une autre; celle-là je ne la gâterai pas, soyez tranquille.

— A la bonne heure, et quand vous y mettrez-vous, à cette œuvre-là?

Nodier me prit la main.

— Celle-là, je ne la gâterai pas, parce que ce n'est pas moi qui l'écrirai, dit-il.

— Et qui l'écrira?

— Vous.

— Comment! moi, mon bon Charles? mais je ne la sais pas, votre histoire.

— Je vous la raconterai. Oh! celle-là, je la gardais pour moi, ou plutôt pour vous.

— Mon bon Charles, vous la raconterez, vous l'écrirez, vous l'imprimerez.

Nodier secoua la tête.

— Je vais vous la dire, fit-il ; vous me la rendrez, si j'en reviens.

— Attendez à ma prochaine visite, nous avons le temps.

— Mon ami, je vous dirai ce que je disais à un créancier, quand je lui donnais un à-compte : — Prenez toujours.

Et il commença.

Jamais Nodier n'avait raconté d'une façon si charmante.

Oh ! si j'avais eu une plume, si j'avais eu du papier, si j'avais pu écrire aussi vite que la parole !

L'histoire était longue, je restai à dîner.

Après le dîner, Nodier s'était assoupi. Je sortis de l'Arsenal sans le revoir.

Je ne le revis plus.

Nodier, que l'on croyait si facile à la plainte, avait au contraire caché jusqu'au dernier moment ses souffrances à sa famille. Lorsqu'il découvrit la blessure, on reconnut que la blessure était mortelle.

Nodier était non-seulement chrétien, mais bon et vrai catholique. C'était à Marie qu'il avait fait promettre de lui envoyer chercher un prêtre lorsque l'heure serait venue. L'heure était venue, Marie envoya chercher le curé de Saint-Paul.

Nodier se confessa. Pauvre Nodier ! il devait y avoir bien des péchés dans sa vie, mais il n'y avait, certes, pas une faute.

La confession achevée, toute la famille entra.

Nodier était dans une alcôve sombre, d'où il étendait les bras sur sa femme, sur sa fille et sur ses petits-enfants.

Derrière la famille étaient les domestiques.

Derrière les domestiques, la bibliothèque, c'est-à-dire ces amis qui ne changent jamais, — les livres.

Le curé dit à haute voix les prières, auxquelles Nodier répondit aussi à haute voix en homme familier avec la liturgie chrétienne. Puis, les prières finies, il embrassa tout le monde, rassura chacun sur son état, affirma qu'il se sentait encore de la vie pour un jour ou deux, surtout si on le laissait dormir pendant quelques heures.

On laissa Nodier seul, et il dormit cinq heures.

Le 26 janvier au soir, c'est-à-dire la veille de sa mort, la fièvre augmenta et produisit un peu de délire ; vers minuit, il ne reconnaissait personne, sa bouche prononça des paroles sans suite, dans lesquelles on distingua les noms de Tacite et de Fénelon.

Vers deux heures, la mort commençait de frapper à la porte : Nodier fut secoué par une crise violente, sa fille était penchée sur son chevet et lui tendait une tasse pleine d'une potion calmante ; il ouvrit les yeux, regarda Marie et la reconnut à ses larmes ; alors il prit la tasse de ses mains et but avec avidité le breuvage qu'elle contenait.

— Tu as trouvé cela bon ? demanda Marie.

— Oh oui ! mon enfant, comme tout ce qui vient de toi.

Et la pauvre Marie laissa tomber sa tête sur le chevet du lit, couvrant de ses cheveux le front humide du mourant.

— Oh ! si tu restais ainsi, murmura Nodier, je ne mourrais jamais (1).

La mort frappait toujours.

Les extrémités commençaient à se refroidir ; mais, au fur et à mesure que la vie remontait, elle se concentrait au cerveau, et faisait à Nodier un esprit plus lucide qu'il ne l'avait jamais eu.

Alors il bénit sa femme et ses enfants, puis il demanda le quantième du mois.

— Le 27 janvier, dit madame Nodier.

— Vous n'oublierez pas cette date, n'est-ce pas, mes amis ? dit Nodier.

Puis, se tournant vers la fenêtre :

— Je voudrais bien voir encore une fois le jour, fit-il avec un soupir.

Puis il s'assoupit.

Puis son souffle devint intermittent.

Puis enfin, au moment où le premier rayon du jour frappa les vitres, il rouvrit les yeux, fit des lèvres, fit du regard un signe d'adieu et expira.

Avec Nodier tout mourut à l'Arsenal, joie, vie et lumière ; ce fut un deuil qui nous prit tous ; chacun perdait une portion de lui-même en perdant Nodier.

Moi, pour mon compte, je ne sais comment dire cela, mais j'ai quelque chose de mort en moi depuis que Nodier est mort.

Ce quelque chose ne vit que lorsque je parle de Nodier.

Voilà pourquoi j'en parle si souvent.

Maintenant l'histoire qu'on va lire, c'est celle que Nodier m'a racontée.

(1) Francis Wey a publié, sur les derniers moments de Nodier, une notice pleine d'intérêt, mais écrite pour les amis, et tirée à vingt-cinq exemplaires seulement.

V

LA FAMILLE D'HOFFMANN.

u nombre de ces ravissantes cités qui s'éparpillent aux bords du Rhin, comme les grains d'un chapelet dont le fleuve serait le fil, il faut compter Manheim, la seconde capitale du grand-duché de Bade, Manheim, la seconde résidence du grand-duc.

Aujourd'hui que les bateaux à vapeur qui montent et descendent le Rhin passent à Manheim, aujourd'hui qu'un chemin de fer conduit à Manheim, aujourd'hui que Manheim, au milieu du petillement de la fusillade, a secoué, les cheveux épars et la robe teinte de sang, l'étendard de la rébellion contre son grand-duc, je ne sais plus ce qu'est Manheim ; mais, à l'époque où commence cette histoire, c'est-à-dire il y a bientôt cinquante-six ans, je vais vous dire ce qu'elle était.

C'était la ville allemande par excellence, calme et politique à la fois, un peu triste, ou plutôt un peu rêveuse ; c'était la ville des romans d'Auguste Lafontaine et des poëmes de Gœthe, d'Henriette Belmann et de Werther.

En effet, il ne s'agit que de jeter un coup d'œil sur Manheim, pour juger à l'instant, en voyant ses maisons honnêtement alignées, sa division en quatre quartiers, ses rues larges et belles où pointe l'herbe, sa fontaine mythologique, sa promenade ombragée d'un double rang d'acacias qui la traverse d'un bout à l'autre ; pour juger, dis-je, combien la vie serait douce et facile dans un semblable paradis, si parfois les passions amoureuses ou politiques n'y venaient mettre un pistolet à la main de Werther ou un poignard à la main de *Sand*.

Il y a surtout une place qui a un caractère tout particulier, c'est celle où s'élèvent à la fois l'église et le théâtre.

Église et théâtre ont dû être bâtis en même temps, probablement par le même architecte ; probablement encore vers le milieu de l'autre siècle, quand les caprices d'une favorite influaient sur l'art, à ce point que tout un côté de l'art prenait son nom, depuis l'église jusqu'à la petite maison, depuis la statue de bronze de dix coudées jusqu'à la figurine en porcelaine de Saxe.

L'église et le théâtre de Manheim sont donc dans le style pompadour.

L'église a deux niches extérieures : dans l'une de ces deux niches est une Minerve, et dans l'autre est une Hébé.

La porte du théâtre est surmontée de deux sphinx. Ces deux sphinx représentent, l'un la Comédie, l'autre la Tragédie.

Le premier de ces deux sphinx tient sous sa patte un masque, le second un poignard. Tous deux sont coiffés en racine droite avec un chignon poudré ; ce qui ajoute merveilleusement à leur caractère égyptien.

Au reste, toute la place, maisons contournées, arbres frisés, murailles festonnées, est dans le même caractère, et forme un ensemble des plus réjouissants.

Eh bien, c'est dans une chambre située au premier étage d'une maison dont les fenêtres donnent de biais sur le portail de l'église des jésuites, que nous allons conduire nos lecteurs, en leur faisant seulement observer que nous les rajeunissons de plus d'un demi-siècle, et que nous en sommes, comme millésime, à l'an de grâce ou de disgrâce 1793, et comme quantième au dimanche 10 du mois de mai. Tout est donc en train de fleurir : les algues au bord du fleuve, les marguerites dans la prairie, l'aubépine dans les haies, la rose dans les jardins, l'amour dans les cœurs.

Maintenant ajoutons ceci : c'est qu'un des cœurs qui battaient le plus violemment dans la ville de Manheim et dans les environs était celui du jeune homme qui habitait cette petite chambre dont nous venons de parler, et dont les fenêtres donnaient de biais sur le portail de l'église des jésuites.

Chambre et jeune homme méritent chacun une description particulière.

La chambre, à coup sûr, était celle d'un esprit capricieux et pittoresque tout ensemble, car elle avait à la fois l'aspect d'un atelier, d'un magasin de musique et d'un cabinet de travail.

Il y avait une palette, des pinceaux et un chevalet, et sur ce chevalet une esquisse commencée.

Hoffmann disait les avoir vus. — PAGE 22.

Il y avait une guitare, une viole d'amour et un piano, et sur ce piano une sonate ouverte.

Il y avait une plume, de l'encre et du papier, et sur ce papier un commencement de ballade griffonné.

Puis, le long des murailles, des arcs, des flèches, des arbalètes du quinzième siècle, des gravures du seizième, des instruments de musique du dix-septième, des bahuts de tous les temps, des pots à boire de toutes les formes, des aiguières de toutes les espèces, enfin des colliers de verre, des éventails de plumes, des lézards

empaillés, des fleurs sèches, tout un monde enfin; mais tout un monde ne valant pas vingt-cinq thalers de bon argent.

Celui qui habitait cette chambre était-il un peintre, un musicien ou un poëte? Nous l'ignorons.

Mais, à coup sûr, c'était un fumeur; car, au milieu de toutes ces collections, la collection la plus complète, la plus en vue, la collection occupant la place d'honneur et s'épanouissant au soleil au-dessus d'un vieux canapé, à la portée de la main, était une collection de pipes.

Mais, quel qu'il fût, poëte, musicien, peintre ou fumeur, pour le moment, il ne fumait, ni ne peignait, ni ne notait, ni ne composait.

Non, il regardait.

Il regardait, immobile, debout, appuyé contre la muraille, retenant son souffle ; il regardait par sa fenêtre ouverte, après s'être fait un rempart du rideau, pour voir sans être vu ; il regardait comme on regarde, quand les yeux ne sont que la lunette du cœur !

Que regardait-il ?

Un endroit parfaitement solitaire pour le moment, le portail de l'église des jésuites.

Il est vrai que ce portail était solitaire parce que l'église était pleine.

Maintenant quel aspect avait celui qui habitait cette chambre, celui qui regardait derrière ce rideau, celui dont le cœur battait ainsi en regardant?

C'était un jeune homme de dix-huit ans tout au plus, petit de taille, maigre de corps, sauvage d'aspect. Ses longs cheveux noirs tombaient de son front jusqu'au-dessous de ses yeux, qu'ils voilaient quand il ne les écartait pas de la main, et, à travers le voile de ses cheveux, son regard brillait fixe et fauve, comme le regard d'un homme dont les facultés mentales ne doivent pas toujours demeurer dans un parfait équilibre.

Ce jeune homme, ce n'était ni un poëte, ni un peintre, ni un musicien : c'était un composé de tout cela ; c'était là peinture, la musique et la poésie réunies ; c'était un tout bizarre, fantasque, bon et mauvais, brave et timide, actif et paresseux : ce jeune homme, enfin, c'était Ernest-Théodore-Guillaume Hoffmann.

Il était né par une rigoureuse nuit d'hiver, en 1776, tandis que le vent sifflait, tandis que la neige tombait, tandis que tout ce qui n'est pas riche souffrait ; il était né à Kœnigsberg, au fond de la Vieille-Prusse ; né si faible, si grêle, si pauvrement bâti, que l'exiguïté de sa personne fit croire à tout le monde qu'il était bien plus pressant de lui commander une tombe que de lui acheter un berceau ; il était né la même année où Schiller, écrivant son drame des *Brigands*, signait : SCHILLER, *esclave de Klopstock* ; né au milieu d'une de ces vieilles familles bourgeoises comme nous en avions en France du temps de la Fronde, comme il y en a encore en Allemagne, mais comme il n'y en aura bientôt plus nulle part ; né d'une mère au tempérament maladif, mais d'une résignation profonde, ce qui donnait

à toute sa personne souffrante l'aspect d'une adorable mélancolie ; né d'un père à la démarche et à l'esprit sévères, car ce père était conseiller criminel et commissaire de justice près le tribunal supérieur provincial. Autour de cette mère et de ce père, il y avait des oncles juges, des oncles baillis, des oncles bourgmestres, des tantes jeunes encore, belles encore, coquettes encore ; oncles et tantes, tous musiciens, tous artistes, tous pleins de séve, tous allègres. Hoffmann disait les avoir vus ; il se les rappelait exécutant autour de lui, enfant de six, de huit, de dix ans, des concerts étranges où chacun jouait d'un de ces vieux instruments dont on ne sait même plus les noms aujourd'hui : tympanons, rebèques, cithares, cistres, violes d'amour, violes de gamba. Il est vrai que personne autre qu'Hoffmann n'avait jamais vu ces oncles musiciens, ces tantes musiciennes, et qu'oncles et tantes s'étaient retirés les uns après les autres comme des spectres, après avoir éteint, en se retirant, la lumière qui brûlait sur leurs pupitres.

De tous ces oncles, cependant, il en restait un. De toutes ces tantes, cependant, il en restait une.

Cette tante, c'était un des souvenirs charmants d'Hoffmann.

Dans la maison où Hoffmann avait passé sa jeunesse, vivait une sœur de sa mère, une jeune femme aux regards suaves et pénétrant au plus profond de l'âme ; une jeune femme douce, spirituelle, pleine de finesse, qui, dans l'enfant que chacun tenait pour un fou, pour un maniaque, pour un enragé, voyait un esprit éminent ; qui plaidait seule pour lui, avec sa mère, bien entendu ; qui lui prédisait le génie, la gloire ; prédiction qui plus d'une fois fit venir les larmes aux yeux de la mère d'Hoffmann ; car elle savait que le compagnon inséparable du génie et de la gloire, c'est le malheur.

Cette tante, c'était la tante Sophie.

Cette tante était musicienne comme toute la famille, elle jouait du luth. Quand Hoffmann s'éveillait dans son berceau, il s'éveillait inondé d'une vibrante harmonie ; quand il ouvrait les yeux il voyait la forme gracieuse de la jeune femme, mariée à son instrument. Elle était ordinairement vêtue d'une robe vert-d'eau avec nœuds roses ; elle était ordinairement accompagnée d'un vieux musicien à jambes torses et à perruque blanche qui jouait d'une basse plus grande que lui, à laquelle il se cramponnait, montant et descendant comme fait un lézard le long d'une courge. C'est à ce torrent d'harmonie tombant comme une cascade de perles des doigts de la belle Euterpe qu'Hoffmann avait bu le philtre enchanté qui l'avait lui-même fait musicien.

Aussi la tante Sophie, avons-nous dit, était un des charmants souvenirs d'Hoffmann.

Il n'en était pas de même de son oncle.

La mort du père d'Hoffmann, la maladie de sa mère, l'avaient laissé aux mains de cet oncle.

C'était un homme aussi exact que le pauvre Hoffmann était décousu, aussi bien ordonné que le pauvre Hoffmann était bizarrement fantasque, et dont l'esprit d'ordre et d'exactitude s'était éternellement exercé sur son neveu, mais toujours aussi inutilement que s'était exercé sur ses pendules l'esprit de l'empereur Charles-Quint : l'oncle avait beau faire, l'heure sonnait à la fantaisie du neveu, jamais à la sienne.

Au fond, ce n'était point cependant, malgré son exactitude et sa régularité, un trop grand ennemi des arts et de l'imagination que cet oncle d'Hoffmann ; il tolérait même la musique, la poésie et la peinture ; mais il prétendait qu'un homme sensé ne devait recourir à de pareils délassements qu'après son dîner, pour faciliter la digestion. C'était sur ce thème qu'il avait réglé la vie d'Hoffmann : tant d'heures pour le sommeil, tant d'heures pour l'étude du barreau, tant d'heures pour le repas, tant de minutes pour la musique, tant de minutes pour la peinture, tant de minutes pour la poésie.

Hoffmann eût voulu retourner tout cela, lui, et dire : tant de minutes pour le barreau, et tant d'heures pour la poésie, la peinture et la musique ; mais Hoffmann n'était pas le maître ; il en était résulté qu'Hoffmann avait pris en horreur le barreau et son oncle, et qu'un beau jour il s'était sauvé de Kœnigsberg avec quelques thalers en poche, avait gagné Heidelberg, où il avait fait une halte de quelques instants, mais où il n'avait pu rester, vu la mauvaise musique que l'on faisait au théâtre.

En conséquence, de Heidelberg il avait gagné Manheim, dont le théâtre, près duquel, comme on le voit, il s'était logé, passait pour être le rival des scènes lyriques de France et d'Italie ; nous disons de France et d'Italie, parce qu'on n'oubliera point que c'est cinq ou six ans seulement avant l'époque à laquelle nous sommes arrivés qu'avait eu lieu, à l'Académie royale de musique, la grande lutte entre Gluck et Piccini.

Hoffmann était donc à Manheim, où il logeait près du théâtre, et où il vivait du produit de sa peinture, de sa musique et de sa poésie, joint à quelques frédérics d'or que sa bonne mère lui faisait passer de temps en temps, au moment où, nous arrogeant le privilège du Diable boiteux, nous venons de lever le plafond de sa chambre et de le montrer à nos lecteurs debout, appuyé à la muraille, immobile derrière son rideau, haletant, les yeux fixés sur le portail de l'église des jésuites.

VI

UN AMOUREUX ET UN FOU.

Dans l'instant où quelques personnes, sortant de l'église des jésuites, quoique la messe fût à peine à moitié de sa célébration, rendaient l'attention d'Hoffmann plus vive que jamais, on heurta à sa porte. Le jeune homme secoua la tête et frappa du pied avec un mouvement d'impatience, mais ne répondit pas.

On heurta une seconde fois.

Un regard torve alla foudroyer l'indiscret à travers la porte.

On frappa une troisième fois.

Cette fois, le jeune homme demeura tout à fait immobile ; il était visiblement décidé à ne pas ouvrir.

Mais, au lieu de s'obstiner à frapper, le visiteur se contenta de prononcer un des prénoms d'Hoffmann.

— Théodore, dit-il.

— Ah ! c'est toi, Zacharias Werner, murmura Hoffmann.

— Oui, c'est moi ; tiens-tu à être seul ?

— Non, attends.

Et Hoffmann alla ouvrir.

Un grand jeune homme, pâle, maigre et blond,

— Jeune homme, dit-il en lui posant la main sur l'épaule. — Page 25.

un peu effaré, entra. Il pouvait avoir trois ou quatre ans de plus qu'Hoffmann. Au moment où la porte s'ouvrait, il lui posa la main sur l'épaule et les lèvres sur le front, comme eût pu faire un frère aîné.

C'était, en effet, un véritable frère pour Hoffmann. Né dans la même maison que lui, Zacharias Werner, le futur auteur de *Martin Luther*, de l'*Attila*, du *24 Février*, de la *Croix de la Baltique*, avait grandi sous la double protection de sa mère et de la mère d'Hoffmann.

Les deux femmes, atteintes toutes deux d'une affection nerveuse qui se termina par la folie, avaient transmis à leurs enfants cette maladie, qui, atténuée par la transmission, se traduisit en imagination fantastique chez Hoffmann, et en disposition mélancolique chez Zacharias. La mère de ce dernier se croyait, à l'instar de la Vierge, chargée d'une mission divine. Son enfant, son Zacharie, devait être le nouveau Christ, le futur Siloé promis par les Écritures. Pendant qu'il dormait, elle lui tressait des couronnes de bluets, dont elle ceignait son front; elle s'agenouillait devant lui, chantant, de sa voix douce et harmonieuse, les plus beaux cantiques de Luther, espérant, à chaque verset, voir la couronne de bluets se changer en auréole.

Les deux enfants furent élevés ensemble; c'était surtout parce que Zacharie habitait Heidelberg, où il étudiait, que Hoffmann s'était enfui de chez son oncle, et à son tour Zacharie rendant à Hoffmann amitié pour amitié, avait quitté Heidelberg et était venu rejoindre Hoffmann à Manheim, quand Hoffmann était venu chercher à Manheim une meilleure musique que celle qu'il trouvait à Heidelberg.

Mais, une fois réunis, une fois à Manheim, loin de l'autorité de cette mère si douce, les deux jeunes gens avaient pris appétit aux voyages, ce complément indispensable de l'éducation de l'étudiant allemand, et ils avaient résolu de visiter Paris :

Werner, à cause du spectacle étrange que devait présenter la capitale de la France au milieu de la période de terreur où elle était parvenue;

Hoffmann, pour comparer la musique française à la musique italienne, et surtout pour étudier les ressources de l'Opéra français, comme mise en scène et décors, Hoffmann ayant dès cette époque l'idée qu'il caressa toute sa vie de se faire directeur de théâtre.

Werner, libertin par tempérament, quoique religieux par éducation, comptait bien en même temps profiter pour son plaisir de cette étrange liberté de mœurs à laquelle on était arrivé en 1793, et dont un de ses amis, revenu depuis peu d'un voyage à Paris, lui avait fait une peinture si séduisante, que cette peinture avait tourné la tête du voluptueux étudiant.

Hoffmann comptait voir les musées dont on lui avait dit force merveilles, et, flottant encore dans sa manière, comparer la peinture italienne à la peinture allemande.

Quels que fussent d'ailleurs les motifs secrets qui poussassent les deux amis, le désir de visiter la France était égal chez tous deux.

Pour accomplir ce désir, il ne leur manquait qu'une chose, l'argent. Mais, par une coïncidence étrange, le hasard avait voulu que Zacharie et Hoffmann eussent le même jour reçu chacun de sa mère cinq frédérics d'or.

Dix frédérics d'or faisaient à peu près deux cents livres; c'était une jolie somme pour deux étudiants qui vivaient logés, chauffés et nourris, pour cinq thalers par mois. Mais cette somme était bien insuffisante pour accomplir le fameux voyage projeté.

Il était venu une idée aux deux jeunes gens, et, comme cette idée leur était venue à tous deux à la fois, ils l'avaient prise pour une inspiration du ciel.

C'était d'aller au jeu et de risquer chacun les cinq frédérics d'or.

Avec ces dix frédérics il n'y avait pas de voyage possible. En risquant ces dix frédérics, on pouvait gagner une somme à faire le tour du monde.

Ce qui fut dit fut fait : la saison des eaux approchait, et, depuis le 1er mai, les maisons de jeu étaient ouvertes; Werner et Hoffmann entrèrent dans une maison de jeu.

Werner tenta le premier la fortune, et perdit, en cinq coups, ses cinq frédérics d'or.

Le tour d'Hoffman était venu.

Hoffmann hasarda en tremblant son premier frédéric d'or et gagna.

Encouragé par ce début, il redoubla. Hoffmann était dans un jour de veine; il gagnait quatre coups sur cinq, et le jeune homme était de ceux qui ont confiance dans la fortune. Au lieu d'hésiter, il marcha franchement de parolis en parolis; on eût pu croire qu'un pouvoir surnaturel le secondait : sans combinaison arrêtée, sans calcul aucun, il jetait son or sur une carte, et son or se doublait, se triplait, se quintuplait. Zacharie, plus tremblant qu'un fiévreux, plus pâle qu'un spectre, Zacharie murmurait : — Assez, Théodore, assez; — mais le joueur raillait cette timidité puérile. L'or suivait l'or, et l'or engendrait l'or. Enfin, deux heures du matin sonnèrent, c'était l'heure de la fermeture de l'établissement, le jeu cessa; les deux jeunes gens, sans compter, prirent chacun une charge d'or. Zacharie, qui ne pouvait croire que toute cette fortune était à lui, sortit le premier; Hoffmann allait le suivre, quand un vieil officier, qui ne l'avait pas perdu de vue pendant tout le temps qu'il avait joué, l'arrêta comme il allait franchir le seuil de la porte.

— Jeune homme, dit-il en lui posant la main sur l'épaule et en le regardant fixement, si vous y allez de ce train-là, vous ferez sauter la banque, j'en conviens; mais, quand la banque aura sauté, vous n'en serez qu'une proie plus sûre pour le diable.

Et, sans attendre la réponse d'Hoffmann, il disparut. Hoffmann sortit à son tour, mais il n'était plus le même. La prédiction du vieux soldat l'avait refroidi comme un bain glacé, et cet or, dont ses poches étaient pleines, lui pesait.

Il lui semblait porter son fardeau d'iniquités.

Werner l'attendait joyeux. Tous deux revinrent ensemble chez Hoffmann, l'un riant, dansant, chantant; l'autre rêveur, presque sombre.

Celui qui riait, dansait, chantait, c'était Werner. — Celui qui était rêveur et presque sombre, c'était Hoffmann.

Tous deux, au reste, décidèrent de partir le lendemain soir pour la France.

Ils se séparèrent en s'embrassant.

Hoffmann, resté seul, compta son or.

Il avait cinq mille thalers, vingt-trois ou vingt-quatre mille francs.

Il réfléchit longtemps et sembla prendre une résolution difficile.

Pendant qu'il réfléchissait à la lueur d'une lampe de cuivre éclairant la chambre, son visage était pâle et son front ruisselait de sueur.

A chaque bruit qui se faisait autour de lui, ce bruit fût-il aussi insaisissable que le frémissement de l'aile du moucheron, Hoffmann tressaillait, se retournait et regardait autour de lui avec terreur.

La prédiction de l'officier lui revenait à l'esprit, il murmurait tout bas des vers de Faust, et il lui semblait voir, sur le seuil de la porte, le rat rongeur; dans l'angle de sa chambre, le barbet noir.

Enfin son parti fut pris.

Il mit à part mille thalers, qu'il regardait comme la somme grandement nécessaire pour son voyage, fit un paquet des quatre mille autres thalers; puis, sur le paquet, colla une carte avec de la cire et écrivit sur cette carte :

A Monsieur le bourgmestre de Kœnigsberg, pour être partagés entre les familles les plus pauvres de la ville.

Puis, content de la victoire qu'il venait de remporter sur lui-même, rafraîchi par ce qu'il venait de faire, il se déshabilla, se coucha, et dormit tout d'une pièce jusqu'au lendemain à sept heures du matin.

A sept heures il se réveilla, et son premier regard fut pour ses mille thalers visibles et ses quatre mille thalers cachetés. Il croyait avoir fait un rêve.

La vue des objets l'assura de la réalité de ce qui était arrivé la veille.

Mais ce qui était une réalité surtout, pour Hoffmann, quoique aucun objet matériel ne fût là pour la lui rappeler, c'était la prédiction du vieil officier.

Aussi, sans regret aucun, s'habilla-t-il comme de coutume; et, prenant ses quatre mille thalers sous son bras, alla-t-il les porter lui-même à la diligence de Kœnigsberg, après avoir pris le soin cependant de serrer les mille thalers restant dans son tiroir.

Puis, comme il était convenu, on s'en souvient, que les deux amis partiraient le même soir pour la France, Hoffmann se mit à faire ses préparatifs de voyage.

Tout en allant, tout en venant, tout en époussetant un habit, en pliant une chemise, en assortissant deux mouchoirs, Hoffmann jeta les yeux dans la rue et demeura dans la pose où il était.

Une jeune fille de seize à dix-sept ans, charmante, étrangère bien certainement à la ville de Manheim, puisque Hoffmann ne la connaissait pas, venait de l'extrémité opposée de la rue et s'acheminait vers l'église.

Hoffmann, dans ses rêves de poëte, de peintre et de musicien, n'avait jamais rien vu de pareil.

C'était quelque chose qui dépassait non-seulement tout ce qu'il avait vu, mais encore tout ce qu'il espérait voir.

Et cependant, à la distance où il était, il ne voyait qu'un ravissant ensemble : les détails lui échappaient.

La jeune fille était accompagnée d'une vieille servante.

Toutes deux montèrent lentement les marches de l'église des jésuites, et disparurent sous le portail.

Hoffmann laissa sa malle à moitié faite, un habit lie-de-vin à moitié battu, sa redingote à brandebourgs à moitié pliée, et resta immobile derrière son rideau.

C'est là que nous l'avons trouvé, attendant la sortie de celle qu'il avait vue entrer.

Il ne craignait qu'une chose : c'est que ce ne fût un ange, et qu'au lieu de sortir par la porte, elle ne s'envolât par la fenêtre pour remonter aux cieux.

C'est dans cette situation que nous l'avons pris, et que son ami Zacharias Werner vint le prendre après nous.

Le nouveau venu appuya du même coup, comme nous l'avons dit, sa main sur l'épaule et ses lèvres sur le front de son ami.

Puis il poussa un énorme soupir.

Quoique Zacharias Werner fût toujours très-pâle, il était cependant encore plus pâle que d'habitude.

— Qu'as-tu donc? lui demanda Hoffmann avec une inquiétude réelle.

— Oh! mon ami! s'écria Werner... Je suis un brigand! je suis un misérable! je mérite la mort... fends-moi la tête avec une hache... perce-moi le cœur avec une flèche. Je ne suis plus digne de voir la lumière du ciel.

— Bah! demanda Hoffmann avec sa placide distraction de l'homme heureux; qu'est-il donc arrivé, cher ami?

— Il est arrivé... ce qui est arrivé, n'est-ce pas?... tu me demandes ce qui est arrivé?... Eh bien! mon ami, le diable m'a tenté!

— Que veux-tu dire?

— Que quand j'ai vu tout mon or ce matin, il y en avait tant, qu'il me semble que c'est un rêve.

— Comment! un rêve?

— Il y en avait une pleine table, toute couverte, continua Werner. Eh bien, quand j'ai vu cela, une véritable fortune, mille frédérics d'or, mon ami. Eh bien! quand j'ai vu cela, quand de chaque pièce j'ai vu rejaillir un rayon, la rage m'a repris, je n'ai pas pu y résister, j'ai pris le tiers de mon or et j'ai été au jeu.

— Et tu as perdu?

— Jusqu'à mon dernier kreutzer.

— Que veux-tu? c'est un petit malheur, puisqu'il te reste les deux tiers.

— Ah bien oui, les deux tiers! Je suis revenu chercher le second tiers, et...

— Et tu l'as perdu comme le premier?

— Plus vite, mon ami, plus vite.

— Et tu es revenu chercher ton troisième tiers?

— Je ne suis pas revenu, j'ai volé; j'ai pris les quinze cents thalers restant, et je les ai posés sur la rouge.

— Alors, dit Hoffmann, la noire est sortie, n'est-ce pas?

— Ah! mon ami, la noire, l'horrible noire, sans hésitation, sans remords, comme si en sortant elle ne m'enlevait pas mon dernier espoir! Sortie, mon ami, sortie!

— Et tu ne regrettes les mille frédérics qu'à cause du voyage?

— Pas pour autre chose. Oh! si j'eusse seulement mis de côté de quoi aller à Paris, — cinq cents thalers!

— Tu te consolerais d'avoir perdu le reste?

— A l'instant même.

— Eh bien, qu'à cela ne tienne, mon cher Zacharias, dit Hoffmann en le conduisant vers

son tiroir; tiens, voilà les cinq cents thalers, pars.

— Comment! que je parte? s'écria Werner, et toi?

— Oh! moi, je ne pars plus.

— Comment! tu ne pars plus?

— Non, pas dans ce moment-ci, du moins.

— Mais pourquoi? pour quelle raison? qui t'empêche de partir? qui te retient à Manheim?

Hoffmann entraîna vivement son ami vers la fenêtre. On commençait à sortir de l'église, la messe était finie.

— Tiens, regarde, regarde, dit-il en désignant du doigt quelqu'un à l'attention de Werner.

Et, en effet, la jeune fille inconnue apparaissait au haut du portail, descendant lentement les degrés de l'église, son livre de messe posé contre sa poitrine, sa tête baissée, modeste et pensive comme la Marguerite de Gœthe.

— Vois-tu, murmurait Hoffmann, vois-tu?

— Certainement que je vois.

— Eh bien, que dis-tu?

— Je dis qu'il n'y a pas de femme au monde qui vaille qu'on lui sacrifie le voyage de Paris, fût-ce la belle Antonia, fût-ce la fille du vieux Gottlieb Murr, le nouveau chef d'orchestre du théâtre de Manheim.

— Tu la connais donc?

— Certainement.

— Tu connais donc son père?

— Il était chef d'orchestre au théâtre de Francfort.

— Et tu peux me donner une lettre pour lui?

— A merveille!

— Mets-toi là, Zacharias, et écris.

Zacharias se mit à la table et écrivit.

Au moment de partir pour la France, il recommandait son jeune ami Théodore Hoffmann à son vieil ami Gottlieb Murr.

Hoffmann donna à peine à Zacharias le temps d'achever sa lettre; la signature apposée, il la lui prit et, embrassant son ami, il s'élança hors de la chambre.

— C'est égal, lui cria une dernière fois Zacharias Werner, tu verras qu'il n'y a pas de femme, si jolie qu'elle soit, qui puisse te faire oublier Paris.

Hoffmann entendit les paroles de son ami, mais il ne jugea pas même à propos de se retourner pour lui répondre, même par un signe d'approbation ou d'improbation.

Quant à Zacharias Werner, il mit ses cinq cents thalers dans sa poche, et, pour n'être plus tenté par le démon du jeu, il courut aussi vite vers l'hôtel des Messageries que Hoffmann courait vers la maison du vieux chef d'orchestre.

Hoffmann frappait à la porte de maître Gottlieb Murr juste au même moment où Zacharias Werner montait dans la diligence de Strasbourg.

⋯⋯⋯

VII

MAITRE GOTTLIEB MURR.

C e fut le chef d'orchestre qui vint ouvrir en personne à Hoffmann.

Hoffmann n'avait jamais vu maître Gottlieb, et cependant il le reconnut.

Cet homme, tout grotesque qu'il était, ne pouvait être qu'un artiste, et même un grand artiste.

C'était un petit vieillard de cinquante-cinq à soixante ans, ayant une jambe tordue, et cependant ne boitant pas trop de cette jambe, qui ressemblait à un tire-bouchon. Tout en marchant, ou plutôt tout en sautillant, et son sautillement ressemblait fort à celui d'un hochequeue; tout en sautillant et en devançant les gens qu'il introduisait chez lui, il s'arrêtait, faisait une pirouette sur sa jambe torse, ce qui lui donnait l'air d'enfoncer une vrille dans la terre, et continuait son chemin.

Tout en le suivant, Hoffmann l'examinait et gravait dans son esprit un de ces fantastiques et merveilleux portraits dont il nous a donné, dans ses œuvres, une si complète galerie.

Le visage du vieillard était enthousiaste, fin et spirituel à la fois, recouvert d'une peau parcheminée, mouchetée de rouge et de noir comme une page de plain-chant. Au milieu de cet étrange faciès brillaient deux yeux vifs dont on pouvait d'autant mieux apprécier le regard aigu, que les lunettes qu'il portait et qu'il n'abandonnait jamais, même dans son sommeil, étaient constamment relevées sur son front, ou abaissées sur le bout de son nez. C'était seulement quand il jouait du violon en redressant la tête et en regardant à distance, qu'il finissait par utiliser ce petit meuble qui paraissait être chez lui plutôt un objet de luxe que de nécessité.

Sa tête était chauve et constamment abritée sous une calotte noire, qui était devenue une par-

tie inhérente à sa personne. — Jour et nuit maître Gottlieb apparaissait aux visiteurs avec sa calotte. Seulement, lorsqu'il sortait, il se contentait de la surmonter d'une petite perruque à la Jean-Jacques. De sorte que la calotte se trouvait prise entre le crâne et la perruque. Il va sans dire que jamais maître Gottlieb ne s'inquiétait le moins du monde de la portion de velours qui apparaissait sous ses faux cheveux, lesquels ayant plus d'affinité avec le chapeau qu'avec la tête, accompagnaient le chapeau dans son excursion aérienne, toutes les fois que maître Gottlieb saluait.

Hoffmann regarda tout autour de lui, mais ne vit personne.

Il suivit donc maître Gottlieb où maître Gottlieb, qui, comme nous l'avons dit, marchait devant lui, voulut le mener.

Maître Gottlieb s'arrêta dans un grand cabinet plein de partitions empilées et de feuilles de musique volante; sur une table étaient dix ou douze boîtes plus ou moins ornées, ayant toutes cette forme à laquelle un musicien ne se trompe pas, c'est-à-dire la forme d'un étui de violon.

Pour le moment, maître Gottlieb était en train de disposer pour le théâtre de Manheim, sur lequel il voulait faire un essai de musique italienne, le *Matrimonio segreto* de Cimarosa.

Un archet, comme la batte d'Arlequin, était passé dans sa ceinture, ou plutôt maintenu par le gousset boutonné de sa culotte, une plume se dressait fièrement derrière son oreille, et ses doigts étaient tachés d'encre.

De ces doigts tachés d'encre il prit la lettre que lui présentait Hoffmann, puis, jetant un coup d'œil sur l'adresse, et reconnaissant l'écriture:

— Ah! Zacharias Werner, dit-il, poëte, poëte celui-là, mais joueur. Puis, comme si la qualité corrigeait un peu le défaut, il ajouta : Joueur, joueur, mais poëte.

Puis, décachetant la lettre :

— Parti, n'est-ce pas? parti!

— Il part, monsieur, en ce moment même.

— Dieu le conduise! ajouta Gottlieb en levant les yeux au ciel comme pour recommander son ami à Dieu. Mais il a bien fait de partir. Les voyages forment la jeunesse, et, si je n'avais pas voyagé, je ne connaîtrais pas, moi, l'immortel Paësiello, le divin Cimarosa.

— Mais, dit Hoffmann, vous n'en connaîtriez pas moins bien leurs œuvres, maître Gottlieb.

— Oui, leurs œuvres, certainement : mais qu'est-ce que connaître l'œuvre sans l'artiste? c'est connaître l'âme sans le corps; l'œuvre, c'est le spectre, c'est l'apparition; l'œuvre c'est ce qui reste de nous après notre mort. Mais le corps, voyez-vous, c'est ce qui a vécu : vous ne comprendrez jamais entièrement l'œuvre d'un homme si vous n'avez pas connu l'homme lui-même.

Hoffmann fit un signe de la tête.

— C'est vrai, dit-il, et je n'ai jamais apprécié complètement Mozart qu'après avoir vu Mozart.

— Oui, oui, dit Gottlieb, Mozart a du bon; mais pourquoi a-t-il du bon? parce qu'il a voyagé en Italie. La musique allemande, jeune homme, c'est la musique des hommes; mais retenez bien ceci, la musique italienne, c'est la musique des dieux.

— Ce n'est pourtant pas, reprit Hoffmann en souriant, ce n'est pourtant pas en Italie que Mozart a fait le *Mariage de Figaro* et *Don Juan*, puisqu'il a fait l'un à Vienne pour l'empereur, et l'autre à Prague pour le théâtre italien.

— C'est vrai, jeune homme, c'est vrai, et j'aime à voir en vous cet esprit national qui vous fait défendre Mozart. Oui, certainement, si le pauvre diable eût vécu, et s'il eût fait encore un ou deux voyages en Italie, c'eût été un maître, un très-grand maître. Mais ce *Don Juan*, dont vous parlez, ce *Mariage de Figaro*, dont vous parlez, sur quoi les a-t-il faits? Sur des libretti italiens, sur des paroles italiennes, sous un reflet du soleil de Bologne, de Rome ou de Naples. Croyez-moi, jeune homme, ce soleil, il faut l'avoir vu, l'avoir senti, pour l'apprécier à sa valeur. Tenez, moi, j'ai quitté l'Italie depuis quatre ans; depuis quatre ans je grelotte, excepté quand je pense à l'Italie; la pensée seule de l'Italie me réchauffe; je n'ai plus besoin de manteau quand je pense à l'Italie; je n'ai plus besoin d'habit, je n'ai plus besoin de calotte même. Le souvenir me ravive : ô musique de Bologne! ô soleil de Naples! oh!...

Et la figure du vieillard exprima, un moment, une béatitude suprême, et tout son corps parut frissonner d'une jouissance infinie, comme si les torrents du soleil méridional, inondant encore sa tête, ruisselaient de son front chauve sur ses épaules, et de ses épaules sur toute sa personne.

Hoffmann se garda bien de le tirer de son extase, seulement il en profita pour regarder tout autour de lui, espérant toujours voir Antonia. Mais les portes étaient fermées et l'on n'entendait aucun bruit, derrière aucune de ces portes, qui y décelât la présence d'un être vivant.

Il lui fallut donc revenir à maître Gottlieb, dont l'extase se calmait peu à peu, et qui finit par en sortir avec une espèce de frissonnement.

— Brrrrou! jeune homme, dit-il, et vous dites donc?

Hoffmann tressaillit.

— Je dis, maître Gottlieb, que je viens de la part de mon ami Zacharias Werner, lequel m'a parlé de votre bonté pour les jeunes gens, et comme je suis musicien...

— Ah! vous êtes musicien!

Et Gottlieb se redressa, releva la tête, la renversa en arrière, et, à travers ses lunettes, momentanément posées sur les derniers confins de son nez, il regarda Hoffmann.

— Oui, oui, ajouta-t-il, tête de musicien, front de musicien, œil de musicien; et qu'êtes-vous? compositeur ou instrumentiste?

— L'un et l'autre, maître Gottlieb.

— L'un et l'autre! dit maître Gottlieb, l'un et l'autre! cela ne doute de rien, ces jeunes gens! Il faudrait toute la vie d'un homme, de deux hommes, de trois hommes, pour être seulement l'un ou l'autre, et ils sont l'un et l'autre!

Et il fit un tour sur lui-même, levant les bras au ciel et ayant l'air d'enfoncer dans le parquet le tire-bouchon de sa jambe droite.

Puis, après la pirouette achevée, s'arrêtant devant Hoffmann :

— Voyons, jeune présomptueux, dit-il, qu'as-tu fait en composition?

— Mais des sonates, des chants sacrés, des quintetti.

— Des sonates après Sébastien Bach! des chants sacrés après Pergolèse! des quintetti après François-Joseph Haydn! Ah! jeunesse! jeunesse!

Puis, avec un sentiment de profonde pitié :

— Et, comme instrumentiste, continua-t-il, comme instrumentiste, de quel instrument jouez-vous?

— De tous à peu près, depuis le rebec jusqu'au clavecin, depuis la viole d'amour jusqu'au théorbe;

mais l'instrument dont je me suis particulièrement occupé, c'est du violon.

— En vérité, dit maître Gottlieb d'un air railleur, en vérité tu lui as fait cet honneur-là, au
violon! c'est ma foi bien heureux, pour lui,
pauvre violon! Mais, malheureux, ajouta-t-il en
revenant vers Hoffmann en sautillant sur une seule
jambe pour aller plus vite, sais-tu ce que c'est
que le violon? Le violon! et maître Gottlieb balança
son corps sur cette seule jambe dont nous avons
parlé, l'autre restant en l'air comme celle d'une
grue, le violon! mais c'est le plus difficile de
tous les instruments, le violon a été inventé par
Satan lui-même pour damner l'homme, quand
Satan a été au bout de ses inventions. Avec le
violon, vois-tu, Satan a perdu plus d'âmes
qu'avec les sept péchés capitaux réunis. Il n'y a
que l'immortel Tartini, Tartini, mon maître,
mon héros, mon dieu! il n'y a que lui qui ait
jamais atteint la perfection sur le violon; mais
lui seul sait ce qu'il lui a coûté dans ce monde
et dans l'autre pour avoir joué toute une nuit
avec le violon du diable lui-même, et pour avoir
gardé son archet. Oh! le violon! sais-tu, malheureux profanateur, que cet instrument cache
sous sa simplicité presque misérable les plus
inépuisables trésors d'harmonie qu'il soit possible à l'homme de boire à la coupe des dieux.
As-tu étudié ce bois, ces cordes, cet archet, ce
crin, ce crin surtout? espères-tu réunir, assem-
bler, dompter sous tes doigts ce tout merveilleux, qui depuis deux siècles résiste aux efforts
des plus savants, qui se plaint, qui gémit, qui se
lamente sous leurs doigts, et qui n'a jamais
chanté que sous les doigts de l'immortel Tartini,
mon maître? Quand tu as pris un violon pour
la première fois, as-tu bien pensé à ce que tu fai-
sais, jeune homme? Mais tu n'es pas le premier, ajouta maître Gottlieb avec un soupir tiré
du plus profond de ses entrailles, et tu ne seras
pas le dernier que le violon aura perdu; violon,
tentateur éternel! d'autres que toi aussi ont cru
à leur vocation, et ont perdu leur vie à râcler le
boyau, et tu vas augmenter le nombre de ces
malheureux, déjà si nombreux, si inutiles à la
société, si insupportables à leurs semblables.

Puis, tout à coup, et sans transition aucune,
saisissant un violon et un archet comme un
maître d'escrime prend deux fleurets, et les présentant à Hoffmann :

— Eh bien, dit-il d'un air de défi, joue-moi
quelque chose; voyons, joue, et je te dirai où tu
en es, et, s'il est encore temps de te retirer du pré-

cipice, je t'en tirerai, comme j'en ai tiré le pauvre
Zacharias Werner. Il en jouait aussi lui, du violon ; il en jouait avec fureur, avec rage. Il rêvait
des miracles, mais je lui ai ouvert l'intelligence. Il
brisa son violon en morceaux, et il en fit du feu.
Puis je lui mis une basse entre les mains, et cela
acheva de le calmer. Là, il y avait de la place
pour ses longs doigts maigres. Au commencement, il leur faisait faire dix lieues à l'heure, et
maintenant, — maintenant, il joue suffisamment de la basse pour souhaiter la fête à son
oncle, tandis qu'il n'eût jamais joué du violon
que pour souhaiter la fête au diable. Allons, allons, jeune homme, voici un violon, montre-moi
ce que tu sais faire.

Hoffmann prit le violon et l'examina.

— Oui, oui, dit maître Gottlieb, tu examines
de qui il est, comme le gourmet flaire le vin
qu'il va boire. Pince une corde, une seule, et,
si ton oreille ne te dit pas le nom de celui qui a
fait le violon, tu n'es pas digne de le toucher.

Hoffmann pinça une corde qui rendit un son
vibrant, prolongé, frémissant.

— C'est un Antonio Stradivarius, dit-il.

— Allons, pas mal ; mais de quelle époque de
la vie de Stradivarius? Voyons un peu ; il en a
fait beaucoup de violons de 1698 à 1728.

— Ah! quant à cela, dit Hoffmann, j'avoue
mon ignorance, et il me semble impossible...

— Impossible, blasphémateur! impossible !
c'est comme si tu me disais, malheureux, qu'il
est impossible de reconnaître l'âge du vin en le
goûtant. Écoute bien : aussi vrai que nous
sommes aujourd'hui le 10 mai 1793, ce violon
a été fait pendant le voyage que l'immortel Antonio fit de Crémone à Mantoue en 1705, et où
il laissa son atelier à son premier élève. Aussi,
vois-tu, ce Stradivarius-là, je suis bien aise de te
le dire, n'est que de troisième ordre ; mais j'ai
bien peur que ce ne soit encore trop bon pour
un pauvre écolier comme toi. Va, va, va!

Hoffmann épaula le violon, et, non sans un
vif battement de cœur, commença des variations
sur le thème de *Don Juan* :

La si darem' la mano.

Maître Gottlieb était debout près d'Hoffmann,
battant à la fois la mesure avec sa tête et avec le
bout du pied de sa jambe torse. A mesure qu'Hoffmann jouait, sa figure s'animait, ses yeux brillaient, sa mâchoire supérieure mordait la lèvre inférieure, et aux deux côtés de cette lèvre aplatie,
sortaient deux dents, que dans la position ordi-

naire elle était destinée à cacher, mais qui en ce moment se dressaient comme deux défenses de sanglier. Enfin, un allegro, dont Hoffmann triompha assez vigoureusement, lui attira de la part de maître Gottlieb un mouvement de tête qui ressemblait presque à un signe d'approbation.

Hoffmann finit par un démanché qu'il croyait des plus brillants, mais qui, loin de satisfaire le vieux musicien, lui fit faire une affreuse grimace.

Cependant sa figure se rasséréna peu à peu, et frappant sur l'épaule du jeune homme :

— Allons, allons, dit-il, c'est moins mal que je ne croyais; quand tu auras oublié tout ce que tu as appris, quand tu ne feras plus de ces bonds à la mode, quand tu ménageras ces traits sautillants et ces démanchés criards, on fera quelque chose de toi.

Cet éloge, de la part d'un homme aussi difficile que le vieux musicien, ravit Hoffmann. Puis il n'oubliait pas, tout noyé qu'il était dans l'océan musical, que maître Gottlieb était le père de la belle Antonia.

Aussi, prenant au bond les paroles qui venaient de tomber de la bouche du vieillard :

— Et qui se chargera de faire quelque chose de moi? demanda-t-il, est-ce vous, maître Gottlieb?

— Pourquoi pas, jeune homme? pourquoi pas, si tu veux écouter le vieux Murr?

— Je vous écouterai, maître, et tant que vous voudrez.

— Oh! murmura le vieillard avec mélancolie, car son regard se rejetait dans le passé, car sa mémoire remontait les ans révolus, c'est que j'en ai bien connu des virtuoses! j'ai connu Corelli, par tradition, c'est vrai; c'est lui qui a ouvert la route, qui a frayé le chemin; il faut jouer à la manière de Tartini ou y renoncer. Lui, le premier, il a deviné que le violon était, sinon un dieu, du moins le temple d'où un dieu pouvait sortir. Après lui vient Pugnani, violon passable, intelligent, mais mou, trop mou, surtout dans certains *appoggiamenti*; puis Germiniani, vigoureux celui-là, mais vigoureux par boutades, sans transition; j'ai été à Paris exprès pour le voir, comme tu veux, toi, aller à Paris pour voir l'Opéra : un maniaque, mon ami, un somnambule, mon enfant, un homme qui gesticulait en rêvant, entendant assez bien le *tempo rubato*, fatal *tempo rubato*, qui tue plus d'instrumentistes que la petite vérole, que la fièvre jaune, que la peste. Alors

je lui jouai mes sonates à la manière de l'immortel Tartini, mon maître, et alors il avoua son erreur. Malheureusement l'élève était enfoncé jusqu'au cou dans sa méthode. Il avait soixante-onze ans, le pauvre enfant! Quarante ans plus tôt, je l'eusse sauvé, comme Giardini; celui-là, je l'avais pris à temps, mais malheureusement il était incorrigible; le diable en personne s'était emparé de sa main gauche, et alors il allait, il allait, il allait un tel train, que sa main droite ne pouvait pas le suivre. C'étaient des extravagances, des sautillements, des démanchés à donner la danse de Saint-Guy à un Hollandais. Aussi, un jour qu'en présence de Jomelli il gâtait un morceau magnifique, le bon Jomelli, qui était le plus brave homme du monde, lui allongea-t-il un si rude soufflet, que Giardini en eut la joue enflée pendant un mois, Jomelli le poignet luxé pendant trois semaines. C'est comme Lulli, un fou, un véritable fou, un danseur de corde, un faiseur de sauts périlleux, un équilibriste sans balancier et auquel on devrait mettre dans la main un balancier au lieu d'un archet. Hélas! hélas! hélas! s'écria douloureusement le vieillard, je le dis avec un profond désespoir, avec Nardini et avec moi s'éteindra le bel art de jouer du violon; cet art avec lequel notre maître à tous, Orpheus, attirait les animaux, remuait les pierres et bâtissait les villes. Au lieu de bâtir comme le violon divin, nous démolissons comme les trompettes maudites. Si les Français entrent jamais en Allemagne, ils n'auront, pour faire tomber les murailles de Philipsbourg, qu'ils ont assiégée tant de fois, ils n'auront qu'à faire exécuter, par quatre violons de ma connaissance, un concert devant ces portes.

Le vieillard reprit haleine et ajouta d'un ton plus doux :

— Je sais bien qu'il y a Viotti, un de mes élèves, un enfant plein de bonnes dispositions, mais impatient, mais dévergondé, mais sans règle. Quant à Giarnowicki, c'est un fat et un ignorant, et la première chose que j'ai dite à ma vieille Lisbeth, c'était, si elle entendait jamais ce nom-là prononcé à ma porte, de fermer ma porte avec acharnement. Il y a trente ans que Lisbeth est avec moi, eh bien, je vous le dis, jeune homme, je chasse Lisbeth si elle laisse entrer chez moi Giarnowicki; un Sarmate, un Welche, qui s'est permis de dire du mal du maître des maîtres, de l'immortel Tartini. Oh! à celui qui m'apportera la tête de Giarnowicki je promets des leçons et des conseils tant qu'il en voudra. Quant à toi, mon garçon, continua le vieillard en revenant à

Hoffmann, quant à toi tu n'es pas fort, c'est vrai; mais Rode et Krutzer, mes élèves, n'étaient pas plus forts que toi; quant à toi, je disais donc qu'en venant chercher maître Gottlieb, qu'en t'adressant à maître Gottlieb, qu'en te faisant recommander à lui par un homme qui le connaît et qui l'apprécie, par le fou de Zacharias Werner, tu prouves qu'il y a dans cette poitrine-là un cœur d'artiste. Aussi maintenant, jeune homme. voyons, ce n'est plus un *Antonio Stradivarius* que je veux mettre entre tes mains; non, ce n'est même plus un Gramulo, ce vieux maître que l'immortel Tartini estimait si fort, qu'il ne jouait jamais que sur des Gramulo; non, c'est sur un Antonio Amati, c'est sur l'aïeul, c'est sur l'ancêtre, c'est sur la tige première de tous les violons qui ont été faits, c'est sur l'instrument qui sera la dot de ma fille Antonia, que je veux t'entendre, c'est l'arc d'Ulysse, vois-tu, et qui pourra bander l'arc d'Ulysse est digne de Pénélope.

Et alors le vieillard ouvrit la boîte de velours toute galonnée d'or, et en tira un violon comme il semblait qu'il ne dût jamais avoir existé de violons, et comme Hoffmann seul, peut-être, se rappelait en avoir vu dans les concerts fantastiques de ses grands-oncles et de ses grandes-tantes.

Puis il s'inclina sur l'instrument vénérable et le présentant à Hoffmann :

— Prends, dit-il, et tâche de ne pas être trop indigne de lui.

Hoffmann s'inclina, prit l'instrument avec respect, et commença une vieille étude de Sébastien Bach.

— Bach, Bach, murmura Gottlieb; passe encore pour l'orgue, mais il n'entendait rien au violon. N'importe.

Au premier son qu'Hoffmann avait tiré de l'instrument, il avait tressailli, car lui, l'éminent musicien, il comprenait quel trésor d'harmonie on venait de mettre entre ses mains.

L'archet, semblable à un arc, tant il était courbé, permettait à l'instrumentiste d'embrasser les quatre cordes à la fois, et la dernière de ces cordes s'élevait à des tons célestes si merveilleux, que jamais Hoffmann n'avait pu songer qu'un son si divin s'éveillât sous une main humaine.

Pendant ce temps, le vieillard se tenait près de lui, la tête renversée en arrière, les yeux clignotants, disant pour tout encouragement :

— Pas mal, pas mal, jeune homme; la main droite, la main droite! la main gauche n'est que le mouvement, la main droite c'est l'âme. Allons, de l'âme! de l'âme, de l'âme!!!

Hoffmann sentait bien que le vieux Gottlieb avait raison, et il comprenait, comme il lui avait dit à la première épreuve, qu'il fallait désapprendre tout ce qu'il avait appris; et, par une transition insensible, mais soutenue, mais croissante, il passait du pianissimo au fortissimo, de la caresse à la menace, de l'éclair à la foudre, et il se perdait dans un torrent d'harmonie qu'il soulevait comme un nuage, et qu'il laissait retomber en cascades murmurantes, en perles liquides, en poussière humide, et il était sous l'influence d'une situation nouvelle, d'un état touchant à l'extase; quand tout à coup sa main gauche s'affaissa sur les cordes, l'archet mourut dans sa main, le violon glissa de sa poitrine, ses yeux devinrent fixes et ardents.

La porte venait de s'ouvrir, et dans la glace devant laquelle il jouait, Hoffmann avait vu apparaître, pareille à une ombre évoquée par une harmonie céleste, la belle Antonia, la bouche entr'ouverte, la poitrine oppressée, les yeux humides.

Hoffmann jeta un cri de plaisir, et maître Gottlieb n'eut que le temps de retenir le vénérable Antonio Amati qui s'échappait de la main du jeune instrumentiste.

C'était un petit vieillard de cinquante-cinq à soixante ans. — PAGE 28.

VIII

ANTONIA.

ntonia avait paru mille fois plus belle encore à Hoffmann au moment où il lui avait vu ouvrir la porte et en franchir le seuil qu'au moment où il lui avait vu descendre les degrés de l'église.

C'est que, dans la glace où la jeune fille venait de réfléchir son image et qui était à deux pas seulement d'Hoffmann, Hoffmann avait pu détailler d'un seul coup d'œil toutes les beautés qui lui avaient échappé à distance.

Antonia avait dix-sept ans à peine; elle était de taille moyenne, plutôt grande que petite, mais si mince sans maigreur, si flexible sans faiblesse, que toutes les comparaisons de lis se balançant sur leur tige, de palmier se courbant au vent, eussent été insuffisantes pour peindre cette mor-bidezza italienne, seul mot de la langue exprimant à peu près l'idée de douce langueur qui s'éveillait à son aspect. Sa mère était, comme Juliette, une des plus belles fleurs du printemps de Vérone, et l'on retrouvait dans Antonia, non pas fondues, mais heurtées, et, c'est ce qui faisait le charme de cette jeune fille, les beautés des deux races qui se disputent la palme de la beauté. Ainsi, avec la finesse de peau des femmes du Nord, elle avait la matité de peau des femmes du Midi ; ainsi ses cheveux blonds, épais et légers à la fois, flottant au moindre vent, comme une vapeur dorée, ombrageaient des yeux et des sourcils de velours noir. Puis, chose plus singulière encore, c'était dans sa voix surtout que le mélange harmonieux des deux langues était sensible. Aussi, lorsque Antonia parlait allemand, la douceur de la belle langue où, comme dit Dante, résonne le si, venait adoucir la rudesse de l'accent germanique, tandis qu'au contraire, quand elle parlait italien, la langue un peu trop molle de Métastase et de Goldoni prenait une fermeté que lui donnait la puissante accentuation de la langue de Schiller et de Gœthe.

Mais ce n'était pas seulement au physique que se faisait remarquer cette fusion ; Antonia était au moral un type merveilleux et rare de ce que peuvent réunir de poésies opposées le soleil de l'Italie et les brumes de l'Allemagne. On eût dit à la fois une muse et une fée, la Lorelay de la ballade et la Béatrice de la Divine Comédie.

C'est qu'Antonia, l'artiste par excellence, était fille d'une grande artiste. Sa mère, habituée à la musique italienne, s'était un jour prise corps à corps avec la musique allemande. La partition de l'*Alceste* de Gluck lui était tombée entre les mains, et elle avait obtenu de son mari, maître Gottlieb, de lui faire traduire le poëme en italien, et, le poëme traduit en italien, elle était venue le chanter à Vienne ; mais elle avait trop présumé de ses forces, ou plutôt, l'admirable cantatrice, elle ne connaissait pas la mesure de sa sensibilité : à la troisième représentation de l'opéra qui avait eu le plus grand succès, à l'admirable solo d'*Alceste* :

Divinités du Styx, ministres de la mort,
Je n'invoquerai pas votre pitié cruelle.
J'enlève un tendre époux à son funeste sort,
Mais je vous abandonne une épouse fidèle.

quand elle atteignit le *re*, qu'elle donna à pleine poitrine, elle pâlit, chancela, s'évanouit,

un vaisseau s'était brisé dans cette poitrine si généreuse ; le sacrifice aux dieux infernaux s'était accompli en réalité : la mère d'Antonia était morte.

Le pauvre maître Gottlieb dirigeait l'orchestre ; de son fauteuil, il vit chanceler, pâlir, tomber celle qu'il aimait par-dessus toute chose ; bien plus, il entendit se briser dans sa poitrine cette fibre à laquelle tenait sa vie, et il jeta un cri terrible qui se mêla au dernier soupir de la virtuose.

De là venait peut-être cette haine de maître Gottlieb pour les maîtres allemands ; c'était le chevalier Gluck qui, bien innocemment, avait tué sa Térésa, mais il n'en voulait pas moins au chevalier Gluck mal de mort, pour cette douleur profonde qu'il avait ressentie, et qui ne s'était calmée qu'au fur et à mesure qu'il avait reporté sur Antonia grandissant tout l'amour qu'il avait pour sa mère.

Maintenant, à dix-sept ans qu'elle avait, la jeune fille en était arrivée à tenir lieu de tout au vieillard ; il vivait par Antonia, il respirait par Antonia. Jamais l'idée de la mort d'Antonia ne s'était présentée à son esprit ; mais, si elle se fût présentée, il ne s'en serait pas fort inquiété, attendu que l'idée ne lui fût pas même venue qu'il pouvait survivre à Antonia.

Ce n'était donc pas avec un sentiment moins enthousiaste qu'Hoffmann, quoique ce sentiment fût bien autrement pur encore, qu'il avait vu apparaître Antonia sur le seuil de la porte de son cabinet.

La jeune fille s'avança lentement ; deux larmes brillaient à sa paupière : et, faisant trois pas vers Hoffmann, elle lui tendit la main.

Puis, avec un accent de chaste familiarité, et comme si elle eût connu le jeune homme depuis dix ans :

— Bonjour, frère, dit-elle.

Maître Gottlieb, du moment où sa fille avait paru, était resté muet et immobile ; son âme, comme toujours, avait quitté son corps et, voltigeant autour d'elle, chantait aux oreilles d'Antonia toutes les mélodies d'amour et de bonheur que chante l'âme d'un père à la vue de sa fille bien-aimée.

Il avait donc posé son cher *Antonio Amati* sur la table, et, joignant les deux mains comme il eût fait devant la Vierge, il regardait venir son enfant.

Quant à Hoffmann, il ne savait s'il veillait ou dormait, s'il était sur la terre ou au ciel, si c'était une femme qui venait à lui, ou un ange qui lui apparaissait.

Aussi fit-il presque un pas en arrière lorsqu'il vit Antonia s'approcher de lui et lui tendre la main en l'appelant son frère.

— Vous, ma sœur! dit-il d'une voix étouffée.

— Oui, dit Antonia, ce n'est pas le sang qui fait la famille, c'est l'âme. Toutes les fleurs sont sœurs par le parfum, tous les artistes sont frères par l'art. Je ne vous ai jamais vu, c'est vrai, mais je vous connais; votre archet vient de me raconter votre vie. Vous êtes poëte, un peu fou, pauvre ami! Hélas! c'est cette étincelle ardente que Dieu enferme dans notre tête ou dans notre poitrine qui nous brûle le cerveau ou qui nous consume le cœur.

Puis, se tournant vers maître Gottlieb:

— Bonjour, père, dit-elle; pourquoi n'avez-vous pas encore embrassé votre Antonia? Ah! voilà, je comprends, *il Matrimonio segreto*, le *Stabat mater*, *Cimarosa*, *Pergolese*, *Porpora*! qu'est-ce qu'Antonia auprès de ces grands génies? une pauvre enfant qui vous aime, mais que vous oubliez pour eux.

— Moi t'oublier! s'écria Gottlieb., le vieux Murr oublier Antonia! Le père oublier sa fille? Pourquoi? pour quelques méchantes notes de musique, pour un assemblage de rondes et de croches, de noires et de blanches, de dièses et de bémols! Ah bien oui! regarde comme je t'oublie!

Et tournant, sur sa jambe torse avec une agilité étonnante, de son autre jambe et de ses deux mains, le vieillard fit voler les parties d'orchestration *del Matrimonio segreto* toutes prêtes à être distribuées aux musiciens de l'orchestre.

— Mon père! mon père! dit Antonia.

— Du feu! du feu! cria maître Gottlieb, du feu, que je brûle tout cela; du feu, que je brûle *Pergolese*! du feu, que je brûle *Cimarosa*! du feu, que je brûle *Paisiello*! du feu, que je brûle mes *Stradivarius*! mes *Gramulo*! du feu, que je brûle mon *Antonio Amati*! Ma fille, mon Antonia n'a-t-elle pas dit que j'aimais mieux des cordes, du bois et du papier, que ma chair et mon sang? Du feu! du feu!! du feu!!!

Et le vieillard s'agitait comme un fou et sautait sur sa jambe comme le diable boiteux, faisait aller ses bras comme un moulin à vent.

Antonia regardait cette folie du vieillard avec ce doux sourire d'orgueil filial satisfait. Elle savait bien, elle qui n'avait jamais fait de coquetterie qu'avec son père, elle savait bien qu'elle était

toute-puissante sur le vieillard, que son cœur était un royaume où elle régnait en souveraine absolue. Aussi arrêta-t-elle le vieillard au milieu de ses évolutions, et, l'attirant à elle, déposa-t-elle un simple baiser sur son front.

Le vieillard jeta un cri de joie, prit sa fille dans ses bras, l'enleva comme il l'eût fait d'un oiseau, et alla s'abattre, après avoir tourné trois ou quatre fois sur lui-même, sur un grand canapé où il commença de la bercer comme une mère fait de son enfant.

D'abord Hoffmann avait regardé maître Gottlieb avec effroi; en lui voyant jeter les partitions en l'air, en lui voyant enlever sa fille entre ses bras, il l'avait cru fou furieux, enragé. Mais, au sourire paisible d'Antonia, il s'était promptement rassuré, et, ramassant respectueusement les partitions éparses, il les replaçait sur les tables et sur les pupitres, tout en regardant du coin de l'œil ce groupe étrange, où le vieillard lui-même avait sa poésie.

Tout à coup quelque chose de doux, de suave, d'aérien, passa dans l'air, c'était une vapeur, c'était une mélodie, c'était quelque chose de plus divin encore, c'était la voix d'Antonia qui attaquait, avec sa fantaisie d'artiste, cette merveilleuse composition de Stradella qui avait sauvé la vie à son auteur, le *Pieta Signore*.

Aux premières vibrations de cette voix d'ange, Hoffmann demeura immobile, tandis que le vieux Gottlieb, soulevant doucement sa fille de dessus ses genoux, la déposait, toute couchée comme elle était, sur le canapé; puis, courant à son Antonio Amati, et accordant l'accompagnement avec les paroles, commença, de son côté, à faire passer l'harmonie de son archet sous le chant d'Antonia, et à le soutenir comme un ange soutient l'âme qu'il porte au ciel.

La voix d'Antonia était une voix de soprano, possédant toute l'étendue que la prodigalité divine peut donner, non pas à une voix de femme, mais à une voix d'ange. Antonia parcourait cinq octaves et demie; elle donnait avec la même facilité le contre-*ut*, cette note divine qui semble n'appartenir qu'aux concerts célestes, et l'*ut* de la cinquième octave des notes basses. Jamais Hoffmann n'avait entendu rien de si velouté que ces quatre premières mesures chantées sans accompagnement, *Pieta, Signore, di me dolente*. Cette aspiration de l'âme souffrante vers Dieu, cette prière ardente au Seigneur d'avoir pitié de cette souffrance qui se lamente, prenaient dans la bouche d'Antonia un sentiment de respect divin qui ressemblait à la terreur. De son côté l'accompagnement, qui avait reçu la phrase flottante entre le ciel et la terre, qui l'avait, pour ainsi dire, prise entre ses bras, après le *la* expiré, et qui, *piano, piano,* répétait comme un écho de la plainte, l'accompagnement était en tout digne de la voix lamentable et douloureux comme elle. Il disait, lui, non pas en italien, non pas en allemand, non pas en français, mais dans cette langue universelle qu'on appelle la musique :

« *Pitié, Seigneur, pitié de moi, malheureuse! pitié, Seigneur, et, si ma prière arrive à toi, que ta rigueur se désarme et que tes regards se retournent vers moi moins sévères et plus cléments!* »

Et cependant, tout en suivant, tout en emboîtant la voix, l'accompagnement lui laissait toute sa liberté, toute son étendue; c'était une caresse et non pas une étreinte, un soutien et non une gêne; et quand, au premier sforzando, quand, sur le *re* et les deux *fa,* la voix se souleva comme pour essayer de monter au ciel, l'accompagnement parut craindre alors de lui peser comme une chose terrestre, et l'abandonna presque aux ailes de la foi, pour ne la soutenir qu'au *mi* bécarre, c'est-à-dire au *diminuando,* c'est-à-dire quand, lassée de l'effort, la voix retomba comme affaissée sur elle-même, et, pareille à la madone de Canova, à genoux, assise sur ses genoux, et chez laquelle tout plie, âme et corps, affaissé sous ce doute terrible : que la miséricorde du Créateur soit assez grande pour oublier la faute de la créature.

Puis, quand d'une voix tremblante elle continua : *Qu'il n'arrive jamais que je sois damnée et précipitée dans le feu éternel de ta rigueur, ô grand Dieu!* alors l'accompagnement se hasarda à mêler sa voix à la fois frémissante qui, entrevoyant les flammes éternelles, priait le Seigneur de l'en éloigner. Alors l'accompagnement pria de son côté, supplia, gémit, monta avec elle jusqu'au *fa,* descendit avec elle jusqu'à l'*ut,* l'ac-

compagnant dans sa faiblesse, la soutenant dans sa terreur; puis, tandis qu'haletante et sans force la voix mourait dans les profondeurs de la poitrine d'Antonia, l'accompagnement continua seul après la voix éteinte, comme, après l'âme envolée et déjà sur la route du ciel, continuent murmurantes et plaintives les prières des survivants.

Alors aux supplications du violon de maître Gottlieb commença de se mêler une harmonie inattendue, douce et puissante à la fois, presque céleste. Antonia se souleva sur son coude, maître Gottlieb se tourna à moitié et demeura l'archet suspendu sur les cordes de son violon. Hoffmann, d'abord étourdi, enivré, en délire, avait compris qu'aux élancements de cette âme il fallait un peu d'espoir et qu'elle se briserait si un rayon divin ne lui montrait le ciel, et il s'était élancé vers un orgue, et il avait étendu ses dix doigts sur les touches frémissantes, et l'orgue, poussant un long soupir, venait de se mêler au violon de Gottlieb et à la voix d'Antonia.

Alors ce fut une chose merveilleuse que ce retour du motif *Pieta, Signore,* accompagné par cette voix d'espoir, au lieu d'être poursuivi comme dans la première partie par la terreur, et quand, pleine de foi dans son génie comme dans sa prière, Antonia attaqua avec toute la vigueur de sa voix le *fa* du *Volgi,* un frisson passa par les veines du vieux Gottlieb, et un cri s'échappa de la bouche d'Hoffmann, qui, écrasant l'Antonio Amati sous les torrents d'harmonie qui s'échappaient de son orgue, continua la voix d'Antonia après qu'elle eut expiré, et sur les ailes, non plus d'un ange, mais d'un ouragan, sembla porter le dernier soupir de cette âme aux pieds du Seigneur tout-puissant et tout miséricordieux.

Puis il se fit un moment de silence; tous trois se regardèrent et leurs mains se joignirent dans une étreinte fraternelle, comme leurs âmes s'étaient jointes dans une commune harmonie.

Et, à partir de ce moment, ce fut non-seulement Antonia qui appela Hoffmann son frère, mais le vieux Gottlieb Murr, qui appela Hoffmann son fils !

— Allons, allons, jeune homme, voici un violon, montre-moi ce que tu sais faire. — Page 39.

IX

LE SERMENT.

eut-être le lecteur se demandera-t-il, ou plutôt
nous demandera-t-il com-
ment, la mère d'Antonia
étant morte en chantant,
maître Gottlieb Murr per-
mettait que sa fille, c'est-
à-dire que cette âme de
son âme, courût le risque d'un danger sem-

blable à celui auquel avait succombé la mère.

Et d'abord, quand il avait entendu Antonia
essayer son premier chant, le pauvre père avait
tremblé comme la feuille près de laquelle chante
un oiseau. Mais c'était un véritable oiseau qu'Antonia, et le vieux musicien s'aperçut bientôt que
le chant était sa langue naturelle. Aussi Dieu, en
lui donnant une voix si étendue, qu'elle n'avait
peut-être pas son égale au monde, avait-il indiqué

que sous ce rapport maître Gottlieb n'avait du moins rien à craindre ; en effet, quand à ce don naturel du chant s'était jointe l'étude de la musique, quand les difficultés les plus exagérées du solfége avaient été mises sous les yeux de la jeune fille et vaincues aussitôt avec une merveilleuse facilité, sans grimace, sans efforts, sans une seule corde au cou, sans un seul clignotement d'yeux, il avait compris la perfection de l'instrument, et comme Antonia, en chantant les morceaux notés pour les voix les plus hautes, restait toujours en deçà de ce qu'elle pouvait faire, il s'était convaincu qu'il n'y avait aucun danger à laisser aller le doux rossignol au penchant de sa mélodieuse vocation.

Seulement maître Gottlieb avait oublié que la corde de la musique n'est pas la seule qui résonne dans le cœur des jeunes filles, et qu'il y a une autre corde bien autrement frêle, bien autrement vibrante, bien autrement mortelle : celle de l'amour !

Celle-là s'était éveillée chez la pauvre enfant au son de l'archet d'Hoffmann ; inclinée sur sa broderie dans la chambre à côté de celle où se tenaient le jeune homme et le vieillard, elle avait relevé la tête au premier frémissement qui avait passé dans l'air. Elle avait écouté ; puis peu à peu une sensation étrange avait pénétré dans son âme, avait couru en frissons inconnus dans ses veines. Elle s'était alors soulevée lentement, appuyant une main à sa chaise, tandis que l'autre laissait échapper la broderie de ses doigts entr'ouverts. Elle était restée un instant immobile ; puis, lentement, elle s'était avancée vers la porte, et, comme nous l'avons dit, ombre évoquée de la vie matérielle, elle était apparue, poétique vision, à la porte du cabinet de maître Gottlieb Murr.

Nous avons vu comment la musique avait fondu à son ardent creuset ces trois âmes en une seule, et comment, à la fin du concert, Hoffmann était devenu commensal de la maison.

C'était l'heure où le vieux Gottlieb avait l'habitude de se mettre à table. Il invita Hoffmann à dîner avec lui, invitation qu'Hoffmann accepta avec la même cordialité qu'elle était faite.

Alors, pour quelques instants, la belle et poétique vierge des cantiques divins se transforma en une bonne ménagère. Antonia versa le thé comme Clarisse Harlowe, fit des tartines de beurre comme Charlotte, et finit par se mettre elle-même à table et par manger comme une simple mortelle.

Les Allemands n'entendent pas la poésie comme nous. Dans nos données de monde maniéré, la femme qui mange et qui boit se dépoétise. Si une jeune et jolie femme se met à table, c'est pour présider le repas ; si elle a un verre devant elle, c'est pour y fourrer ses gants, si toutefois elle ne conserve pas ses gants ; si elle a une assiette, c'est pour y égrainer, à la fin du repas, une grappe de raisin, dont l'immatérielle créature consent parfois à sucer les grains les plus dorés, comme fait une abeille d'une fleur.

On comprend, d'après la façon dont Hoffmann avait été reçu chez maître Gottlieb, qu'il y revint le lendemain, le surlendemain et les jours suivants. Quant à maître Gottlieb, cette fréquence de visites d'Hoffmann ne paraissait aucunement l'inquiéter : Antonia était trop pure, trop chaste, trop confiante dans son père, pour que le soupçon vînt au vieillard que sa fille pût commettre une faute. Sa fille, c'était sainte Cécile, c'était la vierge Marie, c'était un ange des cieux ; l'essence divine l'emportait tellement en elle sur la matière terrestre, que le vieillard n'avait jamais jugé à propos de lui dire qu'il y avait plus de danger dans le contact de deux corps que dans l'union de deux âmes.

Hoffmann était donc heureux, c'est-à-dire aussi heureux qu'il est donné à une créature mortelle de l'être. Le soleil de la joie n'éclaire jamais entièrement le cœur de l'homme ; il y a toujours, sur certains points de ce cœur, une tache sombre qui rappelle à l'homme que le bonheur complet n'existe pas en ce monde, mais seulement au ciel.

Mais Hoffmann avait un avantage sur le commun de l'espèce. Souvent l'homme ne peut pas expliquer la cause de cette douleur qui passe au milieu de son bien-être, de cette ombre qui se projette, obscure et noire, sur sa rayonnante félicité.

Hoffmann, lui, savait ce qui le rendait malheureux.

C'était cette promesse faite à Zacharias Werner d'aller le rejoindre à Paris ; c'était ce désir étrange de visiter la France, qui s'effaçait dès qu'Hoffmann se trouvait en présence d'Antonia, mais qui reprenait tout le dessus aussitôt qu'Hoffmann se retrouvait seul ; il y avait même plus : c'est qu'au fur et à mesure que le temps s'écoulait et que les lettres de Zacharias, réclamant la parole de son ami, étaient plus pressantes, Hoffmann s'attristait davantage.

En effet, la présence de la jeune fille n'était plus suffisante à chasser le fantôme qui poursuivait maintenant Hoffmann jusqu'aux côtés d'Antonia. Souvent, près d'Antonia, Hoffmann tombait dans une rêverie profonde. A quoi rêvait-il? à Zacharias Werner, dont il lui semblait entendre la voix ; souvent son œil, distrait d'abord, finissait par se fixer sur un point de l'horizon. Que voyait cet œil, ou plutôt que croyait-il voir? la route de Paris, puis, à un des tournants de cette route, Zacharias marchant devant lui et faisant signe de le suivre.

Peu à peu, le fantôme qui était apparu à Hoffmann à des intervalles rares et inégaux revint avec plus de régularité et finit par le poursuivre d'une obsession continuelle.

Hoffmann aimait Antonia de plus en plus. Hoffmann sentait qu'Antonia était nécessaire à sa vie, que c'était le bonheur de son avenir; mais Hoffmann sentait aussi qu'avant de se lancer dans ce bonheur, et pour que ce bonheur fût durable, il lui fallait accomplir le pèlerinage projeté, ou, sans cela, le désir renfermé dans son cœur, si étrange qu'il fût, le rongerait.

Un jour, qu'assis près d'Antonia, pendant que maître Gottlieb notait dans son cabinet le *Stabat* de Pergolèse, qu'il voulait exécuter à la Société philharmonique de Francfort, Hoffmann était tombé dans une de ses rêveries ordinaires, Antonia, après l'avoir regardé longtemps, lui prit les deux mains.

— Il faut y aller, mon ami, dit-elle.

Hoffmann la regarda avec étonnement.

— Y aller ? répéta-t-il, et où cela ?

— En France, à Paris.

— Et qui vous a dit, Antonia, cette secrète pensée de mon cœur, que je n'ose m'avouer à moi-même?

— Je pourrais m'attribuer près de vous le pouvoir d'une fée, Théodore, — et vous dire :— J'ai lu dans votre pensée, j'ai lu dans vos yeux, j'ai lu dans votre cœur; mais je mentirais. Non, je me suis souvenue, voilà tout.

— Et de quoi vous êtes-vous souvenue, ma bien-aimée Antonia ?

— Je me suis souvenue que, la veille du jour où vous êtes venu chez mon père, Zacharias Werner y était venu et nous avait raconté votre projet de voyage, votre désir ardent de voir Paris; désir nourri depuis près d'un an, et tout prêt à s'accomplir. Depuis, vous m'avez dit ce qui vous avait empêché de partir. Vous m'avez dit comment, en me voyant pour la première fois, vous avez été pris de ce sentiment irrésistible dont j'ai été prise moi-même en vous écoutant, et maintenant il vous reste à me dire ceci : que vous m'aimez toujours autant.

Hoffmann fit un mouvement.

— Ne vous donnez pas la peine de me le dire, je le sais, continua Antonia, mais qu'il y a quelque chose de plus puissant que cet amour, c'est le désir d'aller en France, de rejoindre Zacharias, de voir Paris enfin.

— Antonia! s'écria Hoffmann, tout est vrai dans ce que vous venez de dire, hors un point : c'est qu'il y avait quelque chose au monde de plus fort que mon amour! Non, je vous le jure, Antonia, ce désir-là, désir étrange auquel je ne comprends rien, je l'eusse enseveli dans mon cœur si vous ne l'en aviez tiré vous-même. Vous ne vous trompez donc pas, Antonia ! Oui, il y a une voix qui m'appelle à Paris, une voix plus forte que ma volonté, et cependant, je vous le répète, à laquelle je n'eusse pas obéi ; cette voix est celle de la destinée!

— Soit; accomplissons notre destinée, mon ami. Vous partirez demain. Combien voulez-vous de temps?

— Un mois, Antonia ; dans un mois, je serai de retour.

— Un mois ne vous suffira pas, Théodore ; en un mois vous n'aurez rien vu ; je vous en donne deux ; je vous en donne trois ; je vous donne le temps que vous voudrez, enfin ; mais j'exige une chose, ou plutôt deux choses de vous.

— Lesquelles, chère Antonia, lesquelles? dites vite.

— Demain, c'est dimanche; demain, c'est jour de messe; regardez par votre fenêtre comme vous avez regardé le jour du départ de Zacharias Werner, et, comme ce jour-là, mon ami, seulement plus triste, vous me verrez monter les degrés de l'église; alors venez me rejoindre à ma place accoutumée, alors asseyez-vous près de moi, et, au moment où le prêtre consacrera le sang de Notre-Seigneur, vous me ferez deux serments, — celui de me demeurer fidèle, celui de ne plus jouer.

— Oh! tout ce que vous voudrez, à l'instant même, chère Antonia ! je vous jure...

— Silence, Théodore, vous jurerez demain.

— Antonia, Antonia, vous êtes un ange !

— Au moment de nous séparer, Théodore, n'avez-vous pas quelque chose à dire à mon père?

— Oui, vous avez raison. Mais, en vérité, je vous avoue, Antonia, que j'hésite, que je tremble. Mon Dieu! que suis-je donc pour oser espérer?...

— Où vas-tu comme cela? — Page 43.

— Vous êtes l'homme que j'aime, Théodore. Allez trouver mon père, allez.

Et, faisant à Hoffmann un signe de la main, elle ouvrit la porte d'une petite chambre transformée par elle en oratoire.

Hoffmann la suivit des yeux jusqu'à ce que la porte fût refermée, et, à travers la porte, il lui envoya, avec tous les baisers de sa bouche, tous les élans de son cœur.

Puis il entra dans le cabinet de maître Gottlieb.

Maître Gottlieb était si bien habitué au pas d'Hoffmann, qu'il ne souleva même pas les yeux de dessus le pupitre où il copiait le *Stabat*. Le jeune homme entra et se tint debout derrière lui.

Au bout d'un instant, maître Gottlieb, n'entendant plus rien, même la respiration du jeune homme, maître Gottlieb se retourna.

— Ah! c'est toi, garçon, dit-il en renversant sa tête en arrière pour arriver à regarder Hoffmann à travers ses lunettes. Que viens-tu me dire?

Hoffmann ouvrit la bouche, mais il la referma sans avoir articulé un son.

— Es-tu devenu muet? demanda le vieillard;

peste ! ce serait malheureux ; un gaillard qui en découd comme toi lorsque tu t'y mets, ne peut pas perdre la parole comme cela, — à moins que ce ne soit par punition d'en avoir abusé!

— Non, maître Gottlieb, non, je n'ai point perdu la parole, Dieu merci. Seulement, ce que j'ai à vous dire...

— Eh bien?

— Eh bien!... me semble chose difficile.

— Bah! est-ce donc chose bien difficile que de dire : maître Gottlieb, j'aime votre fille?

— Vous savez cela, maître Gottlieb!

— Ah çà mais! je serais bien fou, ou plutôt bien sot, si je ne m'en étais pas aperçu, de ton amour.

— Et cependant, vous avez permis que je continuasse de l'aimer.

— Pourquoi pas? puisqu'elle t'aime.

— Mais, maître Gottlieb, vous savez que je n'ai aucune fortune.

— Bah! les oiseaux du ciel ont-ils une fortune? Ils chantent; ils s'accouplent; ils bâtissent un nid, et Dieu les nourrit. Nous autres, artistes, nous ressemblons fort aux oiseaux ; nous chantons, et Dieu vient à notre aide. Quand le chant ne suffira pas, tu te feras peintre; quand la peinture sera insuffisante, tu te feras musicien. Je n'étais pas plus riche que toi quand j'ai épousé ma pauvre Térésa ; eh bien ! ni le pain, ni l'abri ne nous ont jamais fait faute. J'ai toujours eu besoin d'argent, et je n'en ai jamais manqué. Es-tu riche d'amour? voilà tout ce que je te demande; mérites-tu le trésor que tu convoites? voilà tout ce que je désire savoir. Aimes-tu Antonia plus que ta vie, plus que ton âme? alors je suis tranquille, Antonia ne manquera jamais de rien. Ne l'aimes-tu point? c'est autre chose; eusses-tu cent mille livres de rentes, elle manquera toujours de tout.

Hoffmann était près de s'agenouiller devant cette adorable philosophie de l'artiste. Il s'inclina sur la main du vieillard, qui l'attira à lui et le pressa contre son cœur.

— Allons, allons, lui dit-il, c'est convenu; fais ton voyage, puisque la rage d'entendre cette horrible musique de M. Méhul et de M. Dalayrac te tourmente; c'est une maladie de jeunesse qui sera vite guérie. Je suis tranquille; fais ce voyage, mon ami, et reviens ici, tu y retrouveras Mozart, Beethoven, Cimarosa, Pergolèse, Paesiello, le Porpora, et, de plus, maître Gottlieb et sa fille, c'est-à-dire un père et une femme. Va, mon enfant, va.

Et maître Gottlieb embrassa de nouveau Hoffmann, qui, voyant venir la nuit, jugea qu'il n'avait pas de temps à perdre, et se retira chez lui pour faire ses préparatifs de départ.

Le lendemain, dès le matin, Hoffmann était à sa fenêtre.

Au fur et à mesure que le moment de quitter Antonia approchait, cette séparation lui semblait de plus en plus impossible. Toute cette ravissante période de sa vie qui venait de s'écouler, ces sept mois qui avaient passé comme un jour, et qui se représentaient à sa mémoire, tantôt comme un vaste horizon qu'il embrassait d'un coup d'œil, tantôt comme une série de jours joyeux, venaient les uns après les autres, souriants, couronnés de fleurs ; ces doux chants d'Antonia, qui lui avaient fait un air tout semé de douces mélodies ; tout cela était un attrait si puissant, qu'il luttait presque avec l'inconnu, ce merveilleux enchanteur qui attire à lui les cœurs les plus forts, les âmes les plus froides.

A dix heures, Antonia parut au coin de la rue où, à pareille heure, sept mois auparavant, Hoffmann l'avait vue pour la première fois. La bonne Lisbeth la suivait comme de coutume ; toutes deux montèrent les degrés de l'église. Arrivée au dernier degré, Antonia se retourna, aperçut Hoffmann, lui fit de la main un signe d'appel et entra dans l'église.

Hoffmann s'élança hors de la maison et y entra après elle.

Antonia était déjà agenouillée et en prière.

Hoffmann était protestant, et ces chants dans une autre langue lui avaient toujours paru assez ridicules ; mais lorsqu'il entendit Antonia psalmodier ce chant d'église si doux et si large à la fois, il regretta de ne pas en savoir les paroles pour mêler sa voix à la voix d'Antonia, rendue plus suave encore par la profonde mélancolie à laquelle la jeune fille était en proie.

Pendant tout le temps que dura le saint sacrifice, elle chanta de la même voix dont là-haut doivent chanter les anges ; puis enfin, quand la sonnette de l'enfant de chœur annonça la consécration de l'hostie, au moment où les fidèles se courbaient devant le Dieu qui, aux mains du prêtre, s'élevait au-dessus de leurs têtes, seule Antonia redressa son front.

— Jurez, dit-elle.

— Je jure, dit Hoffmann d'une voix tremblante, je jure de renoncer au jeu.

— Est-ce le seul serment que vous veuillez me faire, mon ami?

— Oh! non, attendez. Je jure de vous rester fidèle de cœur et d'esprit, de corps et d'âme.

— Et sur quoi jurez-vous cela?

— Oh! s'écria Hoffmann au comble de l'exaltation, sur ce que j'ai de plus cher, sur ce que j'ai de plus sacré, sur votre vie!

— Merci, s'écria à son tour Antonia, car si vous ne tenez pas votre serment, je mourrai.

Hoffmann tressaillit, un frisson passa par tout son corps, il ne se repentit pas, seulement il eut peur.

Le prêtre descendait les degrés de l'autel, emportant le saint sacrement dans la sacristie.

Au moment où le corps divin de Notre-Seigneur passait, elle saisit la main d'Hoffmann.

— Vous avez entendu son serment, n'est-ce pas, mon Dieu? dit Antonia.

Hoffmann voulut parler.

— Plus une parole, plus une seule; je veux que celles dont se composait votre serment, étant les dernières que j'aurai entendues de vous, bruissent éternellement à mon oreille. Au revoir, mon ami, au revoir.

Et, s'échappant, légère comme une ombre, la jeune fille laissa un médaillon dans la main de son amant.

Hoffmann la regarda s'éloigner comme Orphée dut regarder Eurydice fugitive; puis lorsque Antonia eut disparu, il ouvrit le médaillon.

Le médaillon renfermait le portrait d'Antonia, tout resplendissant de jeunesse et de beauté.

Deux heures après, Hoffmann prenait sa place dans la même diligence que Zacharias Werner, en répétant:

— Sois tranquille, Antonia, oh! non, je ne jouerai pas! oh! oui, je te serai fidèle!

X

UNE BARRIÈRE DE PARIS EN 1793.

Le voyage du jeune homme fut assez triste dans cette France qu'il avait tant désirée. — Ce n'était pas qu'en se rapprochant du centre il éprouvât autant de difficultés qu'il en avait rencontré pour se rendre aux frontières; — non, la République française faisait meilleur accueil aux arrivants qu'aux partants.

Toutefois on n'était admis au bonheur de savourer cette précieuse forme de gouvernement qu'après avoir accompli un certain nombre de formalités passablement rigoureuses.

Ce fut le temps où les Français surent le moins écrire, — mais ce fut le temps où ils écrivirent le plus. — Il paraissait donc, à tous les fonctionnaires de fraîche date, convenable d'abandonner leurs occupations domestiques ou plastiques, pour signer des passe-ports, composer des signalements, donner des visa, accorder des recommandations et faire, en un mot, tout ce qui concerne l'état de patriote.

Jamais la paperasserie n'eut autant de développement qu'à cette époque. Cette maladie endémique de l'administration française, se greffant sur le terrorisme, produisit les plus beaux échantillons de calligraphie grotesque dont on eût ouï parler jusqu'à ce jour.

Hoffmann avait sa feuille de route d'une exiguïté remarquable. C'était le temps des exiguïtés: journaux, livres, publications de colportage, tout se réduisait au simple in-octavo pour les plus grandes mesures. La feuille de route du voyageur, disons-nous, fut envahie dès l'Alsace par des signatures de fonctionnaires, qui ne ressemblaient pas mal à des zigzags d'ivrognes qui toisent diagonalement les rues en battant l'une et l'autre muraille.

Force fut donc à Hoffmann de joindre une feuille à son passe-port, puis une autre en Lorraine, où surtout les écritures prirent des proportions colossales. Là où le patriotisme était le

plus chaud, les écrivains étaient plus naïfs. Il y
y eut un maire qui employa deux feuillets, recto
et verso, pour donner à Hoffmann un autographe
ainsi conçu :

« Auphemanne, chune Allemans, ami de la
libreté, se rendan à Pari ha pié.
            « Signé, GOLIER. »

Muni de ce parfait document sur sa patrie,
son âge, ses principes, sa destination et ses
moyens de transport, Hoffmann ne s'occupa plus
que du soin de coudre ensemble tous ces lambeaux civiques, et nous devons dire qu'en arrivant à Paris il possédait un assez joli volume, que,
disait-il, il ferait relier en fer-blanc, si jamais il
tentait un nouveau voyage, parce que, forcé d'a-
voir toujours ces feuilles à la main, elles risquaient
trop dans un simple carton.

Partout on lui répétait :

— Mon cher voyageur, la province est encore
habitable, mais Paris est bien remué. Défiez-
vous, citoyen, il y a une police bien pointilleuse
à Paris, et, en votre qualité d'Allemand, vous
pourriez n'être pas traité en bon français.

A quoi Hoffmann répondait par un sourire
fier, réminiscence des fiertés spartiates quand les
espions de Thessalie cherchaient à grossir les
forces de Xercès, roi des Perses.

Il arriva devant Paris ; c'était le soir, les barrières étaient fermées.

Hoffmann parlait passablement la langue française, mais on est Allemand où on ne l'est pas ;
si on ne l'est pas, on a un accent qui, à la longue, réussit à passer pour l'accent d'une de
nos provinces ; si on l'est, on passe toujours pour
un Allemand.

Il faut expliquer comment se faisait la police
aux barrières.

D'abord, elles étaient fermées ; ensuite, sept ou
huit sectionnaires, gens oisifs et pleins d'intelligence, Lavaters amateurs, rôdaient par escouades,
en fumant leurs pipes, autour de deux ou trois
agents de la police municipale.

Ces braves gens qui, de députations en députations, avaient fini par hanter toutes les salles de
clubs, tous les bureaux de districts, tous les endroits où la politique s'était glissée par le côté
actif ou le côté passif ; ces gens qui avaient vu à
l'Assemblée nationale ou à la Convention chaque
député, dans les tribunes tous les aristocrates
mâles et femelles, dans les promenades tous les
élégants signalés, dans les théâtres toutes les célé-

brités suspectes, dans les revues tous les officiers,
dans les tribunaux tous les accusés plus ou moins
libérés d'accusation, dans les prisons tous les
prêtres épargnés ; ces dignes patriotes savaient si
bien leur Paris, que tout visage de connaissance
devait les frapper au passage, et disons-le, les
frappait presque toujours.

Ce n'était pas chose aisée que de se déguiser
alors : trop de richesse dans le costume appelait
l'œil, trop de simplicité appelait le soupçon.
Comme la malpropreté était un des insignes de
civisme les plus répandus, tout charbonnier, tout
porteur d'eau, tout marmiton pouvait cacher un
aristocrate ; et puis la main blanche aux beaux
ongles, comment la dissimuler entièrement ?
Cette démarche aristocratique, qui n'est plus sensible de nos jours, où les plus humbles portent
les plus hauts talons, comment la cacher à vingt
paires d'yeux plus ardents que ceux du limier en
quête ?

Un voyageur était donc, dès son arrivée, fouillé,
interrogé, dénudé, quant au moral, avec une facilité que donnait l'usage, et une liberté que donnait... la liberté.

Hoffmann parut devant ce tribunal vers six
heures du soir, le 7 décembre. Le temps était
gris, rude, mêlé de brume et de verglas ; mais les
bonnets d'ours et de loutre emprisonnant les têtes
patriotes leur laissaient assez de sang chaud à la
cervelle et aux oreilles, pour qu'ils possédassent
toute leur présence d'esprit et leurs précieuses facultés investigatrices.

Hoffmann fut arrêté par une main qui se posa
doucement sur sa poitrine.

Le jeune voyageur était vêtu d'un habit gris
de fer, d'une grosse redingote, et ses bottes alle-
mandes lui dessinaient une jambe assez coquette,
car il n'avait pas rencontré de boue depuis la
dernière étape, et le carrosse ne pouvant plus marcher à cause du grésil, Hoffmann avait fait six
lieues à pied, sur une route légèrement saupou-
drée de neige durcie.

— Où vas-tu comme cela, citoyen, avec tes
belles bottes ? dit un agent au jeune homme.

— Je vais à Paris, citoyen.

— Tu n'es pas dégoûté, jeune Prüssssssien, répliqua le sectionnaire, en prononçant cette épi-
thète de Prussien avec une prodigalité d's qui fit
accourir dix curieux autour du voyageur.

Les Prussiens n'étaient pas à ce moment de
moins grands ennemis pour la France que les
Philistins pour les compatriotes de Samson l'Is-
raélite.

— Eh bien! oui, je suis Pruzien, répondit Hoffmann, en changeant les cinq *s* du section-naire en un *z*; après?

— Alors, si tu es Prussien, tu es bien en même temps un petit espion de Pitt et Cobourg, hein?

— Lisez mes passe-ports, répondit Hoffmann en exhibant son volume à l'un des lettrés de la barrière.

— Viens, répliqua celui-ci en tournant les talons pour emmener l'étranger au corps de garde.

Hoffmann suivit ce guide avec une tranquillité parfaite.

Quand, à la lueur des chandelles fumeuses, les patriotes virent ce jeune homme nerveux, l'œil ferme, les cheveux mal ordonnés, hachant son français avec le plus de conscience possible, l'un d'eux s'écria:

— Il ne seniera pas aristocrate, celui-là; a-t-il des mains et des pieds!

— Vous êtes *un* bête, citoyen, répondit Hoffmann, je suis patriote autant que vous, et de plus, je suis *une* artiste.

En disant ces mots, il tira de sa poche une de ces pipes effrayantes dont un plongeur de l'Allemagne peut seul trouver le fond.

Cette pipe fit un effet prodigieux sur les sectionnaires, qui savouraient leur tabac dans leurs petits réceptacles.

Tous se mirent à contempler le petit jeune homme qui entassait dans cette pipe, avec une habileté, fruit d'un grand usage, la provision de tabac d'une semaine.

Il s'assit ensuite, alluma le tabac méthodiquement jusqu'à ce que le fourneau présentât une large croûte de feu à sa surface, puis il aspira à temps égaux des nuages de fumée qui sortirent gracieusement, en colonnes bleuâtres, de son nez et de ses lèvres.

— Il fume bien, dit un des sectionnaires.

— Et il paraît que c'est un fameux, dit un autre; vois donc ses certificats.

— Qu'es-tu venu faire à Paris? demanda un troisième.

— Étudier la science de la liberté, répliqua Hoffmann.

— Et quoi encore? ajouta le Français peu ému de l'héroïsme d'une telle phrase, probablement à cause de sa grande habitude.

— Et la peinture, ajouta Hoffmann.

— Ah! tu es peintre, comme le citoyen David?

— Absolument.

— Tu sais faire les patriotes romains tout nus comme lui?

— Je les fais tout habillés, dit Hoffmann.

— C'est moins beau.

— C'est selon, répliqua Hoffmann avec un imperturbable sang-froid.

— Fais-moi donc mon portrait, dit le sectionnaire avec admiration.

— Volontiers.

Hoffmann prit un tison au poêle, en éteignit à peine l'extrémité rutilante, et, sur le mur blanchi à la chaux, il dessina un des plus laids visages qui eussent jamais déshonoré la capitale du monde civilisé.

Le bonnet à poil et la queue de renard, la bouche baveuse, les favoris épais, la courte pipe, le menton fuyant, furent imités avec un si rare bonheur de vérité dans sa charge, que tout le corps de garde demanda au jeune homme la faveur d'être *portraituré* par lui.

Hoffmann s'exécuta de bonne grâce et croqua sur le mur une série de patriotes aussi bien réussis, mais moins nobles, assurément, que les bourgeois de la Ronde nocturne de Rembrandt.

Les patriotes une fois en belle humeur, il ne fut plus question de soupçons, l'Allemand fut naturalisé Parisien; on lui offrit la bière d'honneur, et lui, en garçon bien pensant, il offrit à ses hôtes du vin de Bourgogne, que ces messieurs acceptèrent de grand cœur.

Ce fut alors que l'un d'eux, plus rusé que les autres, prit son nez épais dans le crochet de son index, et dit à Hoffmann en clignant l'œil gauche:

— Avoue-nous une chose, citoyen Allemand.

— Laquelle, notre ami?

— Avoue-nous le but de ta mission.

— Je te l'ai dit: la politique et la peinture.

— Non, non, autre chose.

— Je t'assure, citoyen...

— Tu comprends bien que nous ne t'accusons pas; tu nous plais, et nous te protégerons; mais voici deux délégués du club des Cordeliers, deux des Jacobins; moi, je suis des Frères et Amis; choisis parmi nous celui de ces clubs auquel tu feras ton hommage.

— Quel hommage? dit Hoffmann surpris.

— Oh! ne t'en cache pas, c'est si beau, que tu devrais t'en pavaner partout.

— Vrai, citoyen, tu me fais rougir, explique-toi.

— Regarde et juge si je sais deviner, dit le patriote.

Et ouvrant le livre des passe-ports, il montra,

de son doigt gras, sur une page, sous la rubrique Strasbourg, les lignes suivantes :

— Hoffmann, voyageur, venant de Manheim, a pris à Strasbourg une caisse étiquetée ainsi qu'il suit : O. B.

— C'est vrai, dit Hoffmann.

— Eh bien ! que contient cette caisse?

— J'ai fait ma déclaration à l'octroi de Strasbourg.

— Regardez, citoyens, ce que ce petit sournois apporte ici... Vous souvenez-vous de l'envoi de nos patriotes d'Auxerre?

— Oui, dit l'un d'eux, une caisse de lard.

— Pourquoi faire?

— Pour graisser la guillotine, s'écria un chœur de voix satisfaites.

— Eh bien ! dit Hoffmann un peu pâle, quel rapport cette caisse que j'apporte peut-elle avoir avec l'envoi des patriotes d'Auxerre?

— Lis, dit le Parisien en lui montrant son passe-port; lis, jeune homme : « Voyageant pour la politique et pour l'art. » C'est écrit!

— O République! murmura Hoffmann.

— Avoue donc, jeune ami de la liberté, lui dit son protecteur.

— Ce serait me vanter d'une idée que je n'ai pas eue, répliqua Hoffmann. Je n'aime pas la fausse gloire; non, la caisse que j'ai prise à Strasbourg, et qui m'arrivera par le roulage, ne contient qu'un violon, une boîte à couleurs et quelques toiles roulées.

Ces mots diminuèrent beaucoup l'estime que certains avaient conçue d'Hoffmann. On lui rendit ses papiers, on fit raison à ses rasades, mais on cessa de le regarder comme un sauveur des peuples esclaves.

L'un des patriotes ajouta même :

— Il ressemble à Saint-Just, mais j'aime mieux Saint-Just.

Hoffmann, replongé dans sa rêverie qu'échauffaient le poêle, le tabac et le vin de Bourgogne, demeura quelque temps silencieux. Mais soudain, relevant la tête :

— On guillotine donc beaucoup ici? dit-il.

— Pas mal, pas mal; cela a baissé un peu depuis les Brissotins, mais c'est encore satisfaisant.

— Savez-vous où je trouverais un bon gîte, mes amis?

— Partout.

— Mais pour tout voir.

— Ah! alors loge-toi du côté du quai aux Fleurs.

— Bien.

— Sais-tu où cela se trouve, le quai aux Fleurs?

— Non, mais ce mot de fleurs me plaît. Je m'y vois déjà installé, au quai aux Fleurs. Par où y va-t-on?

— Tu vas descendre tout droit la rue d'Enfer, et tu arriveras au quai.

— Quai, c'est-à-dire que l'on touche à l'eau! dit Hoffmann.

— Tout juste.

— Et l'eau, c'est la Seine?

— C'est la Seine.

— Le quai aux Fleurs borde la Seine, alors?

— Tu connais Paris mieux que moi, citoyen Allemand.

— Merci. Adieu; puis-je passer?

— Tu n'as plus qu'une petite formalité à accomplir.

— Dis.

— Tu passeras chez le commissaire de police, et tu te feras délivrer un permis de séjour.

— Très-bien! Adieu.

— Attends encore. Avec ce permis du commissaire, tu iras à la police.

— Ah! ah!

— Et tu donneras l'adresse de ton logement.

— Soit! c'est fini?

— Non, tu te présenteras à la section.

— Pourquoi faire?

— Pour justifier tes moyens d'existence.

— Je ferai tout cela, et ce sera tout?

— Pas encore, il faudra faire des dons patriotiques.

— Volontiers.

— Et ton serment de haine aux tyrans français et étrangers.

— De tout mon cœur. Merci de ces précieux renseignements.

— Et puis, tu n'oublieras pas d'écrire lisiblement tes nom et prénoms sur une pancarte, à ta porte.

— Cela sera fait.

— Va-t'en, citoyen, tu nous gênes.

Les bouteilles étaient vides.

— Adieu, citoyens, grand merci de votre politesse.

Et Hoffmann partit, toujours en société de sa pipe, plus allumée que jamais.

Voici comment il fit son entrée dans la capitale de la France républicaine.

Ce mot charmant, — quai aux Fleurs, — l'avait affriandé. Hoffmann se figurait déjà une petite chambre dont le balcon donnait sur ce merveilleux quai aux Fleurs.

Il oubliait décembre et les vents de bise, il oubliait la neige et cette mort passagère de toute la nature. Les fleurs venaient éclore dans son imagination sous la fumée de ses lèvres; il ne voyait plus que les jasmins et la rose, malgré les cloaques du faubourg.

Il arriva, neuf heures sonnant, au quai aux Fleurs, lequel était parfaitement sombre et désert, ainsi que le sont les quais du nord en hiver. Toutefois, cette solitude était, ce soir, plus noire et plus sensible qu'autre part.

Hoffmann avait trop faim, il avait trop froid pour philosopher en chemin; mais pas d'hôtellerie sur ce quai.

Levant les yeux, il aperçut enfin, au coin du quai et de la rue de la Barillerie, une grosse lanterne rouge, dans les vitres de laquelle tremblait un lumignon crasseux.

Ce fanal pendait et se balançait au bout d'une potence de fer, fort propre, en ces temps d'émeute, à suspendre un ennemi politique.

Hoffmann ne vit que ces mots écrits en lettres vertes sur le verre rouge :

Logis à pied. — Chambres et cabinets meublés.

Il heurta vivement à la porte d'une allée; la porte s'ouvrit; le voyageur entra en tâtonnant.

Une voix rude lui cria :

— Fermez votre porte. Et un gros chien, aboyant, sembla lui dire :

— Gare à vos jambes!

Prix fait avec une hôtesse assez avenante, chambre choisie, Hoffmann se trouva possesseur de quinze pieds de long sur huit de large, formant ensemble une chambre à coucher et un cabinet, moyennant trente sols par jour, payables chaque matin, au lever.

Hoffmann était si joyeux, qu'il paya quinze jours d'avance, de peur qu'on ne vînt lui contester la possession de ce logement précieux.

Cela fait, il se coucha dans un lit assez humide; mais tout lit est lit pour un voyageur de dix-huit ans.

Et puis, comment se montrer difficile quand on a le bonheur de loger quai aux Fleurs?

Hoffmann invoqua, d'ailleurs, le souvenir d'Antonia, et le Paradis n'est-il pas toujours là où l'on invoque les anges?

XI

COMMENT LES MUSÉES ET LES BIBLIOTHÈQUES ÉTAIENT FERMÉS, MAIS COMMENT LA PLACE DE LA RÉVOLUTION ÉTAIT OUVERTE.

a chambre qui pendant quinze jours devait servir de paradis terrestre à Hoffmann renfermait un lit, nous le connaissons, une table et deux chaises. Elle avait une cheminée ornée de deux vases de verre bleu meublés de fleurs artificielles. Un génie de la Liberté en sucre s'épanouissait sous une cloche de cristal dans laquelle se reflétaient son drapeau tricolore et son bonnet rouge.

Un chandelier en cuivre, une encoignure en vieux bois de rose, une tapisserie du douzième siècle pour rideau, voilà tout l'ameublement tel qu'il apparut aux premiers rayons du jour.

Cette tapisserie représentait Orphéus jouant du violon pour reconquérir Eurydice, et le violon rappela tout naturellement Zacharias Werner à la mémoire d'Hoffmann.

— Cher ami, pensa notre voyageur, il est à Paris, moi aussi; nous sommes ensemble et je le verrai aujourd'hui ou demain au plus tard.

Par où vais-je commencer? Comment vais-je m'y prendre pour ne pas perdre le temps du bon Dieu, et pour tout voir en France?

Depuis plusieurs jours je ne vois que des tableaux vivants très-laids, allons au salon du Louvre, de l'ex-tyran, je verrai tous les beaux tableaux qu'il avait, les Rubens, les Poussin ; allons vite.

Il se leva pour examiner, en attendant, le tableau panoramique de son quartier.

Un ciel gris, terne, de la boue noire sous des arbres blancs, une population affairée, avide de courir, et un certain bruit, pareil au murmure de l'eau qui coule. Voilà tout ce qu'il découvrit.

C'était peu fleuri. Hoffmann ferma sa fenêtre, déjeuna et sortit pour voir d'abord l'ami Zacharias Werner.

Mais, sur le point de prendre une direction, il se rappela que Werner n'avait jamais donné son adresse, sans laquelle il était difficile de le rencontrer.

Ce ne fut pas un mince désappointement pour Hoffmann.

Mais bientôt :

— Fou que je suis ! pensa-t-il : ce que j'aime, Zacharias l'aime aussi. J'ai envie de voir de la peinture, il aura eu envie de voir de la peinture. Je trouverai lui ou sa trace dans le Louvre. Allons au Louvre.

Le Louvre, on le voyait du parapet. Hoffmann se dirigea droit vers le monument.

Mais il eut la douleur d'apprendre à la porte que les Français, depuis qu'ils étaient libres, ne s'amollissaient pas à voir de la peinture d'esclaves, et que, en admettant, ce qui n'est pas probable, que la commune de Paris n'eût pas déjà rôti toutes les croûtes pour allumer les fonderies d'armes de guerre, on se garderait bien de ne pas nourrir de toute cette huile des rats destinés à la nourriture des patriotes, du jour où les Prussiens viendraient assiéger Paris.

Hoffmann sentit que la sueur lui montait au front ; l'homme qui lui parlait ainsi avait une certaine façon de parler qui sentait son importance.

On saluait fort ce beau diseur.

Hoffmann apprit d'un des assistants qu'il avait eu l'honneur de parler au citoyen Simon, gouverneur des *enfants de France*, et conservateur des musées royaux.

— Je ne verrai point de tableaux, dit-il en soupirant, ah ! c'est dommage ! mais je m'en irai à la Bibliothèque du feu roi, et, à défaut de peinture, j'y verrai des estampes, des médailles et des manuscrits ; j'y verrai le tombeau de Childéric, père de Clovis, et les globes céleste et terrestre du père Coronelli.

Hoffmann eut la douleur, en arrivant, d'apprendre que la nation française, regardant comme une source de corruption et d'incivisme la science et la littérature, avait fermé toutes les officines où conspiraient de prétendus savants et de prétendus littérateurs, le tout par mesure d'humanité, pour s'épargner la peine de guillotiner ces pauvres diables. D'ailleurs, même sous le tyran, la bibliothèque n'était ouverte que deux fois la semaine.

Hoffmann dut se retirer sans avoir rien vu ; il dut même oublier de demander des nouvelles de son ami Zacharias.

Mais comme il était persévérant, il s'obstina et voulut voir le musée Sainte-Avoie.

On lui apprit alors que le propriétaire avait été guillotiné l'avant-veille.

Il s'en alla jusqu'au Luxembourg ; mais ce palais était devenu prison.

A bout de forces et de courage, il reprit le chemin de son hôtel, pour reposer un peu ses jambes, rêver à Antonia, à Zacharias, et fumer dans la solitude une bonne pipe de deux heures.

Mais, ô prodige ! ce quai aux Fleurs, si calme, si désert, était noir d'une multitude de gens rassemblés, qui se démenaient et vociféraient d'une façon inharmonieuse.

Hoffmann, qui n'était pas grand, ne voyait rien par-dessus les épaules de tous ces gens-là ; il se hâta de percer la foule avec ses coudes pointus et de rentrer dans sa chambre.

Il se mit à sa fenêtre.

Tous les regards se tournèrent aussitôt vers lui, et il en fut embarrassé un moment, car il remarqua combien peu de fenêtres étaient ouvertes. Cependant la curiosité des assistants se porta bientôt sur un autre point que la fenêtre d'Hoffmann, et le jeune homme fit comme les curieux, il regarda le porche d'un grand bâtiment noir à toits aigus, dont le clocheton surmontait une grosse tour carrée.

Hoffmann appela l'hôtesse.

— Citoyenne, dit-il, qu'est-ce que cet édifice, je vous prie ?

— Le Palais, citoyen.

— Et que fait-on au Palais ?

— Au Palais de Justice, citoyen, on y juge.

— Je croyais qu'il n'y avait plus de tribunaux.

— Si fait, il y a le tribunal révolutionnaire.

— Ah ! c'est vrai… et tous ces braves gens ?

— Attendent l'arrivée des charrettes.

— Comment des charrettes ? je ne comprends pas bien, excusez-moi, je suis étranger.

— Citoyen, les charrettes, c'est comme qui

dirait des corbillards pour les gens qui vont mourir.

— Ah ! mon Dieu !

— Oui, le matin arrivent les prisonniers qui viennent se faire juger au tribunal révolutionnaire.

— Bien.

— A quatre heures tous les prisonniers sont jugés, on les emballe dans les charrettes que le citoyen Fouquier a requises à cet effet.

— Qu'est-ce que cela, le citoyen Fouquier ?

— L'accusateur public.

— Fort bien, et alors ?

— Et alors les charrettes s'en vont au petit trot à la place de la Révolution, où la guillotine est en permanence.

— En vérité !

— Quoi ! vous êtes sorti et vous n'êtes pas allé voir la guillotine ! c'est la première chose que les étrangers visitent en arrivant ; il paraît que nous autres Français nous avons seuls des guillotines.

— Je vous en fais mon compliment, madame.

— Dites citoyenne.

— Pardon.

— Tenez, voici les charrettes qui arrivent...

— Vous vous retirez, citoyenne ?

— Ou, je n'aime *plus* voir cela.

Et l'hôtesse se retira.

Hoffmann la prit doucement par le bras.

— Excusez-moi si je vous fais une question, dit-il.

— Faites.

— Pourquoi dites-vous que vous n'aimez *plus* voir cela ? j'aurais dit, moi, je n'aime *pas*.

— Voici l'histoire, citoyen. Dans le commencement on guillotinait des aristocrates très-méchants, à ce qu'il paraît. Ces gens-là portaient la tête si droite, ils avaient tous l'air si insolent, si provocateur, que la pitié ne venait pas facilement mouiller nos yeux. On regardait donc volontiers. C'était un beau spectacle que cette lutte des courageux ennemis de la nation contre la mort. Mais voilà qu'un jour j'ai vu monter sur la charrette un vieillard dont la tête battait les ridelles de la voiture. C'était douloureux. Le lendemain je vis des religieuses. Un autre jour je vis un enfant de quatorze ans, et enfin je vis une jeune fille dans une charrette, sa mère était dans l'autre, et ces deux pauvres femmes s'envoyaient des baisers sans se dire une parole. Elles étaient si pâles, elles avaient le regard si sombre, un si fatal sourire aux lèvres, ces doigts qui remuaient seuls pour pétrir le baiser sur leur bouche étaient si

tremblants et si nacrés, que jamais je n'oublierai cet horrible spectacle et que j'ai juré de ne plus m'exposer à le voir jamais.

— Ah ! ah ! dit Hoffmann en s'éloignant de la fenêtre, c'est comme cela ?

— Oui, citoyen. Eh bien ! que faites-vous ?

— Je ferme la fenêtre, citoyenne.

— Pourquoi faire ?

— Pour ne pas voir.

— Vous ! un homme !

— Voyez-vous, citoyenne, je suis venu à Paris pour étudier les arts et respirer un air libre. Eh bien ! si par malheur, je voyais un de ces spectacles dont vous venez de me parler, si je voyais une jeune fille ou une femme traînée à la mort en regrettant la vie, citoyenne, je penserais à ma fiancée, que j'aime, et qui, peut-être... Non, citoyenne, je ne resterai pas plus longtemps dans cette chambre ; en avez-vous une sur les derrières de la maison ?

— Chut ! malheureux, vous parlez trop haut ; si mes officieux vous entendent...

— Vos officieux ! qu'est-ce que cela, officieux ?

— C'est un synonyme républicain de valet.

— Eh bien ! si vos valets m'entendent, qu'arrivera-t-il ?

— Il arrivera que, dans trois ou quatre jours, je pourrais vous voir de cette fenêtre sur une des charrettes à quatre heures de l'après-midi.

Cela dit avec mystère, la bonne dame descendit précipitamment, et Hoffmann l'imita.

Il se glissa hors de la maison, résolu à tout pour échapper au spectacle populaire.

Quand il fut au coin du quai, le sabre des gendarmes brilla, un mouvement se fit dans la foule, les masses hurlèrent et se prirent à courir.

Hoffmann à toutes jambes gagna la rue Saint-Denis, dans laquelle il s'enfonça comme un fou ; il fit, pareil au chevreuil, plusieurs voltes dans différentes petites rues et disparut dans ce dédale de ruelles qui s'embrouillent entre le quai de la Ferraille et les halles.

Il respira enfin en se voyant rue de la Ferronnerie, où, avec la sagacité du poëte et du peintre, il devina la place célèbre par l'assassinat de Henri IV.

Puis, toujours marchant, toujours cherchant, il arriva au milieu de la rue Saint-Honoré. Partout les boutiques se fermaient sur son passage. Hoffmann admirait la tranquillité de ce quartier ; les boutiques ne se fermaient pas seules, les fenêtres de certaines maisons se calfeutraient avec mesure, comme si elles eussent reçu un signal.

Il dessina un des plus laids visages qui eussent déshonoré la capitale du monde civilisé. — PAGE 44.

Cette manœuvre fut bientôt expliquée à Hoff-mann ; il vit les fiacres se détourner et prendre les rues latérales ; il entendit un galop de chevaux et reconnut des gendarmes ; puis derrière eux, dans la première brume du soir, il entrevit un pêle-mêle affreux de haillons, de bras levés, de piques brandies et d'yeux flamboyants.

Au-dessus de tout cela, une charrette.

De ce tourbillon qui venait à lui sans qu'il pût se cacher ou s'enfuir, Hoffmann entendit sortir des cris tellement aigus, tellement lamentables, que rien de si affreux n'avait jusqu'à ce soir-là frappé ses oreilles.

Sur la charrette était une femme vêtue de blanc. Ces cris s'exhalaient des lèvres, de l'âme, de tout le corps soulevé de cette femme.

Hoffmann sentit ses jambes lui manquer. Ces hurlements avaient rompu les faisceaux nerveux, il tomba sur une borne, la tête adossée à des contrevents de boutique mal joints encore, tant la fermeture de cette boutique avait été précipitée.

La charrette arriva au milieu de son escorte de bandits et de femmes hideuses, ses satellites ordinaires; mais, chose étrange! toute cette lie ne bouillonnait pas, tous ces reptiles ne croassaient pas, la victime seule se tordait entre les bras de deux hommes et criait au ciel, à la terre, aux hommes et aux choses.

Hoffmann entendit soudain dans son oreille, par la fente du volet, ces mots prononcés tristement par une voix d'homme jeune :

— Pauvre du Barry! te voilà donc!

— Madame du Barry! s'écria Hoffmann, c'est elle, c'est elle qui passe là sur cette charrette?

— Oui, monsieur, répondit la voix basse et dolente à l'oreille du voyageur, et, de si près, qu'à travers les planches il sentait le souffle chaud de son interlocuteur.

La pauvre du Barry se tenait droite et cramponnée au col mouvant de la charrette; ses cheveux châtains, l'orgueil de sa beauté, avaient été coupés sur la nuque, mais retombaient sur les tempes en longues mèches trempées de sueur; belle avec ses grands yeux hagards, avec sa petite bouche, trop petite pour les cris affreux qu'elle poussait; la malheureuse femme secouait de temps en temps la tête par un mouvement convulsif, pour dégager son visage des cheveux qui la masquaient.

Quand elle passa devant la borne où Hoffmann s'était affaissé, elle cria : Au secours! sauvez-moi! je n'ai pas fait de mal! au secours! et faillit renverser l'aide du bourreau qui la soutenait.

Ce cri, au secours! elle ne cessa de le pousser au milieu du plus profond silence des assistants. Ces furies, accoutumées à insulter les braves condamnés, se sentaient remuées par l'irrésistible élan de l'épouvante d'une femme; elles sentaient que leurs vociférations n'eussent pas réussi à couvrir les gémissements de cette fièvre qui touchait à la folie et atteignait le sublime du terrible.

Hoffmann se leva, ne sentant plus son cœur dans sa poitrine; il se mit à courir après la charrette comme les autres, ombre nouvelle ajoutée à cette procession de spectres qui faisaient la dernière escorte d'une favorite royale.

Madame du Barry le voyant, cria encore :

— La vie! la vie!... je donne tout mon bien à la nation! Monsieur!... sauvez-moi!

— Oh! pensa le jeune homme, elle m'a parlé! Pauvre femme, dont les regards ont valu si cher, dont les paroles n'avaient pas de prix : elle m'a parlé!

Il s'arrêta. La charrette venait d'atteindre la place de la Révolution. Dans l'ombre épaissie par une pluie froide, Hoffmann ne distinguait plus que deux silhouettes : l'une blanche, c'était celle de la victime, l'autre rouge, c'était l'échafaud.

Il vit les bourreaux traîner la robe blanche sur l'escalier. Il vit cette forme tourmentée se cambrer pour la résistance, puis soudain, au milieu de ses horribles cris, la pauvre femme perdit l'équilibre et tomba sur la bascule.

Hoffman, l'entendit crier : Grâce, monsieur le bourreau, encore une minute, monsieur le bourreau... Et ce fut tout, le couteau tomba, lançant un éclair fauve.

Hoffmann s'en alla rouler dans le fossé qui borde la place.

C'était un beau tableau pour un artiste qui venait en France chercher des impressions et des idées.

Dieu venait de lui montrer le trop cruel châtiment de celle qui avait contribué à perdre la monarchie.

Cette lâche mort de la du Barry lui parut l'absolution de la pauvre femme. Elle n'avait donc jamais eu d'orgueil, puisqu'elle ne savait même pas mourir! Savoir mourir, hélas! en ce temps-là ce fut la vertu suprême de ceux qui n'avaient jamais connu le vice.

Hoffmann réfléchit ce jour-là que, s'il était venu en France pour voir des choses extraordinaires, son voyage n'était pas manqué.

Alors, un peu consolé par la philosophie de l'histoire : — Il reste le théâtre, se dit-il, allons au théâtre. Je sais bien qu'après l'actrice que je viens de voir, celles de l'opéra ou de la tragédie ne me feront pas d'effet, mais je serai indulgent. Il ne faut pas trop demander à des femmes qui ne meurent que pour rire.

Seulement, je vais tâcher de bien reconnaître cette place pour n'y plus jamais passer de ma vie.

XII

LE JUGEMENT DE PARIS.

offmann était l'homme
des transitions brusques.
Après la place de la Ré-
volution et le peuple tu-
multueux groupé autour
d'un échafaud, le ciel
sombre et le sang, il lui
fallait l'éclat des lustres,
la foule joyeuse, les fleurs, la vie enfin. Il n'é-
tait pas bien sûr que le spectacle auquel il avait
assisté s'effacerait de sa pensée par ce moyen;
mais il voulait au moins donner une distraction
à ses yeux, et se prouver qu'il y avait encore
dans le monde des gens qui vivaient et qui
riaient.

Il s'achemina donc vers l'Opéra; mais il y arriva sans savoir comment il y était arrivé. Sa dé-
termination avait marché devant lui, et il l'avait
suivie comme un aveugle suit son chien, tandis
que son esprit voyageait dans un chemin opposé
à travers des impressions toutes contraires.

Comme sur la place de la Révolution il y avait
foule sur le boulevard où se trouvait, à cette époque, le théâtre de l'Opéra, là où est aujourd'hui
le théâtre de la Porte-Saint-Martin.

Hoffmann s'arrêta devant cette foule et regarda
l'affiche.

On jouait le *Jugement de Pâris*, ballet-panto-
mime en trois actes, de M. Gardel jeune, fils du
maître de danse de Marie-Antoinette, et qui devint plus tard maître des ballets de l'empereur.

— Le *Jugement de Pâris*, murmura le poëte
en regardant fixement l'affiche comme pour se
graver dans l'esprit, à l'aide des yeux et de l'ouïe,
la signification de ces trois mots, le *Jugement de
Pâris!*

Et il avait beau répéter les syllabes qui composaient le titre du ballet, elles lui paraissaient
vides de sens, tant sa pensée avait de peine à rejeter les souvenirs terribles dont elle était pleine,
pour donner place à l'œuvre empruntée par
M. Gardel jeune à l'*Iliade* d'Homère.

Quelle étrange époque que cette époque, où,
dans une même journée, on pouvait voir con-
damner le matin, voir exécuter à quatre heures,
voir danser le soir, et où l'on courait la chance
d'être arrêté soi-même en revenant de toutes ces
émotions!

Hoffmann comprit que, si un autre que lui
ne lui disait pas ce qu'on jouait, il ne parvien-
drait pas à le savoir, et que peut-être il deviendrait fou devant cette affiche.

Il s'approcha donc d'un gros monsieur qui
faisait queue avec sa femme, car de tout temps
les gros hommes ont eu la manie de faire queue
avec leurs femmes, et il lui dit:

— Monsieur, que joue-t-on ce soir?

— Vous le voyez bien sur l'affiche, monsieur,
répondit le gros homme; on joue le *Jugement de
Pâris*.

— Le jugement de Pâris... répéta Hoffmann.
Ah! oui, le jugement de Pâris, je sais ce que
c'est.

Le gros monsieur regarda cet étrange ques-
tionneur et leva les épaules avec l'air du plus
profond mépris pour ce jeune homme qui, dans
ce temps tout mythologique, avait pu oublier un
instant ce que c'était que le jugement de Pâris.

— Voulez-vous l'explication du ballet, citoyen?
dit un marchand de livrets en s'approchant d'Hoffmann.

— Oui, donnez!

C'était pour notre héros une preuve de plus
qu'il allait au spectacle, et il en avait besoin.

Il ouvrit le livret et jeta les yeux dessus.

Ce livret était coquettement imprimé sur beau
papier blanc, et enrichi d'un avant-propos de
l'auteur.

— Quelle chose merveilleuse que l'homme!
pensa Hoffmann en regardant les quelques lignes
de cet avant-propos, lignes qu'il n'avait pas encore lues, mais qu'il allait lire, et comme, tout
en faisant partie de la masse commune des hommes, il marche seul, égoïste et indifférent, dans

le chemin de ses intérêts et de ses ambitions! Ainsi, voici un homme, M. Gardel jeune, qui a fait représenter ce ballet le 5 mars 1793, c'est-à-dire six semaines après la mort du roi, c'est-à-dire six semaines après un des plus grands événements du monde; eh bien! le jour où ce ballet a été représenté, il a eu des émotions particulières dans les émotions générales; le cœur lui a battu quand on a applaudi; et si, en ce moment, on était venu lui parler de cet événement qui ébranlait encore le monde et qu'on lui eût nommé le roi Louis XVI, il se fût écrié : Louis XVI, de qui voulez-vous parler? Puis, comme si, à partir du jour où il avait livré son ballet au public, la terre entière n'eût plus dû être préoccupée que de cet événement chorégraphique, il a fait un avant-propos à l'explication de sa pantomime. Eh bien! lisons-le, son avant-propos, et voyons si, en cachant la date du jour où il a été écrit, j'y retrouverai la trace des choses au milieu desquelles il venait au jour.

Hoffmann s'accouda à la balustrade du théâtre, et voici ce qu'il lut :

« J'ai toujours remarqué dans les ballets d'action que les effets de décorations et les divertissements variés et agréables étaient ce qui attirait le plus la foule et les vifs applaudissements. »

— Il faut avouer que voilà un homme qui a fait là une remarque curieuse, pensa Hoffmann, sans pouvoir s'empêcher de sourire à la lecture de cette première naïveté. Comment! il a remarqué que ce qui attire dans les ballets, ce sont les effets de décorations et les divertissements variés et agréables. Comme cela est poli pour MM. Haydn, Pleyel et Méhul, qui ont fait la musique du *Jugement de Pâris!* Continuons.

« D'après cette remarque, j'ai cherché un sujet qui pût se plier à faire valoir les grands talents que l'Opéra de Paris seul possède en danse, et qui me permît d'étendre les idées que le hasard pourrait m'offrir. L'histoire poétique est le terrain inépuisable que le maître de ballet doit cultiver; ce terrain n'est pas sans épines; mais il faut savoir les écarter pour cueillir la rose. »

— Ah! par exemple? voilà une phrase à mettre dans un cadre d'or, s'écria Hoffmann. Il n'y a qu'en France qu'on écrive de ces choses-là! Et il se mit à regarder le livret, s'apprêtant à continuer cette intéressante lecture qui commençait à l'égayer; mais son esprit, détourné de sa véritable préoccupation, y revenait peu à peu; les caractères se brouillèrent sous les yeux du rê-

veur, il laissa tomber la main qui tenait le *Jugement de Pâris*, il fixa les yeux sur la terre, et murmura :

— Pauvre femme!

C'était l'ombre de madame du Barry qui passait encore une fois dans le souvenir du jeune homme.

Alors il secoua la tête comme pour en chasser violemment les sombres réalités, et, mettant dans sa poche le livret de M. Gardel jeune, il prit une place et entra dans le théâtre.

La salle était comble et ruisselante de fleurs, de pierreries, de soie et d'épaules nues. Un immense bourdonnement, bourdonnement de femmes parfumées, de propos frivoles, semblable au bruit que feraient un millier de mouches volant dans une boîte de papier, et plein de ces mots qui laissent dans l'esprit la même trace que les ailes des papillons aux doigts des enfants qui les prennent et qui, deux minutes après, ne sachant plus qu'en faire, lèvent les mains en l'air et leur rendent la liberté.

Hoffmann prit une place à l'orchestre, et dominé par l'atmosphère ardente de la salle, il parvint à croire un instant qu'il y était depuis le matin, et que ce sombre décès que regardait sans cesse sa pensée était un cauchemar et non pas une réalité. Alors sa mémoire, qui, comme la mémoire de tous les hommes, avait deux verres réflecteurs, l'un dans le cœur, l'autre dans l'esprit, se tourna insensiblement, et par la gradation naturelle des impressions joyeuses, vers cette douce jeune fille qu'il avait laissée là-bas et dont il sentait le médaillon battre, comme un autre cœur, contre les battements du sien. Il regarda toutes les femmes qui l'entouraient, toutes ces blanches épaules, tous ces cheveux blonds et bruns, tous ces bras souples, toutes ces mains jouant avec les branches d'un éventail ou rajustant coquettement les fleurs d'une coiffure, et il se sourit à lui-même en prononçant le nom d'Antonia, comme si ce nom eût suffi pour faire disparaître toute comparaison entre celle qui le portait et les femmes qui se trouvaient là, et pour le transporter dans un monde de souvenirs mille fois plus charmants que toutes ces réalités, si belles qu'elles fussent. Puis, comme si ce n'eût point été assez, comme s'il eût eu à craindre que le portrait, qu'à travers la distance lui retraçait sa pensée, ne s'effaçât dans l'idéal par où il lui apparaissait, Hoffmann glissa doucement la main dans sa poitrine, y saisit le médaillon comme une fille craintive saisit un oiseau dans un nid,

J. A. BEAUCE.

Zacharias Werner.

et après s'être assuré que nul ne pouvait le voir, et ternir d'un regard la douce image qu'il prenait dans sa main, il amena doucement le portrait de la jeune fille, le monta à la hauteur de ses yeux, l'adora un instant du regard, puis, après l'avoir posé pieusement sur ses lèvres, il le cacha de nouveau tout près de son cœur, sans que personne pût deviner la joie que venait d'avoir, en faisant le mouvement d'un homme qui met la main dans son gilet, ce jeune spectateur aux cheveux noirs et au teint pâle.

En ce moment on donnait le signal, et les premières notes de l'ouverture commencèrent à courir gaiement dans l'orchestre, comme des pinsons querelleurs dans un bosquet.

Hoffmann s'assit, et tâchant de redevenir un homme comme tout le monde, c'est-à-dire un spectateur attentif, il ouvrit ses deux oreilles à la musique.

Mais, au bout de cinq minutes, il n'écoutait plus et ne voulait plus entendre : ce n'était pas avec cette musique-là qu'on fixait l'attention

d'Hoffmann, d'autant plus qu'il l'entendait deux
fois, vu qu'un voisin, habitué sans doute de l'O-
péra, et admirateur de MM. Haydn, Pleyel et
Méhul, accompagnait d'une petite voix en demi-
ton de fausset, et avec une exactitude parfaite,
les différentes mélodies de ces messieurs. Le di-
lettante joignait à cet accompagnement de la bouche un autre accompagnement des doigts, en
frappant en mesure, avec une charmante dexté-
rité, ses ongles longs et effilés sur la tabatière
qu'il tenait dans sa main gauche.

Hoffmann, avec cette habitude de curiosité qui
est naturellement la première qualité de tous les
observateurs, se mit à examiner ce personnage
qui se faisait un orchestre particulier greffé sur
l'orchestre général.

En vérité, le personnage méritait l'examen.

Figurez-vous un petit homme portant habit,
gilet et culotte noirs, chemise et cravate blanches, mais d'un blanc plus que blanc, presque
aussi fatigant pour les yeux que le reflet ar-
genté de la neige. Mettez sur la moitié des mains
de ce petit homme, mains maigres, transparentes
comme la cire et se détachant sur la culotte
noire comme si elles eussent été intérieurement
éclairées, mettez des manchettes de fine batiste
plissées avec le plus grand soin, et souples comme des feuilles de lis, et vous aurez l'ensemble
du corps. Regardez la tête, maintenant, et re-
gardez-la comme le faisait Hoffmann, c'est-à-dire
avec une curiosité mêlée d'étonnement. Figurez-
vous un visage de forme ovale, au front poli
comme l'ivoire, aux cheveux rares et fauves
ayant poussé de distance en distance, comme
des touffes de buissons dans une plaine. Suppri-
mez les sourcils, et, au-dessous de la place où ils
devraient être, faites deux trous, dans lesquels
vous mettrez un œil froid comme du verre, presque toujours fixe, et qu'on croirait d'autant
plus volontiers inanimé, qu'on chercherait vainement en eux le point lumineux que Dieu a mis
dans l'œil comme une étincelle du foyer de la vie.
Ces yeux sont bleus comme le saphir, sans douceur, sans dureté. Ils voient, cela est certain,
mais ils ne regardent pas. Un nez sec, mince,
long et pointu, une bouche petite, aux lèvres
entr'ouvertes sur des dents non pas blanches,
mais de la même couleur cireuse que la peau,
comme si elles eussent reçu une légère infiltra-
tion de sang pâle et s'en fussent colorées, un
menton pointu, rasé avec le plus grand soin,
des pommettes saillantes, des joues creusées
chacune par une cavité à y mettre une noix, tels

étaient les traits caractéristiques du spectateur
voisin d'Hoffmann.

Cet homme pouvait aussi bien avoir cinquante
ou trente ans. Il en eût eu quatre-vingts, que la
chose n'eût pas été extraordinaire; il n'en eût
eu que douze, que ce n'eût pas encore été bien
invraisemblable. Il semblait qu'il eût dû venir
au monde tel qu'il était. Il n'avait sans doute
jamais été plus jeune, et il était possible qu'il
parût plus vieux.

Il était probable qu'en touchant sa peau on
eût éprouvé la même sensation de froid qu'en
touchant la peau d'un serpent ou d'un mort.

Mais, par exemple, il aimait bien la musique.

De temps à autre sa bouche s'écartait un peu
plus sous une pression de volupté mélophile, et
trois petits plis, identiquement les mêmes de
chaque côté, décrivaient un demi-cercle à l'extrémité de ses lèvres, et y restaient imprimés pendant cinq minutes, puis ils s'effaçaient graduellement comme les ronds que fait une pierre qui
tombe dans l'eau et qui vont s'élargissant toujours jusqu'à ce qu'ils se confondent tout à fait
avec la surface.

Hoffmann ne se lassait pas de regarder cet
homme, qui se sentait examiné, mais qui n'en
bougeait pas plus pour cela. Cette immobilité
était telle, que notre poëte, qui avait déjà, à cette
époque, le germe de l'imagination qui devait
enfanter *Coppelius*, appuya ses deux mains sur
le dossier de la stalle qui était devant lui, pencha
son corps en avant, et, tournant la tête à droite,
essaya de voir de face celui qu'il n'avait encore
vu que de profil.

Le petit homme regarda Hoffmann sans étonnement, lui sourit, lui fit un petit salut amical,
et continua de fixer les yeux sur le même point,
point invisible pour tout autre que pour lui, et
d'accompagner l'orchestre.

— C'est étrange, fit Hoffmann en se rasseyant,
j'aurais parié qu'il ne vivait pas.

Et comme si, quoiqu'il eût vu remuer la tête
de son voisin, le jeune homme n'eût pas été bien
convaincu que le reste du corps était animé, il
jeta de nouveau les yeux sur les mains de ce
personnage. Une chose le frappa alors, c'est que
sur la tabatière avec laquelle jouaient ces mains,
tabatière d'ébène, brillait une petite tête de
mort en diamant.

Tout, ce jour-là, devait prendre des teintes
fantastiques aux yeux d'Hoffmann; mais il était
bien résolu à en venir à ses fins, et, se penchant
en bas comme il s'était penché en avant, il colla

ses yeux sur cette tabatière au point que ses lèvres touchaient presque les mains de celui qui la tenait.

L'homme ainsi examiné, voyant que sa tabatière était d'un si grand intérêt pour son voisin, la lui passa silencieusement, afin qu'il pût la regarder tout à son aise.

Hoffmann la prit, la tourna et la retourna vingt fois, puis il l'ouvrit.

Il y avait du tabac dedans!

XIII

ARSÈNE.

près avoir examiné la tabatière avec la plus grande attention, Hoffmann la rendit à son propriétaire en le remerciant d'un signe silencieux de la tête, auquel le propriétaire répondit par un signe aussi courtois, mais, s'il est possible, plus silencieux encore.

Voyons maintenant s'il parle, se demanda Hoffmann; et se tournant vers son voisin, il lui dit :

— Je vous prie d'excuser mon indiscrétion, monsieur, mais cette petite tête de mort en diamant qui orne votre tabatière m'avait étonné tout d'abord, car c'est un ornement rare sur une boîte à tabac.

— En effet, je crois que c'est la seule qu'on ait faite, répliqua l'inconnu d'une voix métallique, et dont les sons imitaient assez le bruit de pièces d'argent qu'on empile les unes sur les autres; elle me vient d'héritiers reconnaissants dont j'avais soigné le père.

— Vous êtes médecin?

— Oui, monsieur.

— Et vous aviez guéri le père de ces jeunes gens?

— Au contraire, monsieur, nous avons eu le malheur de le perdre.

— Je m'explique le mot reconnaissance.

Le médecin se mit à rire.

Ses réponses ne l'empêchaient pas de fredonner toujours, et tout en fredonnant :

— Oui, reprit-il, je crois bien que j'ai tué ce vieillard.

— Comment, tué?

— J'ai fait sur lui l'essai d'un remède nouveau. Oh! mon Dieu! au bout d'une heure il était mort. C'est vraiment fort drôle.

Et il se remit à chantonner.

— Vous paraissez aimer la musique, monsieur? demanda Hoffmann.

— Celle-ci surtout; oui, monsieur.

— Diable! pensa Hoffmann, voilà un homme qui se trompe en musique comme en médecine.

En ce moment on leva la toile.

L'étrange docteur huma une prise de tabac, et s'adossa le plus commodément possible dans sa stalle, comme un homme qui ne veut rien perdre du spectacle auquel il va assister.

Cependant, il dit à Hoffmann, comme par réflexion :

— Vous êtes Allemand, monsieur?

— En effet.

— J'ai reconnu votre pays à votre accent. Beau pays, vilain accent.

Hoffmann s'inclina devant cette phrase faite

Modeste et pensive comme la Marguerite de Gœthe. — Page 27.

d'une moitié de compliment et d'une moitié de critique.

— Et vous êtes venu en France, pourquoi?

— Pour voir.

— Et qu'est-ce que vous avez déjà vu?

— J'ai vu guillotiner, monsieur.

— Étiez-vous aujourd'hui à la place de la Révolution?

— J'y étais.

— Alors vous avez assisté à la mort de madame du Barry?

— Oui, fit Hoffmann avec un soupir.

— Je l'ai beaucoup connue, continua le docteur avec un regard confidentiel, et qui poussait le mot *connue* jusqu'au bout de sa signification. C'était une belle fille, ma foi.

— Est-ce que vous l'avez soignée aussi?

— Non, mais j'ai soigné son nègre Zamore.

— Le misérable! on m'a dit que c'est lui qui a dénoncé sa maîtresse.

— En effet, il était fort patriote, ce petit négrillon.

— Vous auriez bien dû faire de lui ce que vous avez fait du vieillard, vous savez, du vieillard à la tabatière.

— A quoi bon? il n'avait point d'héritiers, lui. Et le rire du docteur tinta de nouveau.

— Et vous, monsieur, vous n'assistiez pas à cette exécution, tantôt? reprit Hoffmann qui se sentait pris d'un irrésistible besoin de parler de la pauvre créature dont l'image sanglante ne le quittait pas.

— Non. Était-elle maigrie?

— Qui?

— La comtesse.

— Je ne puis vous le dire, monsieur.

— Pourquoi cela?

— Parce que je l'ai vue pour la première fois sur la charrette.

— Tant pis. J'aurais voulu le savoir, car, moi je l'avais connue très-grasse; mais demain j'irai voir son corps. Ah! tenez! regardez cela.

Et en même temps le médecin montrait la scène où, en ce moment, M. Vestris, qui jouait le rôle de Pâris, apparaissait sur le mont Ida, et faisait toutes sortes de marivaudages avec la nymphe OEnone.

Hoffmann regarda ce que lui montrait son voisin; mais, après s'être assuré que ce sombre médecin était réellement attentif à la scène, et que ce qu'il venait d'entendre et de dire n'avait laissé aucune trace dans son esprit:

— Cela serait curieux de voir pleurer cet homme-là, se dit Hoffmann.

— Connaissez-vous le sujet de la pièce? reprit le docteur, après un silence de quelques minutes.

— Non, monsieur.

— Oh! c'est très-intéressant. Il y a même des situations touchantes. Un de mes amis et moi nous avions l'autre fois les larmes aux yeux.

— Un de ses amis! murmura le poëte; qu'est-ce que cela peut être que l'ami de cet homme-là? Cela doit être un fossoyeur.

— Ah! bravo, bravo, Vestris, criota le petit homme en tapotant dans ses mains.

Le médecin avait choisi pour manifester son admiration le moment où Pâris, comme le disait le livret qu'Hoffmann avait acheté à la porte, saisit son javelot et vole au secours des pasteurs qui fuient épouvantés devant un lion terrible.

— Je ne suis pas curieux, mais j'aurais voulu voir le lion.

Ainsi se terminait le premier acte.

Alors le docteur se leva, se retourna, s'adossa à la stalle placée devant la sienne, et, substituant une petite lorgnette à sa tabatière, il commença à lorgner les femmes qui composaient la salle.

Hoffmann suivait machinalement la direction de la lorgnette, et il remarquait avec étonnement que la personne sur qui elle se fixait tressaillait instantanément et tournait aussitôt les yeux vers celui qui la lorgnait, et cela comme si elle y eût été contrainte par une force invisible. Elle gardait cette position jusqu'à ce que le docteur cessât de la lorgner.

— Est-ce que cette lorgnette vous vient encore d'un héritier, monsieur? demanda Hoffmann.

— Non, elle me vient de M. de Voltaire.

— Vous l'avez donc connu aussi?

— Beaucoup, nous étions très-liés.

— Vous étiez son médecin?

— Il ne croyait pas à la médecine. Il est vrai qu'il ne croyait pas à grand'chose.

— Est-il vrai qu'il soit mort en se confessant?

— Lui, monsieur, lui! Arouet! allons donc! non-seulement il ne s'est pas confessé, mais encore il a joliment reçu le prêtre qui était venu l'assister! Je puis vous en parler savamment, j'étais là.

— Que s'est-il donc passé?

— Arouet allait mourir; Tersac, son curé, arrive et lui dit tout d'abord, comme un homme qui n'a pas de temps à perdre: Monsieur, reconnaissez-vous la trinité de Jésus-Christ?

— Monsieur, laissez-moi mourir tranquille, je vous prie, lui répond Voltaire.

— Cependant, monsieur, continue Tersac, il importe que je sache si vous reconnaissez Jésus-Christ comme fils de Dieu.

— Au nom du diable, s'écrie Voltaire, ne me parlez plus de cet homme-là. Et, réunissant le peu de force qui lui restait, il flanque un coup de poing sur la tête du curé, et il meurt. Ai-je ri, mon Dieu! ai-je ri.

— En effet, c'était risible, fit Hoffmann d'une voix dédaigneuse, et c'est bien ainsi que devait mourir l'auteur de la *Pucelle*.

— Ah! oui, la *Pucelle!* s'écria l'homme noir, quel chef-d'œuvre! monsieur, quelle admirable chose! Je ne connais qu'un livre qui puisse rivaliser avec celui-là.

— Lequel?

— *Justine*, de M. de Sades, connaissez-vous *Justine?*

— Non, monsieur.

— Et le marquis de Sades?

— Pas davantage.

— Voyez-vous, monsieur, reprit le docteur

avec enthousiasme, *Justine*, c'est tout ce qu'on peut lire de plus immoral, c'est du Crébillon fils tout nu, c'est merveilleux. J'ai soigné une jeune fille qui l'avait lue.

— Et elle est morte comme votre vieillard?

— Oui, monsieur, mais elle est morte bien heureuse.

Et l'œil du médecin petilla d'aise au souvenir des causes de cette mort.

On donna le signal du second acte. Hoffmann n'en fut pas fâché, son voisin l'effrayait.

— Ah! fit le docteur en s'asseyant, et avec un sourire de satisfaction, nous allons voir Arsène.

— Qui est-ce, Arsène?

— Vous ne la connaissez pas?

— Non, monsieur.

— Ah çà! vous ne connaissez donc rien, jeune homme? Arsène, c'est Arsène, c'est tout dire; d'ailleurs, vous allez voir.

Et, avant que l'orchestre eût donné une note, le médecin avait recommencé à fredonner l'introduction du second acte.

La toile se leva.

Le théâtre représentait *un berceau de fleurs et de verdure, qui traversait un ruisseau qui prenait sa source au pied d'un rocher*.

Hoffmann laissa tomber sa tête dans sa main.

Décidément, ce qu'il voyait, ce qu'il entendait ne pouvait parvenir à le distraire de la douloureuse pensée ou du lugubre souvenir qui l'avaient amené là où il était.

— Qu'est-ce que cela eût changé? pensa-t-il en rentrant brusquement dans les impressions de la journée, qu'est-ce que cela eût changé dans le monde, si l'on eût laissé vivre cette malheureuse femme! Quel mal cela aurait-il fait si ce cœur eût continué de battre, cette bouche de respirer? quel malheur en fût-il advenu? Pourquoi interrompre brusquement tout cela? De quel droit arrêter la vie au milieu de son élan? Elle serait bien au milieu de toutes ces femmes, tandis qu'à cette heure son pauvre corps, le corps qui fut aimé d'un roi, gît dans la boue d'un cimetière, sans fleurs, sans croix, sans tête. Comme elle criait, mon Dieu, comme elle criait, puis tout à coup...

Hoffmann cacha son front dans ses mains.

— Qu'est-ce que je fais ici, moi? se dit-il; oh! je vais m'en aller.

Et il allait peut-être s'en aller en effet, quand, en relevant la tête, il vit sur la scène une danseuse qui n'avait pas paru au premier acte, et que la salle entière regardait danser sans faire un mouvement, sans exhaler un souffle.

— Oh! que cette femme est belle! s'écria Hoffmann assez haut pour que ses voisins et la danseuse même l'entendissent.

Celle qui avait éveillé cette admiration subite regarda le jeune homme qui avait, malgré lui, poussé cette exclamation, et Hoffmann crut qu'elle le remerciait du regard.

Il rougit et tressaillit comme s'il eût été touché de l'étincelle électrique.

Arsène, car c'était elle, c'est-à-dire cette danseuse dont le petit vieillard avait prononcé le nom, Arsène était réellement une bien admirable créature, et d'une beauté qui n'avait rien de la beauté traditionnelle.

Elle était grande, admirablement faite et d'une pâleur transparente sous le rouge qui couvrait ses joues. Ses pieds étaient tout petits, et quand elle retombait sur le parquet du théâtre, on eût dit que la pointe de son pied reposait sur un nuage, car on n'entendait pas le plus petit bruit. Sa taille était si mince, si souple, qu'une couleuvre ne se fût pas retournée sur elle-même comme cette femme le faisait. Chaque fois que, se cambrant, elle se penchait en arrière, on pouvait croire que son corset allait éclater, et l'on devinait, dans l'énergie de sa danse et dans l'assurance de son corps, et la certitude d'une beauté complète et cette ardente nature qui, comme celle de la Messaline antique, peut être quelquefois lassée, mais jamais assouvie. Elle ne souriait pas comme sourient ordinairement les danseuses, ses lèvres de pourpre ne s'entr'ouvraient presque jamais, non pas qu'elles eussent de vilaines dents à cacher, non, car, dans le sourire qu'elle avait adressé à Hoffmann quand il l'avait si naïvement admirée tout haut, notre poëte avait pu voir une double rangée de perles si blanches, si pures, qu'elle les cachait sans doute derrière ses lèvres pour que l'air ne les ternît point. Dans ses cheveux noirs et luisants, avec des reflets bleus, s'enroulaient de larges feuilles d'acanthe, et se suspendaient des grappes de raisin dont l'ombre courait sur ses épaules nues. Quant aux yeux, ils étaient grands, limpides, noirs, brillants, à ce point qu'ils éclairaient tout autour d'eux, et qu'eût-elle dansé dans la nuit, Arsène eût illuminé la place où elle eût dansé. Ce qui ajoutait encore à l'originalité de cette fille, c'est que, sans raison aucune, elle portait dans ce rôle de nymphe, car elle jouait ou plutôt elle dansait une nymphe, elle portait, disons-nous, un petit collier de velours noir, fermé par une boucle ou, du moins, par un objet qui paraissait avoir la forme d'une boucle, et qui, fait en diamants, jetait des feux éblouissants.

Le médecin regardait cette femme de tous ses yeux, et son âme, l'âme qu'il pouvait avoir, semblait suspendue au vol de la jeune femme. Il est bien évident que, tant qu'elle dansait, il ne respirait pas.

Alors Hoffmann put remarquer une chose curieuse : qu'elle allât à droite, à gauche, en arrière ou en avant, jamais les yeux d'Arsène ne quittaient la ligne des yeux du docteur, et une visible corrélation était établie entre les deux regards. Bien plus, Hoffmann voyait très-distinctement les rayons que jetait la boucle du collier d'Arsène, et ceux que jetait la tête de mort du docteur, se rencontrer à moitié chemin dans une ligne droite, se heurter, se repousser et rejaillir en une même gerbe faite de milliers d'étincelles blanches, rouges et or.

— Voulez-vous me prêter votre lorgnette, monsieur? dit Hoffmann, haletant et sans détourner la tête, car il lui était impossible à lui aussi de cesser de regarder Arsène.

Le docteur étendit la main vers Hoffman, sans faire le moindre mouvement de la tête, si bien que les mains des deux spectateurs se cherchèrent quelques instants dans le vide avant de se rencontrer.

Hoffmann saisit enfin la lorgnette et y colla ses yeux.

— C'est étrange, murmura-t-il.

— Quoi donc? demanda le docteur.

— Rien, rien, répondit Hoffmann, qui voulait donner toute son attention à ce qu'il voyait; en réalité, ce qu'il voyait était étrange.

La lorgnette rapprochait tellement les objets à ses yeux, que deux ou trois fois Hoffmann étendit la main, croyant saisir Arsène qui ne paraissait plus être au bout du verre qui la reflétait, mais bien entre les deux verres de la lorgnette. Notre Allemand ne perdait donc aucun détail de la beauté de la danseuse, et ses regards, déjà si brillants de loin, entouraient son front d'un cercle de feu, et faisaient bouillir le sang dans les veines de ses tempes.

L'âme du jeune homme faisait un effroyable bruit dans son corps.

— Quelle est cette femme? dit-il d'une voix faible sans quitter la lorgnette et sans remuer.

— C'est Arsène, je vous l'ai déjà dit, répliqua le docteur dont les lèvres seules semblaient vivantes et dont le regard immobile était rivé à la danseuse.

— Cette femme a un amant, sans doute?

— Oui.

— Qu'elle aime?

— On le dit.

— Et il est riche?

— Très-riche.

— Qui est-ce?

— Regardez à gauche dans l'avant-scène du rez-de-chaussée.

— Je ne puis pas tourner la tête.

— Faites un effort.

Hoffmann fit un effort si douloureux, qu'il poussa un cri, comme si les nerfs de son cou étaient devenus de marbre et se fussent brisés dans ce moment.

Il regarda dans l'avant-scène indiquée.

Dans cette avant-scène il n'y avait qu'un homme, mais cet homme, accroupi comme un lion sur la balustrade de velours, semblait à lui seul remplir cette avant-scène.

C'était un homme de trente-deux ou trente-trois ans, au visage labouré par les passions; on eût dit que, non pas la petite vérole, mais l'éruption d'un volcan, avait creusé les vallées dont les profondeurs s'entre-croisaient sur cette chair toute bouleversée; ses yeux avaient dû être petits, mais ils s'étaient ouverts par une espèce de déchirement de l'âme; tantôt ils étaient atones et vides comme un cratère éteint, tantôt ils versaient des flammes comme un cratère rayonnant. Il n'applaudissait pas en rapprochant ses mains l'une de l'autre, il applaudissait en frappant sur la balustrade, et, à chaque applaudissement, il semblait ébranler la salle.

— Oh! fit Hoffmann, est-ce un homme que je vois là?

— Oui, oui, c'est un homme, répondit le petit homme noir; oui, c'est un homme et un fier homme, même.

— Comment s'appelle-t-il?

— Vous ne le connaissez pas?

— Mais, non, je suis arrivé hier seulement.

— Eh bien! c'est Danton.

— Danton! fit Hoffmann en tressaillant. Oh! oh! Et c'est l'amant d'Arsène?

— C'est son amant.

— Et sans doute il l'aime?

— A la folie. Il est d'une jalousie féroce.

Mais si intéressant à voir que fût Danton, Hoffmann avait déjà reporté les yeux sur Arsène, dont la danse silencieuse avait une apparence fantastique.

— Encore un renseignement, monsieur?

— Parlez.

— Quelle forme a l'agrafe qui ferme son collier.

— C'est une guillotine.

— Une guillotine !

— Oui. On en fait de charmantes, et toutes nos élégantes en portent au moins une. Celle que porte Arsène, c'est Danton qui la lui a donnée.

— Une guillotine, une guillotine au cou d'une danseuse ! répéta Hoffmann, qui sentait son cerveau se gonfler; une guillotine, pourquoi ?...

Et notre Allemand, qu'on eût pu prendre pour un fou, allongeait les bras devant lui, comme pour saisir un corps, car, par un effet étrange d'optique, la distance qui le séparait d'Arsène disparaissait par moment, et il lui semblait sentir l'haleine de la danseuse sur son front, et entendre la brûlante respiration de cette poitrine, dont les seins, à moitié nus, se soulevaient comme sous une étreinte de plaisir. Hoffmann en était à cet état d'exaltation où l'on croit respirer du feu, et où l'on craint que les sens ne fassent éclater le corps.

— Assez ! assez ! disait-il.

Mais la danse continuait, et l'hallucination était telle, que, confondant ses deux impressions les plus fortes de la journée, l'esprit d'Hoffmann mêlait à cette scène le souvenir de la place de la Révolution, et que tantôt il croyait voir madame du Barry, pâle et la tête tranchée, danser à la place d'Arsène, et tantôt Arsène arriver en dansant jusqu'au pied de la guillotine et jusqu'aux mains du bourreau.

Il se faisait dans l'imagination exaltée du jeune homme un mélange de fleurs et de sang, de danse et d'agonie, de vie et de mort.

Mais ce qui dominait tout cela, c'était l'attraction électrique qui le poussait vers cette femme. Chaque fois que ces deux jambes fines passaient devant ses yeux, chaque fois que cette jupe transparente se soulevait un peu plus, un frémissement parcourait tout son être, sa lèvre devenait sèche, son haleine brûlante et le désir entrait en lui comme il entre dans un homme de vingt ans.

Dans cet état, Hoffmann n'avait plus qu'un refuge, c'était le portrait d'Antonia, c'était le médaillon qu'il portait sur sa poitrine, c'était l'amour pur à opposer à l'amour sensuel, c'était la force du chaste souvenir à mettre en face de l'exigeante réalité.

Il saisit ce portrait et le porta à ses lèvres : mais à peine avait-il fait ce mouvement, qu'il entendit le ricanement aigu de son voisin qui le regardait d'un air railleur.

Alors Hoffmann replaça, en rougissant, le médaillon où il l'avait pris, et, se levant comme mû par un ressort :

— Laissez-moi sortir, s'écria-t-il; laissez-moi sortir, je ne saurais rester plus longtemps ici !

Et, semblable à un fou, il quitta l'orchestre, marchant sur les pieds, heurtant les jambes des tranquilles spectateurs qui maugréaient contre cet original à qui il prenait ainsi fantaisie de sortir au milieu d'un ballet.

XIV

LA DEUXIÈME REPRÉSENTATION DU JUGEMENT DE PARIS.

ais l'élan d'Hoffmann ne le poussa pas bien loin. Au coin de la rue Saint-Martin il s'arrêta.

Sa poitrine était haletante, son front ruisselant de sueur.

Il passa la main gauche sur son front, appuya sa main droite sur sa poitrine et respira.

En ce moment on lui toucha sur l'épaule.

Il tressaillit.

— Ah! pardieu, c'est lui! dit une voix.

Il se retourna et laissa échapper un cri. C'était son ami Zacharias.Werner.

Les deux jeunes gens se jetèrent dans les bras l'un de l'autre.

Puis ces deux questions se croisèrent :

— Que faisais-tu là?

— Où vas-tu?

— Je suis arrivé d'hier, dit Hoffmann, j'ai vu guillotiner madame du Barry, et, pour me distraire, je suis venu à l'Opéra.

— Moi, je suis arrivé depuis six mois, depuis cinq je vois guillotiner tous les jours vingt ou vingt-cinq personnes, et, pour me distraire, je vais au jeu.

— Ah!

— Viens-tu avec moi?

— Non, merci.

— Tu as tort, je suis en veine; avec ton bonheur habituel, tu ferais fortune. Tu dois t'ennuyer horriblement à l'Opéra, toi qui es habitué à de la vraie musique; viens avec moi, je t'en ferai entendre,

— De la musique?

— Oui, celle de l'or, sans compter que là où je vais tous les plaisirs sont réunis, des femmes charmantes, des soupers délicieux, un jeu féroce!

— Merci, mon ami, impossible! j'ai promis, mieux que cela, j'ai juré.

— A qui?

— A Antonia.

— Tu l'as donc vue?

— Je l'aime, mon ami, je l'adore.

— Ah! je comprends, c'est cela qui t'a retardé, et tu lui as juré...?

— Je lui ai juré de ne pas jouer, et...

Hoffmann hésita.

— Et puis quoi encore?

— Et de lui rester fidèle, balbutia-t-il.

— Alors il ne faut pas venir au 113.

— Qu'est-ce que le 113?

— C'est la maison dont je parlais tout à l'heure; — moi, comme je n'ai rien juré, j'y vais. — Adieu, Théodore.

— Adieu, Zacharias.

Et Werner s'éloigna, tandis qu'Hoffmann demeurait cloué à sa place.

Quand Werner fut à cent pas, Hoffmann se rappela qu'il avait oublié de demander à Zacharias son adresse, et que la seule adresse que Zacharias lui eût donnée, c'était celle de la maison de jeu.

Mais cette adresse était écrite dans le cerveau d'Hoffmann, comme sur la porte de la maison fatale, — en chiffres de feu!

Cependant ce qui venait de se passer avait un peu calmé les remords d'Hoffmann. La nature humaine est ainsi faite, toujours indulgente pour soi, attendu que son indulgence c'est de l'égoïsme.

Il venait de sacrifier le jeu à Antonia, et il se croyait quitte de son serment : oubliant que c'était parce qu'il était tout prêt à manquer à la moitié la plus importante de ce serment, qu'il était là, cloué au coin du boulevard et de la rue Saint-Martin.

Mais, je l'ai dit, sa résistance à l'endroit de Werner lui avait donné de l'indulgence à l'endroit d'Arsène. Il résolut donc de prendre un terme moyen, et, au lieu de rentrer dans la salle de l'Opéra, action à laquelle le poussait de toutes ses forces son démon tentateur, d'attendre à la porte des acteurs pour la voir sortir.

Cette porte des acteurs, Hoffmann connaissait trop la topographie des théâtres pour ne pas la trouver bientôt. Il vit, rue de Bondy, un long couloir éclairé à peine, sale et humide, dans lequel passaient, comme des ombres, des hommes aux vêtements sordides, et il comprit que c'était par cette porte qu'entraient et sortaient les pauvres mortels que le rouge, le blanc, le bleu, la gaze, la soie et les paillettes transformaient en dieux et en déesses.

Le temps s'écoulait, la neige tombait, mais Hoffmann était si agité par cette étrange apparition, qui avait quelque chose de surnaturel, qu'il n'éprouvait pas cette sensation de froid qui semblait poursuivre les passants. Vainement condensait-il en vapeurs presque palpables le souffle qui sortait de sa bouche, ses mains n'en restaient pas moins brûlantes et son front humide. Il y a plus, arrêté contre la muraille, il y était resté immobile, les yeux fixés sur le corridor; de sorte que la neige, qui allait toujours tombant en flocons plus épais, couvrait lentement le jeune homme comme d'un linceul, et du jeune étudiant, coiffé de sa casquette et vêtu de la redingote allemande, faisait peu à peu une statue de marbre. Enfin commencèrent à sortir, par ce vomitoire, les premiers libérés par le spectacle, c'est-à-dire la garde de la soirée, puis les machinistes, puis tout ce monde sans nom qui vit du théâtre, puis les artistes mâles, moins longs à s'habiller que les femmes, puis enfin les femmes, puis enfin la belle danseuse, qu'Hoffmann reconnut non-seulement à son charmant visage, mais à ce souple mouvement de hanches qui n'appartenait qu'à elle, mais encore à ce petit collier de velours qui serrait son col, et sur lequel étincelait l'étrange bijou que la Terreur venait de mettre à la mode.

A peine Arsène apparut-elle sur le seuil de la porte, qu'avant même qu'Hoffmann eût eu le temps de faire un mouvement, une voiture s'avança rapidement, la portière s'ouvrit, la jeune fille s'y élança aussi légère que si elle bondissait encore sur le théâtre. Une ombre apparut à travers les vitres, qu'Hoffmann crut reconnaître pour celle de l'homme de l'avant-scène, laquelle ombre reçut la belle nymphe dans ses bras; puis, sans qu'aucune voix eût eu besoin de désigner un but au cocher, la voiture s'éloigna au galop.

Tout ce que nous venons de raconter en quinze ou vingt lignes s'était passé aussi rapidement que l'éclair.

Hoffmann jeta une espèce de cri en voyant fuir la voiture, se détacha de la muraille, pareil à une statue qui s'élance de sa niche, et, secouant par le mouvement la neige dont il était couvert, se mit à la poursuite de la voiture.

Mais elle était emportée par deux trop puissants chevaux, pour que le jeune homme, si rapide que fût sa course irréfléchie, pût les rejoindre.

Tant qu'elle suivit le boulevard, tout alla bien; tant qu'elle suivit même la rue de Bourbon-Villeneuve, qui venait d'être débaptisée pour prendre le nom de rue *Neuve-Égalité*, tout alla bien encore; mais, arrivée à la place des Victoires, devenue la place de la *Victoire Nationale*, elle prit à droite, et disparut aux yeux d'Hoffmann.

N'étant plus soutenue ni par le bruit ni par la vue, la course du jeune homme faiblit; un instant il s'arrêta au coin de la rue Neuve-Eustache, s'appuya à la muraille pour reprendre haleine, puis, ne voyant plus rien, n'entendant plus rien, il s'orienta, jugeant qu'il était temps de rentrer chez lui.

Ce ne fut pas chose facile pour Hoffmann que de se tirer de ce dédale de rues, qui forment un réseau presque inextricable de la pointe Saint-Eustache au quai de la Ferraille. Enfin, grâce aux nombreuses patrouilles qui circulaient dans les rues, grâce à son passe-port bien en règle, grâce à la preuve qu'il n'était arrivé que la veille, — preuve que le visa de la barrière lui donnait la facilité de fournir, il obtint de la milice citoyenne des renseignements si précis, qu'il parvint à regagner son hôtel et à retrouver sa petite chambre, où il s'enferma seul en apparence, mais, en réalité, avec le souvenir ardent de ce qui s'était passé.

A partir de ce moment, Hoffmann fut éminemment en proie à deux visions : dont l'une s'effaçait peu à peu, dont l'autre prenait peu à peu plus de consistance.

La vision qui s'effaçait, c'était la figure pâle et échevelée de la du Barry, traînée de la Conciergerie à la charrette et de la charrette à l'échafaud.

La vision qui prenait de la réalité, c'était la figure animée et souriante de la belle danseuse, bondissant du fond du théâtre à la rampe, et tourbillonnant de la rampe à l'une et à l'autre avant-scène.

Hoffmann fit tous ses efforts pour se débarrasser de cette vision. Il tira ses pinceaux de sa malle et peignit; il tira son violon de sa boîte et joua du violon ; il demanda une plume et de l'encre et fit des vers. Mais ces vers qu'il composait, c'était des vers à la louange d'Arsène ; cet air qu'il jouait, c'était l'air sur lequel elle lui était apparue, et dont les notes bondissantes la soulevaient, comme si elles eussent eu des ailes ; enfin, les esquisses qu'il faisait, c'était son portrait avec ce même collier de velours, étrange ornement fixé au cou d'Arsène par une si étrange agrafe.

Pendant toute la nuit, pendant toute la journée du lendemain, pendant toute la nuit et toute la journée du surlendemain, Hoffmann ne vit qu'une chose ou plutôt que deux choses : c'était, d'un côté, la fantastique danseuse ; et de l'autre côté, le non moins fantastique docteur. Il y avait entre ces deux êtres une telle corrélation, qu'Hoffmann ne comprenait pas l'un sans l'autre. Aussi n'était-ce pas pendant cette hallucination qui lui offrait Arsène toujours bondissant sur le théâtre, l'orchestre qui bruissait à ses oreilles ; non, c'était le petit chantonnement du docteur, c'était le petit tambourinement de ses doigts sur la tabatière d'ébène ; puis, de temps en temps, un éclair passait devant ses yeux, l'aveuglant d'étincelles jaillissantes ; c'était le double rayon qui s'élançait de la tabatière du docteur et du collier de la danseuse ; c'était l'attraction sympathique de cette guillotine de diamants avec cette tête de mort en diamants ; c'était enfin la fixité des yeux du médecin qui semblaient à sa volonté attirer et repousser la charmante danseuse, comme l'œil du serpent attire et repousse l'oiseau qu'il fascine.

Vingt fois, cent fois, mille fois, l'idée s'était présentée à Hoffmann de retourner à l'Opéra ; mais, tant que l'heure n'était pas venue, Hoffmann s'était bien promis de ne pas céder à la tentation ; d'ailleurs, cette tentation, il l'avait combattue de toutes manières, en ayant recours à son médaillon d'abord, puis ensuite en essayant d'écrire à Antonia ; mais le portrait d'Antonia semblait avoir pris un visage si triste, qu'Hoffmann refermait le médaillon presque aussitôt qu'il l'avait ouvert ; mais les premières lignes de chaque lettre qu'il commençait étaient si embarrassées, qu'il avait déchiré dix lettres avant d'être au tiers de la première page.

Enfin ce fameux surlendemain s'écoula ; enfin l'ouverture du théâtre s'approcha ; enfin sept heures sonnèrent, et, à ce dernier appel, Hoffmann, enlevé comme malgré lui, descendit tout courant son escalier, et s'élança dans la direction de la rue Saint-Martin.

Cette fois, en moins d'un quart d'heure, cette fois sans avoir besoin de demander son chemin à personne, cette fois, comme si un guide invisible lui eût montré sa route, en moins de dix minutes il arriva à la porte de l'Opéra.

Mais, chose singulière, cette porte, comme deux jours auparavant, n'était pas encombrée de spectateurs, soit qu'un incident inconnu d'Hoffmann eût rendu le spectacle moins attrayant, soit que les spectateurs fussent déjà dans l'intérieur du théâtre.

Hoffmann jeta son écu de six livres à la buraliste, reçut son carton et s'élança dans la salle.

Mais l'aspect de la salle était bien changé. D'abord elle n'était qu'à moitié pleine ; puis, à la place de ces femmes charmantes, de ces hommes élégants qu'il avait cru revoir, il ne vit que des femmes en casaquin et des hommes en carmagnole ; pas de bijoux, pas de fleurs, pas de seins nus s'enflant et se désenflant sous cette atmosphère voluptueuse des théâtres aristocratiques ; des bonnets ronds et des bonnets rouges, le tout orné d'énormes cocardes nationales ; des couleurs sombres dans les vêtements, un nuage triste sur les figures ; puis, des deux côtés de la salle, deux bustes hideux, deux têtes grimaçantes, l'une le Rire, l'autre la Douleur, — les bustes de Voltaire et de Marat enfin.

Enfin, à l'avant-scène, un trou à peine éclairé, une ouverture sombre et vide. — La caverne toujours, mais plus de lion.

Il y avait à l'orchestre deux places vacantes à côté l'une de l'autre. Hoffmann gagna l'une de ces deux places, c'était celle qu'il avait occupée.

L'autre était celle qu'avait occupée le docteur, mais, comme nous l'avons dit, cette place était vacante.

Le premier acte fut joué sans qu'Hoffmann fît attention à l'orchestre ou s'occupât des acteurs.

Cet orchestre, il le connaissait et l'avait apprécié à une première audition.

Ces acteurs lui importaient peu, il n'était pas venu pour les voir, il était venu pour voir Arsène.

La toile se leva sur le second acte, et le ballet commença.

Toute l'intelligence, toute l'âme, tout le cœur du jeune homme étaient suspendus.

Il attendait l'entrée d'Arsène.

Tout à coup Hoffmann jeta un cri.

Ce n'était plus Arsène qui remplissait le rôle de Flore.

La femme qui apparaissait était une femme

étrangère, une femme comme toutes les femmes.

Toutes les fibres de ce corps haletant se détendirent ; Hoffmann s'affaissa sur lui-même en poussant un long soupir et regarda autour de lui.

Le petit homme noir était à sa place ; seulement il n'avait plus ses boucles en diamants, ses bagues en diamants, sa tabatière à tête de mort en diamants.

Ses boucles étaient en cuivre, ses bagues en argent doré, sa tabatière en argent mat.

Il ne chantonnait plus, il ne battait plus la mesure.

Comment était-il venu là ? Hoffmann n'en savait rien : il ne l'avait ni vu venir, ni senti passer.

— Oh ! monsieur ! s'écria Hoffmann.

— Dites citoyen, mon jeune ami, et même tutoyez-moi... si c'est possible, répondit le petit homme noir, ou vous me ferez couper la tête et à vous aussi.

— Mais où est-elle donc ? demanda Hoffmann.

— Ah ! voilà... Où est-elle ? il paraît que son tigre, qui ne la quitte pas des yeux, s'est aperçu qu'avant-hier elle a correspondu par signes avec un jeune homme de l'orchestre. Il paraît que ce jeune homme a couru après la voiture ; de sorte que depuis hier il a rompu l'engagement d'Arsène, et qu'Arsène n'est plus au théâtre.

— Et comment le directeur a-t-il souffert ?...

— Mon jeune ami, le directeur tient à conserver sa tête sur ses épaules, quoique ce soit une assez vilaine tête ; mais il prétend qu'il a l'habitude de celle-là et qu'une autre plus belle ne reprendrait peut-être pas de bouture.

— Ah ! mon Dieu ! voilà donc pourquoi cette salle est si triste ! s'écria Hoffmann. Voilà pourquoi il n'y a plus de fleurs, plus de diamants, plus de bijoux ! Voilà pourquoi vous n'avez plus vos boucles en diamants, vos bagues en diamants, votre tabatière en diamants ! Voilà pourquoi il y a, enfin, aux deux côtés de la scène, au lieu des bustes d'Apollon et de Terpsychore, ces deux affreux bustes ! Pouah !

— Ah ça, mais ! que me dites-vous donc là ?

demanda le docteur, et où avez-vous vu une salle telle que vous dites ? Où m'avez-vu des bagues en diamants, des tabatières en diamants ? où avez-vous vu enfin les bustes d'Apollon et de Terpsychore ? Mais il y a deux ans que les fleurs ne fleurissent plus, que les diamants sont tournés en assignats, et que les bijoux sont fondus sur l'autel de la patrie. Quant à moi, Dieu merci ! je n'ai jamais eu d'autres boucles que ces boucles de cuivre, d'autres bagues que cette méchante bague de vermeil, et d'autre tabatière que cette pauvre tabatière d'argent ; pour les bustes d'Apollon et de Terpsychore, ils y ont été autrefois, mais les amis de l'humanité sont venus casser le buste d'Apollon et l'ont remplacé par celui de l'apôtre Voltaire ; mais les amis du peuple sont venus briser le buste de Terpsychore et l'ont remplacé par celui du dieu Marat.

— Oh ! s'écria Hoffmann, c'est impossible. Je vous dis qu'avant-hier j'ai vu une salle parfumée de fleurs, resplendissante de riches costumes, ruisselante de diamants, et des hommes élégants à la place de ces harengères en casaquin et de ces goujats en carmagnole. Je vous dis que vous aviez des boucles de diamants à vos souliers, des bagues en diamants à vos doigts, une tête de mort en diamants sur votre tabatière ; je vous dis...

— Et moi, jeune homme, à mon tour je vous dis, reprit le petit homme noir, je vous dis qu'avant-hier elle était là, je vous dis que sa présence illuminait tout, je vous dis que son souffle faisait naître les roses, faisait reluire les bijoux, faisait étinceler les diamants de votre imagination ; je vous dis que vous l'aimez, jeune homme, et que vous avez vu la salle à travers le prisme de votre amour. Arsène n'est plus là, votre cœur est mort, vos yeux sont désenchantés, et vous voyez du molleton, de l'indienne, du gros drap, des bonnets rouges, des mains sales et des cheveux crasseux. Vous voyez enfin le monde tel qu'il est, les choses telles qu'elles sont.

— Oh ! mon Dieu ! s'écria Hoffmann, en laissant tomber sa tête dans ses mains, tout cela est-il vrai, et suis-je donc si près de devenir fou ?

Le Palais-de-Justice.

XV

L'ESTAMINET.

offmann ne sortit de cette léthargie qu'en sentant une main se poser sur son épaule.

Il leva la tête. Tout était noir et éteint autour de lui : le théâtre, sans lumière, lui apparaissait comme le cadavre du théâtre qu'il avait vu vivant. Le soldat de garde s'y promenait seul et silencieux comme le gardien de la mort; plus de lustres, plus d'orchestre, plus de rayons, plus de bruit.

Une voix seulement qui marmottait à son oreille :

— Mais, citoyen, mais, citoyen, que faites-vous donc? vous êtes à l'Opéra, citoyen; on dort ici, c'est vrai, mais on n'y couche pas.

Paris. — Imp. Simon Raçon & Cⁱᵉ, rue d'Erfurth, 1.

Hoffmann regarda enfin du côté d'où venait la voix, et il vit une petite vieille qui le tirait par le collet de sa redingote.

C'était l'ouvreuse de l'orchestre qui, ne connaissant pas les intentions de ce spectateur obstiné, ne voulait pas se retirer sans l'avoir vu sortir devant elle.

Au reste, une fois tiré de son sommeil, Hoffmann ne fit aucune résistance; il poussa un soupir et se leva en murmurant le mot :

— Arsène!

— Ah oui! Arsène, dit la petite vieille. Arsène! vous aussi, jeune homme, vous en êtes amoureux comme tout le monde. C'est une grande perte pour l'Opéra et surtout pour nous autres ouvreuses.

— Pour vous autres ouvreuses, demanda Hoffmann, heureux de se rattacher à quelqu'un qui lui parlât de la danseuse, et comment donc est-ce une perte pour vous qu'Arsène soit ou ne soit plus au théâtre?

Ah dame! c'est bien facile à comprendre cela : d'abord, toutes les fois qu'elle dansait elle faisait salle comble; alors c'était un commerce de tabourets, de chaises et de petits bancs; à l'Opéra, tout se paye; on payait les petits bancs, les chaises et les tabourets de supplément, c'était nos petits profits. Je dis petits profits, ajouta la vieille d'un air malin, parce qu'à côté de ceux-là, citoyen, vous comprenez, il y avait les grands.

— Les grands profits?

— Oui.

Et la vieille cligna de l'œil.

— Et quels étaient les grands profits? voyons, ma bonne femme.

— Les grands profits venaient de ceux qui demandaient des renseignements sur elle, qui voulaient savoir son adresse, qui lui faisaient passer des billets. Il y avait prix pour tout, vous comprenez : tant pour les renseignements, tant pour l'adresse, tant pour le poulet; on faisait son petit commerce, enfin, et l'on vivait honnêtement.

Et la vieille poussa un soupir qui, sans désavantage, pouvait être comparé au soupir poussé par Hoffmann au commencement du dialogue que nous venons de rapporter.

— Ah! ah! fit Hoffmann, vous vous chargiez de donner des renseignements, d'indiquer l'adresse, de remettre les billets; vous en chargez-vous toujours?

— Hélas! monsieur, les renseignements que je vous donnerais vous seraient inutiles maintenant ; personne ne sait plus l'adresse d'Arsène, et le billet que vous me donneriez pour elle serait perdu. Si vous voulez pour une autre? madame Vestris, mademoiselle Bigottini, mademoiselle...

— Merci, ma bonne femme, merci ; je ne désirais rien savoir que sur mademoiselle Arsène.

Puis, tirant un petit écu de sa poche :

— Tenez, dit Hoffmann, voilà pour la peine que vous avez prise de m'éveiller.

Et, prenant congé de la vieille, il reprit d'un pas lent le boulevard, avec l'intention de suivre le même chemin qu'il avait suivi la surveille, l'instinct qui l'avait guidé pour venir n'existant plus.

Seulement, ses impressions étaient bien différentes, et sa marche se ressentait de la différence de ces impressions. L'autre soir sa marche était celle de l'homme qui a vu passer l'Espérance et qui court après elle, sans réfléchir que Dieu lui a donné ses longues ailes d'azur, pour que les hommes ne l'atteignent jamais. Il avait la bouche ouverte et haletante, le front haut, les bras étendus; cette fois, au contraire, il marchait lentement, comme l'homme qui, après l'avoir poursuivie inutilement, vient de la perdre de vue; sa bouche était serrée, son front abattu, ses bras tombants. L'autre fois il avait mis cinq minutes à peine pour aller de la porte Saint-Martin à la rue Montmartre ; cette fois il mit plus d'une heure, et plus d'une heure encore pour aller de la rue Montmartre à son hôtel; car, dans l'espèce d'abattement où il était tombé, peu lui importait de rentrer tôt ou tard, peu lui importait même de ne pas rentrer du tout.

On dit qu'il y a un Dieu pour les ivrognes et les amoureux; ce Dieu-là, sans doute, veillait sur Hoffmann. Il lui fit éviter les patrouilles ; il lui fit trouver les quais, puis les ponts, puis son hôtel, où il rentra, au grand scandale de son hôtesse, à une heure et demie du matin.

Cependant, au milieu de tout cela, une petite lueur dorée dansait au fond de l'imagination d'Hoffmann, comme un feu follet dans la nuit. Le médecin lui avait dit, si toutefois ce médecin existait, si ce n'était pas un jeu de son imagination, une hallucination de son esprit; le médecin lui avait dit qu'Arsène avait été enlevée au théâtre par son amant, attendu que cet amant avait été jaloux d'un jeune homme placé à l'orchestre, avec lequel Arsène avait échangé de trop tendres regards.

Ce médecin avait ajouté, en outre, que ce qui avait porté la jalousie du tyran à son comble, c'est que ce même jeune homme avait été vu embusqué en face de la porte de sortie des artistes; c'est que ce même jeune homme avait couru en désespéré derrière la voiture; or ce jeune homme qui avait échangé de l'orchestre des regards passionnés avec Arsène, c'était lui, Hoffmann; or, ce jeune homme qui s'était embusqué à la porte de sortie des artistes, c'était encore lui, Hoffmann; enfin, ce jeune homme qui avait couru désespérément derrière la voiture, c'était toujours lui, Hoffmann. Donc Arsène l'avait remarqué, puisqu'elle payait la peine de sa distraction; donc Arsène souffrait pour lui; il était entré dans la vie de la belle danseuse par la porte de la douleur, mais il y était entré, c'était le principal; à lui de s'y maintenir. Mais comment? par quel moyen? par quelle voie correspondre avec Arsène, lui donner de ses nouvelles, lui dire qu'il l'aimait? C'eût été déjà une grande tâche pour un Parisien pur sang, que de retrouver cette belle Arsène perdue dans cette immense ville. C'était une tâche impossible pour Hoffmann, arrivé depuis trois jours et ayant grande peine à se retrouver lui-même.

Hoffmann ne se donna donc même pas la peine de chercher, il comprenait que le hasard seul pouvait venir à son aide. Tous les deux jours, il regardait l'affiche de l'Opéra, et, tous les deux jours, il avait la douleur de voir que Paris rendait son jugement en l'absence de celle qui méritait la pomme bien autrement que Vénus.

Dès lors il ne songea plus à aller à l'Opéra.

Un instant il eut bien l'idée d'aller soit à la Convention, soit aux Cordeliers, de s'attacher aux pas de Danton, et, en l'épiant jour et nuit, de deviner où il avait caché la belle danseuse. Il alla même à la Convention, il alla même aux Cordeliers; mais Danton n'y était pas : depuis sept ou huit jours Danton n'y venait plus; las de la lutte qu'il soutenait depuis deux ans, vaincu par l'ennui bien plus que par la supériorité, Danton paraissait s'être retiré de l'arène politique.

Danton, disait-on, était à sa maison de campagne. Où était cette maison de campagne? on n'en savait rien : les uns disaient à Rueil, les autres à Auteuil.

Danton était aussi introuvable qu'Arsène.

On eût cru peut-être que cette absence d'Arsène eût dû ramener Hoffmann à Antonia; mais, chose étrange! il n'en était rien. Hoffmann avait beau faire tous ses efforts pour ramener son esprit à la pauvre fille du chef d'orchestre de Manheim. Un instant, par la puissance de sa volonté, tous ses souvenirs se concentraient sur le cabinet de maître Gottlieb Murr; mais, au bout d'un moment, partitions entassées sur les tables et sur les pianos, maître Gottlieb trépignant devant son pupitre, Antonia couchée sur son canapé, tout cela disparaissait pour faire place à un grand cadre éclairé, dans lequel se mouvaient d'abord des ombres; puis ces ombres prenaient des corps, puis ces corps affectaient des formes mythologiques, puis enfin toutes ces formes mythologiques, tous ces héros, toutes ces nymphes, tous ces dieux, tous ces demi-dieux, disparaissaient pour faire place à une seule déesse, à la déesse des jardins, à la belle Flore, c'est-à-dire à la divine Arsène, à la femme au collier de velours et à l'agrafe de diamants; alors Hoffmann tombait, non plus dans une rêverie, mais dans une extase dont il ne venait à sortir qu'en se rejetant dans la vie réelle, qu'en coudoyant les passants dans la rue, qu'en se roulant enfin dans la foule et dans le bruit.

Lorsque cette hallucination, à laquelle Hoffmann était en proie, devenait trop forte, il sortait donc, se laissait aller à la pente du quai, prenait le Pont-Neuf, et ne s'arrêtait presque jamais qu'au coin de la rue de la Monnaie. Là, Hoffmann avait trouvé un estaminet, rendez-vous des plus rudes fumeurs de la capitale. Là, Hoffmann pouvait se croire dans quelque taverne anglaise, dans quelque musico hollandais ou dans quelque table d'hôte allemande, tant la fumée de la pipe y faisait une atmosphère impossible à respirer pour tout autre que pour un fumeur de première classe.

Une fois entré dans l'estaminet de la Fraternité, Hoffmann gagnait une petite table sise à l'angle le plus enfoncé, demandait une bouteille de bière de la brasserie de M. Santerre, qui venait de se démettre, en faveur de M. Henriot, de son grade de général de la garde nationale de Paris, chargeait jusqu'à la gueule cette immense pipe que nous connaissons déjà, et s'enveloppait en quelques instants d'un nuage de fumée aussi épais que celui dont la belle Vénus enveloppait son fils Énée, chaque fois que la tendre mère jugeait urgent d'arracher son fils bien-aimé à la colère de ses ennemis.

Huit ou dix jours s'étaient écoulés depuis l'aventure d'Hoffmann à l'Opéra, et, par conséquent depuis la disparition de la belle danseuse;

était une heure de l'après-midi; Hoffmann, depuis une demi-heure à peu près, se trouvait dans son estaminet, s'occupant, de toute la force de ses poumons, à établir autour de lui cette enceinte de fumée qui le séparait de ses voisins, quand il lui sembla, dans la vapeur, distinguer comme une forme humaine, puis, dominant tous les bruits, entendre le double bruit du chantonnement et du tambourinement habituel au petit homme noir; de plus, au milieu de cette vapeur, il lui semblait qu'un point lumineux dégageait des étincelles; il rouvrit ses yeux à demi fermés par une douce somnolence, écarta ses paupières avec peine, et en face de lui, assis sur un tabouret, il reconnut son voisin de l'Opéra, et cela d'autant mieux que le fantastique docteur avait, ou plutôt semblait avoir, ses boucles en diamants à ses doigts et sa tête de mort sur sa tabatière.

— Bon, dit Hoffmann, voilà que je redeviens fou.

Et il ferma rapidement les yeux.

Mais, les yeux une fois fermés, plus ils le furent hermétiquement, plus Hoffmann entendit, et le petit accompagnement de chant, et le petit tambourinement des doigts. Le tout de la façon la plus distincte, si distincte qu'Hoffmann comprit qu'il y avait un fond de réalité dans tout cela, et que la différence était du plus au moins. Voilà tout.

Il rouvrit donc un œil puis l'autre; le petit homme noir était toujours à sa place.

— Bonjour, jeune homme, dit-il à Hoffmann; vous dormez, je crois; prenez une prise, cela vous réveillera.

Et, ouvrant sa tabatière, il offrit du tabac au jeune homme.

Celui-ci, machinalement, étendit la main, prit une prise et l'aspira.

A l'instant même il lui sembla que les parois de son esprit s'éclairèrent.

— Ah! s'écria Hoffmann! c'est vous, cher docteur? que je suis aise de vous revoir!

— Si vous êtes si aise de me revoir, demanda le docteur, pourquoi ne m'avez-vous pas cherché?

— Est-ce que je savais votre adresse?

— Oh! la belle affaire! au premier cimetière venu on vous l'eût donnée.

— Est-ce que je savais votre nom?

— Le docteur à la tête de mort, tout le monde me connaît sous ce nom-là. Puis il y avait un endroit où vous étiez toujours sûr de me trouver.

— Où cela?

— A l'Opéra. Je suis médecin de l'Opéra. Vous le savez bien, puisque vous m'y avez vu deux fois.

— Oh! l'Opéra, dit Hoffmann en secouant la tête et en poussant un soupir.

— Oui, vous n'y retournez plus?

— Je n'y retourne plus, non.

— Depuis que ce n'est plus Arsène qui remplit le rôle de Flore?

— Vous l'avez dit, et tant que ce ne sera pas elle, je n'y retournerai pas.

— Vous l'aimez, jeune homme, vous l'aimez.

— Je ne sais pas si la maladie que j'éprouve s'appelle de l'amour, mais je sais que si je ne la revois pas, ou je mourrai de son absence, ou je deviendrai fou.

— Peste! il ne faut pas devenir fou! peste! il ne faut pas mourir! A la folie il y a peu de remèdes, à la mort il n'y en a pas du tout.

— Que faut-il faire alors?

— Dame! il faut la revoir.

— Comment cela, la revoir?

— Sans doute!

— Avez-vous un moyen?

— Peut-être.

— Lequel?

— Attendez.

Et le docteur se mit à rêver en clignotant des yeux et en tambourinant sur sa tabatière.

Puis, après un instant, rouvrant les yeux et laissant ses doigts suspendus sur l'ébène :

— Vous êtes peintre, m'avez-vous dit?

— Oui, peintre, musicien, poëte.

— Nous n'avons besoin que de la peinture pour le moment.

— Eh bien?

— Eh bien! Arsène m'a chargé de lui chercher un peintre.

— Pourquoi faire?

— Pourquoi cherche-t-on un peintre, pardieu! pour lui faire son portrait.

— Le portrait d'Arsène! s'écria Hoffmann en se levant, oh! me voilà! me voilà!

— Chut! pensez donc que je suis un homme grave.

— Vous êtes mon sauveur! s'écria Hoffmann en jetant ses bras autour du cou du petit homme noir.

— Jeunesse, jeunesse, murmura celui-ci en accompagnant ces deux mots du même rire dont eût ricané sa tête de mort si elle eût été de grandeur naturelle.

Le petit homme noir. — PAGE 68.

— Allons! allons! répétait Hoffmann.
— Mais il vous faut une boîte à couleurs, des pinceaux, une toile.

— J'ai tout cela, chez moi, allons!
— Allons! dit le docteur.
Et tous deux sortirent de l'estaminet.

XVI

LE PORTRAIT.

En sortant de l'estaminet, Hoffmann fit un mouvement pour appeler un fiacre; mais le docteur frappa ses mains sèches l'une contre l'autre, et à ce bruit, pareil à celui qu'eussent fait deux mains de squelette, une voiture tendue de noir, attelée de deux chevaux noirs, et conduite par un cocher tout vêtu de noir, accourut : où stationnait-elle? d'où était-elle sortie? C'eût été aussi difficile à Hoffmann de le dire qu'il eût été difficile à Cendrillon de dire d'où venait le char dans lequel elle se rendait au bal du prince Mirliflore.

Un petit groom, non-seulement noir d'habits, mais de peau, ouvrit la portière. Hoffmann et le docteur y montèrent, s'assirent l'un à côté de l'autre, et tout aussitôt la voiture se mit à rouler sans bruit vers l'hôtellerie d'Hoffmann.

Arrivé à la porte, Hoffmann hésita pour savoir s'il monterait chez lui; il lui semblait qu'aussitôt qu'il allait avoir le dos tourné, la voiture, les chevaux, le docteur et ses deux domestiques allaient disparaître comme ils étaient apparus. Mais à quoi bon docteur, chevaux, voiture et domestiques se fussent-ils dérangés pour conduire Hoffmann de l'estaminet de la rue de la Monnaie au quai aux Fleurs? Ce dérangement n'avait pas de but.

Hoffmann, rassuré par le simple sentiment de la logique, descendit donc de la voiture, entra dans l'hôtellerie, monta vivement l'escalier, se précipita dans sa chambre, y prit palette, pinceaux, boîte à couleurs, choisit la plus grande de ses toiles, et redescendit du même pas qu'il était monté.

La voiture était toujours à la porte.

Pinceaux, palette et boîte à couleurs furent mis dans l'intérieur du carrosse : le groom fut chargé de porter la toile.

Puis la voiture se mit à rouler avec la même rapidité et le même silence.

Au bout de dix minutes elle s'arrêta en face d'un charmant petit hôtel situé rue de Hanovre, 15.

Hoffmann remarqua la rue et le numéro, afin, le cas échéant, de pouvoir revenir sans l'aide du docteur.

La porte s'ouvrit : le docteur était connu sans doute, car le concierge ne lui demanda pas même où il allait; Hoffmann suivit le docteur avec ses pinceaux, sa boîte à couleurs, sa palette, sa toile, et passa par-dessus le marché.

On monta au premier, et l'on entra dans une antichambre qu'on eût pu croire le vestibule de la maison du poëte à Pompeïa.

On s'en souvient, à cette époque la mode était grecque; l'antichambre d'Arsène était peinte à fresque, ornée de candélabres et de statues de bronze.

De l'antichambre, le docteur et Hoffmann passèrent dans le salon.

Le salon était grec comme l'antichambre, tendu avec du drap de Sedan à soixante-dix francs l'aune, le tapis seul coûtait six mille livres; le docteur fit remarquer ce tapis à Hoffmann; il représentait la bataille d'Arbelles copiée sur la fameuse mosaïque de Pompeïa.

Hoffmann, ébloui de ce luxe inouï, ne comprenait pas que l'on fît de pareils tapis pour marcher dessus.

Du salon, on passa dans le boudoir; le boudoir était tendu de cachemire. Au fond, dans un encadrement, était un lit bas, faisant canapé pareil à celui sur lequel M. Guérin coucha depuis Didon écoutant les aventures d'Énéas. C'était là qu'Arsène avait donné l'ordre de faire attendre.

— Maintenant, jeune homme, dit le docteur, vous voilà introduit, c'est à vous de vous conduire d'une façon convenable. Il va sans dire que si l'amant en titre vous surprenait ici vous seriez un homme perdu.

— Oh! s'écria Hoffmann, que je la revoie, que je la revoie seulement, et...

La parole s'éteignit sur les lèvres d'Hoffmann; il resta les yeux fixés, les bras étendus, la poitrine haletante.

Une porte, cachée dans la boiserie, venait de s'ouvrir, et, derrière une glace tournante, apparaissait Arsène, véritable divinité du temple dans lequel elle daignait se faire visible à son adorateur.

C'était le costume d'Aspasie dans tout son luxe antique, avec ses perles dans les cheveux, son manteau de pourpre brodé d'or, sa longue robe blanche maintenue à la taille par une simple ceinture de perles, des bagues aux pieds et aux mains, et, au milieu de tout cela, cet étrange ornement qui semblait inséparable de sa personne, ce collier de velours, large de quatre lignes à peine, et retenu par sa lugubre agrafe de diamants.

— Ah! c'est vous, citoyen, qui vous chargez de faire mon portrait? dit Arsène.

— Oui, balbutia Hoffmann; oui, madame, et le docteur a bien voulu se charger de répondre de moi.

Hoffmann chercha autour de lui comme pour demander un appui au docteur, mais le docteur avait disparu.

— Eh bien! s'écria Hoffmann tout troublé; eh bien!

— Que cherchez-vous, que demandez-vous, citoyen?

— Mais, madame, je cherche, je demande... je demande le docteur, la personne enfin qui m'a introduit ici.

— Qu'avez-vous besoin de votre introducteur, dit Arsène, puisque vous voilà introduit?

— Mais, cependant, le docteur, le docteur? fit Hoffmann.

— Allons! dit avec impatience Arsène, n'allez-vous pas perdre le temps à le chercher? Le docteur est à ses affaires, occupons-nous des nôtres.

— Madame, je suis à vos ordres, dit Hoffmann tout tremblant.

— Voyons, vous consentez donc à faire mon portrait?

— C'est-à-dire que je suis l'homme le plus heureux du monde d'avoir été choisi pour une telle faveur; seulement je n'ai qu'une crainte.

— Bon! vous allez faire de la modestie. Eh bien! si vous ne réussissez pas, j'essayerai d'un autre. Il veut avoir un portrait de moi. J'ai vu que vous me regardiez en homme qui deviez garder ma

ressemblance dans votre mémoire, et je vous ai donné la préférence.

— Merci, merci cent fois! s'écria Hoffmann dévorant Arsène des yeux. Oh! oui, oui, j'ai gardé votre ressemblance dans ma mémoire : là, là, là.

Et il appuya sa main sur son cœur.

Tout à coup il chancela et pâlit.

— Qu'avez-vous? demanda Arsène d'un petit air tout dégagé.

— Rien, répondit Hoffmann, rien; commençons.

Et mettant sa main sur son cœur, il avait senti entre sa poitrine et sa chemise le médaillon d'Antonia.

— Commençons, poursuivit Arsène. C'est bien aisé à dire. D'abord, ce n'est point sous ce costume qu'*il* veut que je me fasse peindre.

Ce mot *il*, qui était déjà revenu deux fois, passait à travers le cœur d'Hoffmann comme eût fait une de ces aiguilles d'or qui soutenaient la coiffure de la moderne Aspasie.

— Et comment donc alors veut-*il* que vous vous fassiez peindre? demanda Hoffmann avec une amertume sensible.

— En Érigone.

— A merveille. La coiffure de pampre vous ira à merveille.

— Vous croyez? fit Arsène en minaudant. Mais je crois que la peau de panthère ne m'enlaidira pas non plus.

Et elle frappa sur un timbre.

Une femme de chambre entra.

— Eucharis, dit Arsène, apportez le thyrse, les pampres et la peau de tigre.

Puis, tirant les deux ou trois épingles qui soutenaient sa coiffure, et secouant la tête, Arsène s'enveloppa d'un flot de cheveux noirs qui tomba en cascades sur son épaule, rebondit sur ses hanches et s'épandit, épais et onduleux, jusque sur le tapis.

Hoffmann jeta un cri d'admiration.

— Hein! qu'y a-t-il? demanda Arsène.

— Il y a, s'écria Hoffmann, il y a que je n'ai jamais vu pareils cheveux.

— Aussi veut-*il* que j'en tire parti, c'est pour cela que *nous* avons choisi le costume d'Érigone, qui me permet de poser les cheveux épars.

Cette fois le *il* et le *nous* avaient frappé le cœur d'Hoffmann de deux coups au lieu d'un.

Pendant ce temps, mademoiselle Eucharis avait apporté les raisins, le thyrse et la peau de tigre.

Il prit la main d'Arsène et la couvrit de baisers. — Page 73.

— Est-ce tout ce dont nous avons besoin? demanda Arsène.

— Oui, oui, je crois, balbutia Hoffmann.

— C'est bien, laissez-nous seuls, et ne rentrez que si je vous sonne.

Mademoiselle Eucharis sortit et referma la porte derrière elle.

— Maintenant, citoyen, dit Arsène, aidez-moi un peu à poser cette coiffure; cela vous regarde. Je me fie beaucoup, pour m'embellir, à la fantaisie du peintre.

— Et vous avez raison! s'écria Hoffmann. Mon Dieu! mon Dieu! que vous allez être belle!

Et saisissant la branche de pampre, il la tordit autour de la tête d'Arsène avec cet art du peintre qui donne à chaque chose une valeur et un reflet; puis il prit, tout frissonnant d'abord, et du bout des doigts, ces longs cheveux parfumés, en fit jouer le mobile ébène, parmi les grains de topaze, parmi les feuilles d'émeraude et de rubis de la vigne d'automne; et, — comme il l'avait promis, — sous sa main, — main de poëte, de peintre et d'amant, la danseuse s'embellit de telle façon, qu'en se regardant dans la glace elle jeta un cri de joie et d'orgueil.

— Oh! vous avez raison, dit Arsène, oui, je suis belle, bien belle. — Maintenant, continuons.

— Quoi? que continuons-nous? demanda Hoffmann.

— Eh bien! mais ma toilette de bacchante?

Hoffmann commençait à comprendre.

— Mon Dieu! murmura-t-il, mon Dieu!

Arsène détacha en souriant son manteau de pourpre, qui demeura retenu par une seule épingle, à laquelle elle essaya vainement d'atteindre.

— Mais aidez-moi donc! dit-elle avec impatience, ou faut-il que je rappelle Eucharis?

— Non, non! s'écria Hoffmann. Et s'élançant vers Arsène, il enleva l'épingle rebelle : le manteau tomba aux pieds de la belle Grecque.

— Là! dit le jeune homme en respirant.

— Oh! dit Arsène, croyez-vous donc que cette peau de tigre fasse bien sur cette longue robe de mousseline? moi je ne crois pas; d'ailleurs il veut une vraie bacchante, non pas comme on les voit au théâtre, mais comme elles sont dans les tableaux des Carrache et de l'Albane.

— Mais, dans les tableaux des Carrache et de l'Albane, s'écria Hoffmann, les bacchantes sont nues.

— Eh bien! il me veut ainsi, à part la peau de tigre que vous draperez comme vous voudrez, cela vous regarde.

Et, en disant ces mots, elle avait dénoué le ruban de sa taille et ouvert l'agrafe de son col, de sorte que la robe glissait le long de son beau corps, qu'elle laissait nu, au fur et à mesure qu'elle descendait des épaules aux pieds.

— Oh! dit Hoffmann, tombant à genoux, ce n'est pas une mortelle, c'est une déesse.

Arsène poussa du pied le manteau et la robe.

Puis, prenant la peau de tigre :

— Voyons, dit-elle, que faisons-nous de cela? Mais aidez-moi donc, citoyen peintre, je n'ai pas l'habitude de m'habiller seule.

La naïve danseuse appelait cela s'habiller.

Hoffmann approcha chancelant, ivre, ébloui, prit la peau de tigre, agrafa ses ongles d'or sur l'épaule de la bacchante, la fit asseoir ou plutôt coucher sur le lit de cachemire rouge, où elle eût semblé une statue de marbre de Paros si sa respiration n'eût soulevé son sein, si le sourire n'eût entr'ouvert ses lèvres.

— Suis-je bien ainsi? demanda-t-elle en ar-

rondissant son bras au-dessous de sa tête et en prenant une grappe de raisin qu'elle parut presser sur ses lèvres.

— Oh! oui, belle, belle, belle! murmura Hoffmann.

Et l'amant, l'emportant sur le peintre, il tomba à genoux, et, d'un mouvement rapide comme la pensée, il prit la main d'Arsène et la couvrit de baisers.

Arsène retira sa main avec plus d'étonnement que de colère.

— Eh bien! que faites-vous donc? demanda-t-elle au jeune homme.

La demande avait été faite d'un ton si calme et si froid, qu'Hoffmann se renversa en arrière, en appuyant les deux mains sur son front.

— Rien, rien, balbutia-t-il; pardonnez-moi, je deviens fou.

— Oui, en effet, dit-elle.

— Voyons, s'écria Hoffmann, pourquoi m'avez-vous fait venir? dites, dites!

— Mais pour que vous fassiez mon portrait, pas pour autre chose.

— Oh! c'est bien, dit Hoffmann, oui, vous avez raison; pour faire votre portrait, pas pour autre chose.

Et, imprimant une profonde secousse à sa volonté, Hoffmann posa sa toile sur le chevalet, prit sa palette, ses pinceaux, et commença d'esquisser l'enivrant tableau qu'il avait sous les yeux.

Mais l'artiste avait trop présumé de ses forces : lorsqu'il vit le voluptueux modèle posant, non-seulement dans son ardente réalité, mais encore reproduit par les mille glaces du boudoir; quand, au lieu d'une Érigone, il se trouva au milieu de dix bacchantes; lorsqu'il vit chaque miroir répéter ce sourire enivrant, reproduire les ondulations de cette poitrine que l'ongle d'or de la panthère ne couvrait qu'à moitié; il sentit qu'on demandait de lui au delà des forces humaines, et, jetant palette et pinceaux, il s'élança vers la belle bacchante, et appuya sur son épaule un baiser, où il y avait autant de rage que d'amour.

Mais, au même instant, la porte s'ouvrit, et la nymphe Eucharis se précipita dans le boudoir en criant :

— Lui! lui! lui!

Au même instant, avant qu'il eût eu le temps de se reconnaître, Hoffmann, poussé par les deux femmes, se trouva lancé hors du boudoir, dont la porte se referma derrière lui, et cette fois, véritablement fou d'amour, de rage et de jalousie, il traversa le salon tout chancelant, glissa le long de la rampe plutôt qu'il ne descendit l'escalier, et, sans savoir comment il était arrivé là, il se trouva dans la rue, ayant laissé dans le boudoir d'Arsène ses pinceaux, sa boîte à couleurs, et sa palette, ce qui n'était rien, mais aussi son chapeau, ce qui pouvait être beaucoup.

XVII

LE TENTATEUR.

Ce qui rendait la situation d'Hoffmann plus terrible encore, en ce qu'elle ajoutait l'humiliation à la douleur, c'est qu'il n'avait pas, la chose était évidente pour lui, été appelé chez Arsène comme un homme qu'elle avait remarqué à l'orchestre de l'Opéra, mais purement et simplement comme un peintre, comme une machine à portrait, comme un miroir qui réfléchit les corps qu'on lui présente. De là cette insouciance d'Arsène à laisser tomber l'un après l'autre tous ses vêtements devant lui; de là cet étonnement quand il lui avait baisé la main; de là cette colère quand, au milieu de l'âcre baiser dont il lui avait rougi l'épaule, il lui avait dit qu'il l'aimait.

Et, en effet, n'était-ce pas folie à lui, simple étudiant allemand, venu à Paris avec trois ou quatre cents thalers, c'est-à-dire avec une somme insuffisante à payer le tapis de son antichambre, n'était-ce pas une folie à lui d'aspirer à la danseuse à la mode, à la fille entretenue par le prodigue et voluptueux Danton? Cette femme, ce n'était point le son des paroles qui la touchait, c'était le son de l'or; son amant, ce n'était pas celui qui l'aimait le plus, c'était celui qui la payait davantage. Qu'Hoffmann ait plus d'argent que Danton, et ce serait Danton que l'on mettrait à la porte lorsque Hoffmann arriverait.

En attendant, ce qu'il y avait de plus clair, c'est que celui qu'on avait mis à la porte, ce n'était pas Danton, mais Hoffmann.

Hoffmann reprit le chemin de sa petite chambre, plus humble et plus attristé qu'il ne l'avait jamais été.

Tant qu'il ne s'était pas trouvé en face d'Arsène, il avait espéré; mais ce qu'il venait de voir, cette insouciance vis-à-vis de lui comme homme, ce luxe au milieu duquel il avait trouvé la belle danseuse, et qui était non-seulement sa vie physique, mais sa vie morale, tout cela, à moins d'une s mme folle, inouïe, qui tombât entre les mains d'Hoffmann, c'est-à-dire à moins d'un miracle, rendait impossible au jeune homme, même l'espérance de la possession.

Aussi rentra-t-il accablé; le singulier sentiment qu'il éprouvait pour Arsène, sentiment tout physique, tout attractif, et dans lequel le cœur n'était pour rien, s'était traduit jusque-là par les désirs, par l'irritation, par la fièvre.

A cette heure, désirs, irritation et fièvre s'étaient changés en profond accablement.

Un seul espoir restait à Hoffmann, c'était de retrouver le docteur noir et de lui demander avis sur ce qu'il devait faire, quoiqu'il y eût dans cet homme quelque chose d'étrange, de fantastique, de surhumain, qui lui fit croire qu'aussitôt qu'il le côtoyait il sortait de la vie réelle pour entrer dans une espèce de rêve où ne le suivaient ni sa volonté, ni son libre arbitre, et où il devenait le jouet d'un monde qui existait pour lui sans exister pour les autres.

Aussi, à l'heure accoutumée, retourna-t-il le lendemain à son estaminet de la rue de la Monnaie; mais il eut beau s'envelopper d'un nuage de fumée, nul visage ressemblant à celui du docteur n'apparut au milieu de cette fumée; mais il eut beau fermer les yeux, nul, lorsqu'il les rouvrit, n'était assis sur le tabouret qu'il avait placé de l'autre côté de la table.

Huit jours s'écoulèrent ainsi.

Le huitième jour, Hoffmann, impatient, quitta l'estaminet de la rue de la Monnaie une heure plus tôt que de coutume, c'est-à-dire vers quatre heures de l'après-midi, et par Saint-Germain-l'Auxerrois et le Louvre gagna machinalement la rue Saint-Honoré.

A peine y fut-il, qu'il s'aperçut qu'un grand mouvement se faisait du côté du cimetière des Innocents, et allait s'approchant vers la place du Palais-Royal. Il se rappela ce qui lui était arrivé le lendemain du jour de son entrée à Paris et reconnut le même bruit, la même rumeur qui l'avait déjà frappé lors de l'exécution de madame du Barry. En effet, c'étaient les charrettes de la Conciergerie, qui, chargées de condamnés, se rendaient à la place de la Révolution.

On sait l'horreur qu'Hoffmann avait pour ce spectacle; aussi, comme les charrettes avançaient rapidement, s'élança-t-il dans un café placé au coin de la rue de la Loi, tournant le dos à la rue, fermant les yeux et se bouchant les oreilles, car les cris de madame du Barry retentissaient encore au fond de son cœur; puis, quand il supposa que les charrettes étaient passées, il se retourna et vit, à son grand étonnement, descendant d'une chaise où il était monté pour mieux voir, son ami Zacharias Werner.

— Werner! s'écria Hoffmann en s'élançant vers le jeune homme, Werner!

— Tiens, c'est toi, fit le poëte, où étais-tu donc?

— Là, là, mais les mains sur mes oreilles pour ne pas entendre les cris de ces malheureux, mais les yeux fermés pour ne pas les voir.

— En vérité, cher ami, tu as eu tort, dit Werner, tu es peintre! Et ce que tu eusses vu t'eût fourni le sujet d'un merveilleux tableau. Il y avait dans la troisième charrette, vois-tu, il y avait une femme, une merveille, un cou, des épaules et des cheveux, coupés par derrière, c'est vrai, mais de chaque côté tombant jusqu'à terre.

— Ecoute, dit Hoffmann, j'ai vu sous ce rapport tout ce que l'on peut voir de mieux; j'ai vu madame du Barry, et je n'ai pas besoin d'en voir d'autres. Si jamais je veux faire un tableau, crois-moi, cet original-là me suffira; d'ailleurs, je ne veux plus faire de tableaux.

— Et pourquoi cela? demanda Werner.

— J'ai pris la peinture en horreur.

— Encore quelque désappointement.

— Mon cher Werner, si je reste à Paris, je deviendrai fou.

— Tu deviendras fou partout où tu seras, mon cher Hoffmann; ainsi autant vaut à Paris qu'ailleurs: en attendant, dis-moi quelle chose te rend fou.

— Oh! mon cher Werner, je suis amoureux.

— D'Antonia, je sais cela, tu me l'as dit.

— Non; Antonia, fit Hoffmann en tressaillant, Antonia, c'est autre chose, je l'aime!

— Diable! la distinction est subtile; conte-moi cela. Citoyen officieux, de la bière et des verres!

Les deux jeunes gens bourrèrent leurs pipes, et s'assirent aux deux côtés de la table la plus enfoncée dans l'angle du café.

Là Hoffmann raconta à Werner tout ce qui lui était arrivé depuis le jour où il avait été à l'Opéra et où il avait vu danser Arsène, jusqu'au moment où il avait été poussé par les deux femmes hors du boudoir.

— Eh bien? fit Werner quand Hoffmann eut fini.

— Eh bien! répéta celui-ci, tout étonné que son ami ne fût pas aussi abattu que lui.

— Je demande, reprit Werner, ce qu'il y a de désespérant dans tout cela.

— Il y a, mon cher, que maintenant que je sais qu'on ne peut avoir cette femme qu'à prix d'argent, il y a que j'ai perdu tout espoir.

— Et pourquoi as-tu perdu tout espoir?

— Parce que je n'aurai jamais cinq cents louis à jeter à ses pieds.

— Et pourquoi ne les aurais-tu pas? je les ai

bien eus, moi, cinq cents louis, mille louis, deux mille louis.

— Et où veux-tu que je les prenne? bon Dieu! s'écria Hoffmann.

— Mais dans l'Eldorado dont je t'ai parlé, à la source du Pactole, mon cher, au jeu.

— Au jeu! fit Hoffmann en tressaillant. Mais tu sais bien que j'ai juré à Antonia de ne pas jouer.

— Bah! dit Werner en riant, tu avais bien juré de lui être fidèle!

Hoffmann poussa un long soupir, et pressa le médaillon contre son cœur.

— Au jeu, mon ami! continua Werner. Ah! voilà une banque! Ce n'est pas comme celle de Manheim ou de Hombourg, qui menace de sauter pour quelques pauvres mille livres. Un million! mon ami, un million! des meules d'or! C'est là que s'est réfugié, je crois, tout le numéraire de la France : pas de ces mauvais papiers, pas de ces pauvres assignats démonétisés, qui perdent les trois quarts de leur valeur... de beaux louis, de beaux doubles louis, de beaux quadruples! Tiens, en veux-tu voir?

Et Werner tira de sa poche une poignée de louis qu'il montra à Hoffmann, et dont les rayons rejaillirent à travers le miroir de ses yeux jusqu'au fond de son cerveau.

— Oh, non! non! jamais! s'écria Hoffmann, se rappelant à la fois la prédiction du vieil officier et la prière d'Antonia, jamais je ne jouerai!

— Tu as tort; avec le bonheur que tu as au jeu tu ferais sauter la banque.

— Et Antonia! Antonia!

— Bah! mon cher ami, qui le lui dira, à Antonia, que tu as joué, que tu as gagné un million : qui le lui dira, qu'avec vingt-cinq mille livres, tu t'es passé la fantaisie de la belle danseuse? Crois-moi, retourne à Manheim, avec neuf cent soixante-quinze mille livres, et Antonia ne te demandera ni où tu as eu tes quarante-huit mille cinq cents livres de rentes, ni ce que tu as fait des vingt-cinq mille livres manquant.

Et en disant ces mots, Werner se leva.

— Où vas-tu? lui demanda Hoffmann.

— Je vais voir une maîtresse à moi, une dame de la Comédie-Française qui m'honore de ses bontés, et que je gratifie de la moitié de mes bénéfices. Dame, je suis poëte, moi, je m'adresse à un théâtre littéraire; tu es musicien, toi, tu fais ton choix dans un théâtre chantant et dansant. Bonne chance au jeu, cher ami, tous mes compli-

ments à mademoiselle Arsène. N'oublie pas le numéro de la banque, c'est le 113. Adieu.

— Oh! murmura Hoffmann, tu me l'avais dit et je ne l'avais pas oublié.

Et il laissa s'éloigner son ami Werner, sans plus songer à lui demander son adresse qu'il ne l'avait fait la première fois qu'il l'avait rencontré.

Mais, malgré l'éloignement de Werner, Hoffmann ne resta point seul. Chaque parole de son ami s'était faite pour ainsi dire visible et palpable : elle était là brillante à ses yeux, murmurante à ses oreilles.

En effet, où Hoffmann pouvait-il aller puiser de l'or, si ce n'était à la source de l'or! La seule réussite possible à un désir impossible, n'était-elle pas trouvée? Eh! mon Dieu! Werner l'avait dit, Hoffmann n'était-il pas déjà infidèle à une partie de son serment? qu'importait donc qu'il le devînt à l'autre?

Puis, Werner l'avait dit, ce n'était pas vingt-cinq mille livres, cinquante mille livres, cent mille livres, qu'il pouvait gagner. Les horizons matériels des champs, des bois, de la mer elle-même, ont une limite : l'horizon du tapis vert n'en a pas.

Le démon du jeu est comme Satan, il a le pouvoir d'emporter le joueur sur la plus haute montagne de la terre, et de lui montrer de là tous les royaumes du monde.

Puis, quel bonheur, quelle joie, quel orgueil, quand Hoffmann rentrerait chez Arsène, dans ce même boudoir dont on l'avait chassé! de quel suprême dédain il écraserait cette femme et son terrible amant, quand, pour toute réponse à ces mots : Que venez-vous faire ici? il laisserait, nouveau Jupiter, tomber une pluie d'or sur la nouvelle Danaé?

Et tout cela ce n'était plus une hallucination de son esprit, un rêve de son imagination, tout cela, c'était la réalité, c'était le possible. Les chances étaient égales pour le gain comme pour la perte; plus grandes pour le gain; car, on le sait, Hoffmann était heureux au jeu.

Oh! ce numéro 113! ce numéro 113! avec son chiffre ardent, comme il appelait Hoffmann, comme il le guidait, phare infernal, vers cet abîme au fond duquel hurle le vertige en se roulant sur une couche d'or!

Hoffmann lutta pendant plus d'une heure contre la plus ardente de toutes les passions. Puis, au bout d'une heure, sentant qu'il lui était impossible de résister plus longtemps, il jeta une pièce de quinze sous sur la table, en faisant don à l'officieux de la différence, et tout courant, sans s'arrêter, gagna le quai aux Fleurs, monta dans sa chambre, prit les trois cents thalers qui lui restaient, et, sans se donner le temps de réfléchir, sauta dans une voiture en criant :

— Au Palais-Égalité!

XVIII

LE N° 113.

L e Palais-Royal, qu'on appelait à cette époque le Palais-Égalité, et qu'on a nommé aussi le Palais-National, car, chez nous, la première chose que font les révolutionnaires, c'est de changer les noms des rues et des places, quitte à les leur rendre aux restaurations; le Palais-Royal, disons-nous, c'est sous ce nom qu'il nous est le plus familier, n'était pas à cette époque ce qu'il est aujourd'hui; mais, comme pittoresque, comme étrangeté même, il n'y perdait rien, surtout le soir, surtout à l'heure où Hoffmann y arrivait.

Sa disposition différait peu de celle que nous voyons maintenant, à cette exception que ce qui s'appelle aujourd'hui la galerie d'Orléans, était occupée par une double galerie de charpente, galerie qui devait faire place plus tard à un promenoir de six rangs de colonnes doriques; qu'au lieu de tilleuls, il y avait des marronniers dans le jardin, et que là où est le bassin, se trouvait un cirque, vaste édifice tapissé de treillages, bordé de carreaux, et dont le comble était couronné d'arbustes et de fleurs.

N'allez pas croire que ce cirque fût ce qu'est le spectacle auquel nous avons donné ce nom. Non, les acrobates et les faiseurs de tours qui s'escrimaient dans celui du Palais-Égalité, étaient d'un autre genre que cet acrobate anglais, M. Price, qui, quelques années auparavant, avait tant émerveillé la France, et qui a enfanté les Mazurier et les Auriol.

Le Cirque était occupé dans ce temps-là par les *Amis de la vérité* qui y donnaient des représentations et que l'on pouvait voir fonctionner pourvu qu'on fût abonné au journal la *Bouche de fer*. Avec son numéro du matin, on était admis le soir dans ce lieu de délices, et l'on entendait les discours de tous les fédérés, réunis, disaient-ils, dans le louable but de protéger les gouvernants et les gouvernés, d'*impartialiser* les lois et d'aller chercher dans tous les coins du monde un ami de la vérité, de quelque pays, de quelque couleur, de quelque opinion qu'il fût, puis, la vérité découverte, on l'enseignerait aux hommes.

Comme vous le voyez, il y a toujours eu en France des gens convaincus que c'était à eux qu'il appartenait d'éclairer les masses et que le reste de l'humanité n'était qu'une peuplade absurde.

Qu'a fait le vent qui a passé, du nom, des idées et des vanités de ces gens-là ?

Cependant le Cirque faisait son bruit dans le Palais-Égalité au milieu du bruit général et mêlait sa partie criarde au grand concert qui s'éveillait chaque soir dans ce jardin.

Car, il faut le dire, en ces temps de misère, d'exil, de terreurs et de proscriptions, le Palais-Royal était devenu le centre où la vie, comprimée tout le jour dans les passions et dans les luttes, venait, la nuit, chercher le rêve et s'efforcer d'oublier cette vérité à la recherche de laquelle s'étaient mis les membres du Cercle-Social et les actionnaires du Cirque. Tandis que tous les quartiers de Paris étaient sombres et déserts, tandis que les sinistres patrouilles, faites des geôliers du jour et des bourreaux du lendemain, rôdaient, comme des bêtes fauves, cherchant une proie quelconque, tandis qu'autour du foyer, privé d'un ami ou d'un parent mort ou émigré, ceux qui étaient restés chuchotaient tristement leurs craintes ou leurs douleurs, le Palais-Royal rayonnait, lui, comme le dieu du mal, il allumait ses cent quatre-vingts arcades, il étalait ses bijoux aux vitraux des joailliers, il jetait enfin au milieu des carmagnoles populaires et à travers la misère générale ses filles perdues, ruisselantes de diamants, couvertes de blanc et de rouge, vêtues juste ce qu'il fallait pour l'être, de velours ou de soie, et promenant sous les arbres et dans les galeries leur splendide impudeur. Il y avait dans ce luxe de la prostitution une dernière ironie contre le passé, une dernière insulte faite à la monarchie.

Exhiber ces créatures avec ces costumes royaux c'était jeter la boue après le sang au visage de cette charmante cour de femmes si luxueuses, dont Marie-Antoinette avait été la reine et que l'ouragan révolutionnaire avait emportées de Trianon à la place de la guillotine, comme un homme ivre qui s'en irait traînant dans la boue la robe blanche de sa fiancée.

Le luxe était abandonné aux filles les plus viles ; la vertu devait marcher couverte de haillons.

C'était là une des vérités trouvées par le Cercle-Social.

Et cependant, ce peuple, qui venait de donner au monde une impulsion si violente, ce peuple parisien, chez lequel, malheureusement, le raisonnement ne vient qu'après l'enthousiasme, ce qui fait qu'il n'a jamais assez de sang-froid que pour se souvenir des sottises qu'il a faites, le peuple, disons-nous, pauvre, dévêtu, ne se rendait pas parfaitement compte de la philosophie de cette antithèse, et ce n'était pas avec mépris, mais avec envie, qu'il coudoyait ces reines de bouges, ces hideuses majestés du vice. Puis quand les sens animés par ce qu'il voyait, quand, l'œil en feu, il voulait porter la main sur ces corps qui appartenaient à tout le monde, on lui demandait de l'or, et, s'il n'en avait pas, on le repoussait ignominieusement. Ainsi se heurtait partout ce grand principe d'égalité proclamé par la hache, écrit avec le sang, et sur lequel avaient le droit de cracher en riant ces prostituées du Palais-Royal.

Dans des jours comme ceux-là la surexcitation morale était arrivée à un tel degré, qu'il fallait à la réalité ces étranges oppositions. Ce n'était plus sur le volcan, c'était dans le volcan même que l'on dansait, et les poumons, habitués à un air de soufre et de lave, ne se fussent plus contentés des tièdes parfums d'autrefois.

Ainsi le Palais-Royal se dressait tous les soirs, éclairant tout avec sa couronne de feu. Entremetteur de pierre, il hurlait au-dessus de la grande cité morne :

— Voici la nuit, venez ! J'ai tout en moi, la fortune et l'amour, le jeu et les femmes ! Je vends de tout, même le suicide et l'assassinat. Vous qui n'avez pas mangé depuis hier, vous qui souffrez, vous qui pleurez, venez chez moi ; vous verrez comme nous sommes riches, vous verrez comme nous rions. Avez-vous une conscience ou une fille à vendre ? venez ! vous aurez de l'or plein les yeux, des obscénités plein les oreilles ; vous marcherez à pleins pieds dans le vice, dans la corruption et dans l'oubli. Venez ici ce soir, vous serez peut-être morts demain.

C'était là la grande raison. Il fallait vivre comme on mourait, vite.

Et l'on venait.

Au milieu de tout cela, le lieu le plus fréquenté était naturellement celui où se tenait le jeu. C'était là qu'on trouvait de quoi avoir le reste.

De tous ces ardents soupiraux, c'était donc le n° 113 qui jetait le plus de lumière avec sa lanterne rouge, œil immense de ce cyclope ivre qu'on appelait le Palais-Égalité.

Si l'enfer a un numéro, ce doit être le n° 113. Oh ! tout y était prévu.

Au rez-de-chaussée, il y avait un restaurant ; au premier étage, il y avait le jeu : la poitrine du bâtiment renfermait le cœur, c'était tout naturel ; au second, il y avait. de quoi dépenser la force que le corps avait prise au rez-de-chaussée, l'argent que la poche avait gagné au-dessus.

Tout était prévu, nous le répétons, pour que l'argent ne sortît pas de la maison.

Et c'était vers cette maison que courait Hoffmann, le poétique amant d'Antonia.

Le 113 était où il est aujourd'hui, à quelques boutiques de la maison Corcelet.

A peine Hoffmann eut-il sauté à bas de sa voiture et mis le pied dans la galerie du palais, qu'il fut accosté par les divinités du lieu, grâce à son costume d'étranger qui, en ce temps comme de nos jours, inspirait plus de confiance que le costume national.

Un pays n'est jamais tant méprisé que par lui-même.

— Où est le n° 113? demanda Hoffmann à la fille qui lui avait pris le bras.

— Ah ! c'est là que tu vas, fit l'Aspasie avec dédain ! eh bien, mon petit, c'est là où est cette lanterne rouge. Mais tâche de garder deux louis et souviens-toi du 113.

Hoffmann se plongea dans l'allée indiquée comme Curtius dans le gouffre, et une minute après il était dans le salon du jeu.

Il s'y faisait le même bruit que dans une vente publique.

Il est vrai qu'on y vendait beaucoup de choses.

Les salons rayonnaient de dorures, de lustres, de fleurs et de femmes plus belles, plus somptueuses, plus décolletées que celles d'en bas.

Le bruit qui dominait tous les autres était le bruit de l'or. C'était là le battement de ce cœur immonde.

Hoffmann laissa à sa droite la salle où l'on taillait le trente-et-quarante, et passa dans le salon de la roulette.

Autour d'une grande table verte étaient rangés les joueurs, tous gens réunis pour le même but et dont pas un n'avait la même physionomie.

Il y en avait de jeunes, il y en avait de vieux, il y en avait dont les coudes s'étaient usés sur cette table. Parmi ces hommes il y en avait qui avaient perdu leur père la veille, ou le matin ou le soir même, et dont toutes les pensées étaient tendues vers la bille qui tournait. Chez le joueur, un seul sentiment continue à vivre, c'est le désir, et ce sentiment se nourrit et s'augmente au détriment de tous les autres. M. de Bassompierre, à qui l'on

venait dire, au moment où il commençait à danser avec Marie de Médicis : « Votre mère est morte, » et qui répondait : « Ma mère ne sera morte que quand j'aurai dansé, » M. de Bassompierre était un fils pieux à côté d'un joueur. Un joueur en état de jeu, à qui l'on viendrait dire pareille chose, ne répondrait même pas le mot du marquis : d'abord parce que ce serait du temps perdu, et ensuite parce qu'un joueur, s'il n'a jamais de cœur, n'a jamais non plus d'esprit, quand il joue.

Quand il ne joue pas, c'est la même chose, il pense à jouer.

Le joueur a toutes les vertus de son vice. Il est sobre, il est patient, il est infatigable. Un joueur qui pourrait tout à coup détourner au profit d'une passion honnête, d'un grand sentiment, l'énergie incroyable qu'il met au service du jeu, deviendrait instantanément un des plus grands hommes du monde. Jamais César, Annibal ou Napoléon n'ont eu, au milieu même de l'exécution de leurs plus grandes choses, une force égale à la force du joueur le plus obscur. L'ambition, l'amour, les sens, le cœur, l'esprit, l'ouïe, l'odorat, le toucher, tous les ressorts vitaux de l'homme enfin, se réunissent sur un seul mot et sur un seul but : jouer. Et n'allez pas croire que le joueur joue pour gagner ; il commence par là d'abord, mais il finit par jouer pour jouer, pour voir des cartes, pour manipuler de l'or, pour éprouver ces émotions étranges qui n'ont leur comparaison dans aucune des autres passions de la vie ; qui font que, devant le gain ou la perte, ces deux pôles de l'un à l'autre desquels le joueur va avec la rapidité du vent, dont l'un brûle comme le feu, dont l'autre gèle comme la glace, qui font, disons-nous, que son cœur bondit dans sa poitrine sous le désir ou la réalité, comme un cheval sous l'éperon, absorbe comme une éponge toutes les facultés de l'âme, les comprime, les retient, et le coup joué, les rejette brusquement autour de lui pour les ressaisir avec plus de force.

Ce qui fait la passion du jeu plus forte que toutes les autres, c'est que, ne pouvant jamais être assouvie, elle ne peut jamais être lassée. C'est une maîtresse qui se promet toujours et qui ne se donne jamais. Elle tue, mais elle ne fatigue pas.

La passion du jeu c'est l'hystérie de l'homme.

Pour le joueur tout est mort, famille, amis, patrie. Son horizon, c'est la carte et la bille. Sa patrie, c'est la chaise où il s'assied, c'est le tapis vert où il s'appuie. Qu'on le condamne au gril comme saint Laurent, et qu'on l'y laisse jouer, je parie qu'il ne sent pas le feu et qu'il ne se retourne même pas.

Le joueur est silencieux. La parole ne peut lui servir à rien. Il joue, il gagne, il perd ; ce n'est plus un homme : c'est une machine. Pourquoi parlerait-il ?

Le bruit qui se faisait dans les salons ne provenait donc pas des joueurs, mais des croupiers qui ramassaient l'or et qui criaient d'une voix nasillarde :

— Faites vos jeux.

En ce moment, Hoffmann n'était plus un observateur, la passion le dominait trop, sans quoi il eût eu là une série d'études curieuses à faire.

Il se glissa rapidement au milieu des joueurs et arriva à la lisière du tapis. Il se trouva là entre un homme debout, vêtu d'une carmagnole, et un vieillard assis et faisant des calculs avec un crayon sur du papier.

Ce vieillard, qui avait usé sa vie à chercher une martingale, usait ses derniers jours à la mettre en œuvre, et ses dernières pièces à la voir échouer. La martingale est introuvable comme l'âme.

Entre les têtes de tous ces hommes, assis et debout, apparaissaient des têtes de femmes qui s'appuyaient sur leurs épaules, qui pataugeaient dans leur or, et qui, avec une habileté sans pareille et ne jouant pas, trouvaient moyen de gagner sur le gain des uns et sur la perte des autres.

A voir ces gobelets pleins d'or et ces pyramides d'argent, on eût eu bien de la peine à croire que la misère publique était si grande, et que l'or coûtait si cher.

L'homme en carmagnole jeta un paquet de papiers sur un numéro.

— Cinquante livres, dit-il pour annoncer son jeu.

— Qu'est-ce que c'est que cela ? demanda le croupier en amenant ces papiers avec son râteau, et en les prenant avec le bout des doigts.

— Ce sont des assignats, répondit l'homme.

— Vous n'avez pas d'autre argent que celui-là ? fit le croupier.

— Non, citoyen.

— Alors vous pouvez faire place à un autre.

— Pourquoi ?

— Parce que nous ne prenons pas ça.

— C'est la monnaie du gouvernement.

— Tant mieux pour le gouvernement s'il s'en sert ! nous, nous n'en voulons pas.

— Ah ! bien ! dit l'homme en reprenant ses assignats, en voilà un drôle d'argent, on ne peut même pas le perdre.

Et il s'éloigna en tortillant ses assignats dans ses mains.

— Faites vos jeux ! cria le croupier.

Hoffmann était joueur, nous le savons ; mais, cette fois, ce n'était pas pour le jeu, c'était pour l'argent qu'il venait.

La fièvre qui le brûlait faisait bouillir son âme dans son corps comme de l'eau dans un vase.

— Cent thalers au 26 ! cria-t-il.

Le croupier examina la monnaie allemande comme il avait examiné les assignats.

— Allez changer, dit-il à Hoffmann ; nous ne prenons que l'argent français.

Hoffmann descendit comme un fou, entra chez un changeur qui se trouvait justement être un Allemand, et changea ses trois cents thalers contre de l'or, c'est-à-dire contre quarante louis environ.

La roulette avait tourné trois fois pendant ce temps.

— Quinze louis au 26 ! cria-t-il en se précipitant vers la table, et en s'en tenant, avec cette incroyable superstition des joueurs au numéro qu'il avait d'abord choisi par hasard, et parce que c'était celui sur lequel l'homme aux assignats avait voulu jouer.

— Rien ne va plus ! cria le croupier.

La bille tourna.

Le voisin d'Hoffmann ramassa deux poignées d'or et les jeta dans son chapeau qu'il tenait entre ses jambes, mais le croupier râtissa les quinze louis d'Hoffmann et bien d'autres.

C'était le numéro 16 qui avait passé.

Hoffmann sentit une sueur froide lui couvrir le front comme un filet aux mailles d'acier.

— Quinze louis au 26 ! répéta-t-il.

D'autres voix dirent d'autres numéros, et la bille tourna encore une fois.

Cette fois, tout était à la banque. La bille avait roulé dans le zéro.

— Dix louis au 26 ! murmura Hoffmann d'une voix étranglée ; puis, se reprenant, il dit :

— Non, neuf seulement ; et il ressaisit une pièce d'or pour se laisser un dernier coup à jouer, une dernière espérance à avoir.

Ce fut le 30 qui sortit.

L'or se retira du tapis, comme la marée sauvage pendant le reflux.

Hoffmann, dont le cœur haletait, et qui, à travers les battements de son cerveau, entrevoyait

— Arsène ! cria-t-il. — Page 87.

la tête railleuse d'Arsène et le visage triste d'Antonia ; Hoffmann, disons-nous, posa d'une main crispée son dernier louis sur le 26.

Le jeu fut fait en une minute.

— Rien ne va plus! cria le croupier.

Hoffmann suivit d'un œil ardent la bille qui tournait comme si c'eût été sa propre vie qui eût tourné devant lui.

Tout à coup il se rejeta en arrière, cachant sa tête dans ses deux mains.

Non-seulement il avait perdu, mais il n'avait plus un denier ni sur lui, ni chez lui.

Une femme qui était là et qu'on eût pu avoir pour vingt francs, une minute auparavant, poussa un cri de joie sauvage et ramassa une poignée d'or qu'elle venait de gagner.

Hoffmann eût donné dix ans de sa vie pour un des louis de cette femme.

Par un mouvement plus rapide que la réflexion, il tâta et fouilla ses poches, comme pour n'avoir aucun doute sur la réalité.

Les poches étaient bien vides, mais il sentit quelque chose de rond comme un écu sur sa poitrine, et le saisit brusquement.

C'était le médaillon d'Antonia qu'il avait oublié.

—Je suis sauvé! cria-t-il; et il jeta le médaillon d'or comme enjeu sur le numéro 26.

XIX

LE MÉDAILLON.

e croupier prit le médaillon d'or et l'examina :

—Monsieur, dit-il à Hoffmann, car au n° 113 on s'appelait encore monsieur; monsieur, allez vendre cela si vous voulez, et jouez-en l'argent; mais, je vous le répète, nous ne prenons que l'or ou l'argent monnayés.

Hoffmann saisit son médaillon, et, sans dire une syllabe, il quitta la salle de jeu.

Pendant le temps qu'il lui fallut pour descendre l'escalier, bien des pensées, bien des conseils, bien des pressentiments bourdonnaient autour de lui; mais il se fit sourd à toutes ces rumeurs vagues, et entra brusquement chez le changeur qui venait, un instant auparavant, de lui donner des louis pour ses thalers.

Le brave homme lisait, appuyé nonchalamment sur son large fauteuil de cuir, ses lunettes posées sur le bout de son nez, éclairé par une lampe basse aux rayons ternes, auxquels venait se joindre le fauve reflet des pièces d'or couchées dans leurs cuvettes de cuivre, et encadré dans un fin treillage de fil de fer, garni de petits rideaux de soie verte, et orné d'une petite porte à hauteur de la table, laquelle porte ne laissait passer que la main.

Jamais Hoffmann n'avait tant admiré l'or.

Il ouvrait des yeux émerveillés, comme s'il fût entré dans un rayon de soleil, et cependant il venait de voir au jeu plus d'or qu'il n'en voyait là; mais ce n'était pas le même or, philosophiquement parlant. Il y avait entre l'or bruyant, rapide, agité du 113, et l'or tranquille, grave, muet du changeur, la différence qu'il y a entre les bavards creux et sans esprit, et les penseurs pleins de méditation. On ne peut rien faire de bon avec l'or de la roulette ou des cartes, il n'appartient pas à celui qui le possède; mais celui qui le possède lui appartient. Venu d'une source corrompue, il doit aller à un but impur. Il a la vie en lui, mais la mauvaise vie, et il a hâte de s'en aller comme il est venu. Il ne conseille que le vice et ne fait le bien, quand il le fait, que malgré lui; il inspire des désirs quatre fois, vingt fois plus grands que ce qu'il vaut, et, une fois possédé, il semble qu'il diminue de valeur; bref, l'argent du jeu, selon qu'on le gagne ou qu'on l'envie, selon qu'on le perd ou qu'on le ramasse, a une valeur toujours fictive. Tantôt une poignée d'or ne représente rien, tantôt une seule pièce renferme la vie d'un homme ; tandis que l'or commercial, l'or du changeur, l'or comme celui que venait chercher Hoffmann chez son compatriote, vaut réellement le prix qu'il porte sur sa face ; il ne sort de son nid de cuivre que contre une valeur égale et même supérieure à la sienne ; il ne se prostitue pas en passant, comme une courtisane sans pudeur, sans préférence, sans amour, de la main de l'un à la main de l'autre ; il a l'estime de lui-même ; une fois sorti de chez le changeur, il peut se corrompre, il peut fréquenter la mauvaise société, ce qu'il faisait peut-être avant d'y venir, mais tant qu'il y est, il est respectable et doit être considéré. Il est l'image du besoin et non du caprice. On l'acquiert, on ne le gagne pas ; il n'est pas jeté brusquement comme de simples jetons par la main du croupier, il est méthodiquement compté pièce à pièce, lentement par le changeur, et avec tout le respect qui lui est dû. Il est silencieux et c'est là sa grande éloquence : aussi Hoffmann, dans l'imagination duquel une comparaison de ce genre ne mettait qu'une minute à passer, n'est-il à trembler que le changeur ne voulût jamais lui donner de l'or si réel contre son médaillon. Il se crut donc forcé, quoique ce fût une perte de temps, de prendre des périphrases et des circonlocutions pour en arriver à ce qu'il voulait, d'autant plus que ce n'était pas une affaire qu'il venait proposer, mais un service qu'il venait demander à ce changeur.

— Monsieur, lui dit-il, c'est moi qui, tout à l'heure, suis venu changer des thalers pour de l'or.

— Oui, monsieur, je vous reconnais, fit le changeur.

— Vous êtes Allemand, monsieur ?

— Je suis d'Heidelberg.

— C'est là que j'ai fait mes études.

— Quelle charmante ville !

— En effet.

Pendant ce temps, le sang d'Hoffmann bouillait. Il lui semblait que chaque minute qu'il donnait à cette conversation banale était une année de sa vie qu'il perdait.

Il reprit donc en souriant :

— J'ai pensé qu'à titre de compatriote vous voudriez bien me rendre un service.

— Lequel ? demanda le changeur, dont la figure se rembrunit à ce mot. Le changeur n'est pas plus prêteur que la fourmi.

— C'est de me prêter trois louis sur ce médaillon d'or.

En même temps, Hoffmann passait le médaillon au commerçant, qui, le mettant dans une balance, le pesa :

— N'aimeriez-vous pas mieux le vendre ? demanda le changeur.

— Oh ! non, s'écria Hoffmann ; non, c'est déjà bien assez de l'engager : je vous prierai même, monsieur, si vous me rendez ce service, de vouloir bien me garder ce médaillon avec le plus grand soin, car j'y tiens plus qu'à ma vie, et je viendrai le reprendre dès demain : il faut une circonstance comme celle où je me trouve pour que je l'engage.

— Alors je vais vous prêter trois louis, monsieur.

Et le changeur, avec toute la gravité qu'il croyait devoir à une pareille action, prit trois louis et les aligna devant Hoffmann.

— Oh ! merci, monsieur, mille fois merci ! s'écria le poëte ; et, s'emparant des trois pièces d'or, il disparut.

Le changeur reprit silencieusement sa lecture, après avoir déposé le médaillon dans un coin de son tiroir.

Ce n'est pas à cet homme que fût venue l'idée d'aller risquer son or contre l'or du 113.

Le joueur est si près d'être sacrilège, qu'Hoffmann, en jetant sa première pièce d'or sur le numéro 26, car il ne voulait les risquer qu'une à une, qu'Hoffmann, disons-nous, prononça le nom d'Antonia.

Tant que la bille tourna Hoffmann n'eut pas d'émotions, quelque chose lui disait qu'il allait gagner.

Le 26 sortit.

Hoffmann, rayonnant, ramassa trente-six louis.

La première chose qu'il fit fut d'en mettre trois à part dans le gousset de sa montre pour être sûr de pouvoir reprendre le médaillon de sa fiancée, au nom de laquelle il devait évidemment ce premier gain. Il laissa trente-trois louis sur le même numéro, et le même numéro sortit. C'était donc trente-six fois trente-trois louis qu'il gagnait, c'est-à-dire onze cent quatre-vingt-huit louis, c'est-à-dire plus de vingt-cinq mille francs.

Alors Hoffmann, puisant à pleines mains dans le Pactole solide, et le prenant par poignées, joua au hasard, à travers un éblouissement sans fin. A chaque coup qu'il jouait, le monceau de son gain grossissait, semblable à une montagne sortant tout à coup de l'eau.

Il en avait dans ses poches, dans son habit, dans son gilet, dans son chapeau, dans ses mains,

Simon.

sur la table, partout enfin. L'or coulait devant lui de la main des croupiers comme le sang d'une large blessure. Il était devenu le Jupiter de toutes les Danaées présentes et le caissier de tous les joueurs malheureux.

Il perdit bien ainsi une vingtaine de mille francs.

Enfin, ramassant tout l'or qu'il avait devant lui, quand il crut en avoir assez, il s'enfuit, laissant, pleins d'admiration et d'envie tous ceux qui se trouvaient là, et courut dans la direction de la maison d'Arsène.

Il était une heure du matin ; mais peu lui importait.

Venant avec une pareille somme, il lui semblait qu'il pouvait venir à toute heure de la nuit, et qu'il serait toujours le bien venu.

Il se faisait une joie de couvrir de tout cet or ce beau corps qui s'était dévoilé devant lui, et qui, resté de marbre devant son amour, s'animerait devant sa richesse, comme la statue de Prométhée quand il eut trouvé son âme véritable.

Il allait entrer chez Arsène, vider ses poches

Et elle plongea dans le monceau de métal ses mains pâles. — Page 90.

jusqu'à sa dernière pièce, et lui dire : Maintenant aimez-moi. Puis le lendemain il repartirait, pour échapper, si cela était possible, au souvenir de ce rêve fiévreux et intense.

Il frappa à la porte d'Arsène comme un maître qui rentre chez lui.

La porte s'ouvrit.

Hoffmann courut vers le perron de l'escalier.

— Qui est là? cria la voix du portier.

Hoffmann ne répondit pas.

— Où allez-vous, citoyen? répéta la même voix ; et une ombre vêtue, comme les ombres le sont la nuit, sortit de la loge et courut après Hoffmann.

En ce temps on aimait fort à savoir qui sortait et surtout qui entrait.

— Je vais chez mademoiselle Arsène, répondit Hoffmann en jetant au portier trois ou quatre louis pour lesquels une heure plus tôt il eût donné son âme.

Cette façon de s'exprimer plut à l'officieux.

— Mademoiselle Arsène n'est plus ici, monsieur, répondit-il, pensant avec raison qu'on devait substituer le mot monsieur au mot citoyen quand on avait affaire à un homme qui avait la main si facile. Un homme qui demande peut dire : Citoyen ; mais un homme qui reçoit ne peut dire que : Monsieur.

— Comment ! s'écria Hoffmann, Arsène n'est plus ici ?

— Non, monsieur.

— Vous voulez dire qu'elle n'est pas rentrée ce soir ?

— Je veux dire qu'elle ne rentrera plus.

— Où est-elle, alors ?

— Je n'en sais rien.

— Mon Dieu ! mon Dieu ! fit Hoffmann ; et il prit sa tête dans ses deux mains comme pour contenir sa raison près de lui échapper. Tout ce qui lui arrivait depuis quelque temps était si étrange, qu'à chaque instant il disait : Allons, voilà le moment où je vais devenir fou !

— Vous ne savez donc pas la nouvelle ? reprit le portier.

— Quelle nouvelle ?

— M. Danton a été arrêté.

— Quand ?

— Hier. C'est M. Rosbespierre qui a fait cela. Quel grand homme que le citoyen Robespierre !

— Eh bien !

— Eh bien ! mademoiselle Arsène a été forcée de se sauver ; car, comme maîtresse de Danton, elle aurait pu être compromise dans toute cette affaire.

— C'est juste. Mais comment s'est-elle sauvée ?

— Comme on se sauve quand on a peur d'avoir le cou coupé, tout droit devant soi.

— Merci, mon ami, merci, fit Hoffmann, et il disparut après avoir encore laissé quelques pièces dans la main du portier.

Quand il fut dans la rue, Hoffmann se demanda ce qu'il allait devenir, et à quoi allait maintenant lui servir tout son or ; car, comme on le pense bien, l'idée qu'il pourrait retrouver Arsène ne lui vint pas à l'esprit, pas plus que l'idée de rentrer chez lui et de prendre du repos.

Il se mit donc, lui aussi, à marcher tout droit devant lui, faisant résonner le pavé des rues mornes sous le talon de ses bottes et marchant tout éveillé dans son rêve douloureux.

La nuit était froide, les arbres étaient décharnés et tremblaient au vent de la nuit comme des malades en délire qui ont quitté leur lit et dont la fièvre agite les membres amaigris.

Le givre fouettait le visage des promeneurs nocturnes, et à peine si, de temps en temps,

dans les maisons qui confondaient leur masse avec le ciel sombre, une fenêtre éclairée trouait l'ombre.

Cependant cet air froid lui faisait du bien. Son âme se dépensait peu à peu dans cette course rapide, et, si l'on peut s'exprimer ainsi, son effervescence morale se volatilisait. Dans une chambre il eût étouffé ; puis, à force d'aller en avant, il rencontrerait peut-être Arsène ; qui sait ? en se sauvant elle avait peut-être pris le même chemin que lui en sortant de chez elle.

Il longea ainsi le boulevard désert, traversa la rue Royale, comme si, au défaut de ses yeux qui ne regardaient pas, ses pieds eussent reconnu d'eux-mêmes le lieu où il était ; il leva la tête, et il s'arrêta en s'apercevant qu'il marchait droit vers la place de la Révolution, vers cette place où il avait juré de ne jamais revenir.

Tout sombre qu'était le ciel, une silhouette plus sombre encore se détachait sur l'horizon noir comme de l'encre. C'était la silhouette de la hideuse machine, dont le vent de la nuit séchait la bouche humide de sang, et qui dormait en attendant sa fîle quotidienne.

C'était pendant le jour qu'Hoffmann ne voulait plus revoir cette place ; c'était à cause du sang qui y coulait, qu'il ne voulait plus s'y trouver ; mais, la nuit, ce n'était plus la même chose ; il y avait pour le poëte, chez qui, malgré tout, l'instinct poétique veillait sans cesse, il y avait de l'intérêt à voir, à toucher du doigt, dans le silence et dans l'ombre, le sinistre échafaudage dont l'image sanglante devait, à l'heure qu'il était, se présenter à bien des esprits.

Quel plus beau contraste, en sortant de la salle bruyante du jeu, que cette place déserte, et dont l'échafaud était l'hôte éternel ! après le spectacle de la mort, de l'abandon, de l'insensibilité !

Hoffmann marchait donc vers la guillotine comme attiré par une force magnétique.

Tout à coup, et presque savoir comment cela s'était fait, il se trouva face à face avec elle.

Le vent sifflait dans les planches.

Hoffmann croisa ses mains sur sa poitrine et regarda.

Que de choses durent naître dans l'esprit de cet homme, qui, les poches pleines d'or, et comptant sur une nuit de volupté, passait solitairement cette nuit en face d'un échafaud !

Il lui sembla, au milieu de ses pensées, qu'une plainte humaine se mêlait aux plaintes du vent.

Il pencha la tête en avant et prêta l'oreille.

La plainte se renouvela, venant non pas de loin, mais de bas.

Hoffmann regarda autour de lui, et ne vit personne.

Cependant un troisième gémissement arriva jusqu'à lui.

— On dirait une voix de femme, murmura-t-il, et l'on dirait que cette voix sort de dessous cet échafaud.

Alors se baissant, pour mieux voir, il commença à faire le tour de la guillotine. Comme il passait devant le terrible escalier, son pied heurta quelque chose ; il étendit les mains et toucha un être accroupi sur les premières marches de cet escalier et tout vêtu de noir.

— Qui êtes-vous, demanda Hoffmann, vous qui dormez la nuit auprès d'un échafaud?

Et en même temps il s'agenouillait pour voir le visage de celle à qui il parlait.

Mais elle ne bougeait pas, et, les coudes appuyés sur les genoux, elle reposait sa tête sur ses mains.

Malgré le froid de la nuit, elle avait les épaules presque entièrement nues, et Hoffmann put voir une ligne noire qui cerclait son cou blanc.

Cette ligne, c'était un collier de velours.

— Arsène! cria-t-il.

— Eh bien! oui, Arsène! murmura d'une voix étrange la femme accroupie, en relevant la tête et regardant Hoffmann.

XX

UN HOTEL DE LA RUE SAINT-HONORÉ.

Hoffmann recula épouvanté ; malgré la voix, malgré le visage, il doutait encore. Mais, en relevant la tête, Arsène laissa tomber ses mains sur ses genoux, et dégageant son col, ses mains laissèrent voir l'étrange agrafe de diamants qui réunissait les deux bouts du collier de velours, et qui étincelait dans la nuit.

— Arsène! Arsène! répéta Hoffmann.

Arsène se leva.

— Que faites-vous ici, à cette heure? demanda le jeune homme. Comment! vêtue de cette robe grise! Comment! les épaules nues !

— Il a été arrêté hier, dit Arsène, on est venu pour m'arrêter moi-même, je me suis sauvée comme j'étais, et cette nuit, à onze heures, trouvant ma chambre trop petite et mon lit trop froid, j'en suis sortie, et suis venue ici.

Ces paroles étaient dites avec un singulier accent, sans gestes, sans inflexions ; elles sortaient d'une bouche pâlie qui s'ouvrait et se refermait comme par un ressort : on eût dit d'un automate qui parlait.

— Mais, s'écria Hoffmann, vous ne pouvez rester ici.

— Où irais-je ? — Je ne veux rentrer d'où je sors que le plus tard possible ; j'ai eu trop froid.

— Alors venez avec moi, s'écria Hoffmann.

— Avec vous ! fit Arsène.

Et il sembla au jeune homme que de cet œil morne tombait sur lui, à la lueur des étoiles, un regard dédaigneux, pareil à celui dont il avait déjà été écrasé dans le charmant boudoir de la rue de Hanovre.

— Tenez, dit-il, voyez. — Page 92.

— Je suis riche, j'ai de l'or, s'écria Hoffmann. l'œil de la danseuse jeta un éclair.

— Allons, dit elle, mais où?

— Où!

En effet, où Hoffmann allait-il conduire cette femme de luxe et de sensualité, qui, une fois sortie des palais magiques et des jardins enchantés de l'Opéra, était habituée à fouler les tapis de Perse et à se rouler dans les cachemires de l'Inde.

Certes, ce n'était pas dans sa petite chambre d'étudiant qu'il pouvait la conduire; elle eût été là aussi à l'étroit et aussi froidement que dans cette demeure inconnue dont elle parlait tout à l'heure, et où elle paraissait craindre si fort de rentrer.

— Où, en effet? demanda Hoffmann, je ne connais point Paris.

— Je vais vous conduire, dit Arsène.

— Oh! oui, oui, s'écria Hoffmann.

— Suivez-moi, dit la jeune femme.

Et de cette même démarche roide et automatique qui n'avait rien de commun avec cette souplesse ravissante qu'Hoffmann avait admirée dans la danseuse, elle se mit à marcher devant lui.

Il ne vint pas l'idée au jeune homme de lui offrir le bras; il la suivit.

Arsène prit la rue Royale, que l'on appelait à cette époque la rue de la Révolution, tourna à droite, dans la rue Saint-Honoré, que l'on appelait la rue Honoré tout court; et, s'arrêtant devant la façade d'un magnifique hôtel, elle frappa.

La porte s'ouvrit aussitôt.

Le concierge regarda avec étonnement Arsène.

— Parlez, dit-elle au jeune homme, ou ils ne me laisseront pas entrer, et je serai obligée de retourner m'asseoir au pied de la guillotine.

— Mon ami, dit vivement Hoffmann en passant entre la jeune femme et le concierge, comme je traversais les Champs-Élysées, j'ai entendu crier au secours; je suis accouru à temps pour empêcher madame d'être assassinée, mais trop tard pour l'empêcher d'être dépouillée. Donnez-moi vite votre meilleure chambre; faites-y allumer un grand feu, servir un bon souper. Voici un louis pour vous.

Et il jeta un louis d'or sur la table où était posée la lampe, dont tous les rayons semblèrent se concentrer sur la face étincelante de Louis XV.

Un louis était une grosse somme à cette époque, il représentait neuf cent vingt-cinq francs en assignats.

Le concierge ôta son bonnet crasseux et sonna. Un garçon accourut à cette sonnette du concierge.

— Vite! vite! une chambre! la plus belle de l'hôtel pour monsieur et madame.

— Pour monsieur et madame? reprit le garçon étonné, en portant alternativement son regard du costume plus que simple d'Hoffmann au costume plus que léger d'Arsène.

— Oui, dit Hoffmann, la meilleure, la plus belle; surtout qu'elle soit bien chauffée et bien éclairée: voici un louis pour vous.

Le garçon parut subir la même influence que le concierge, se courba devant le louis, et, montrant un grand escalier, à moitié éclairé seulement à cause de l'heure avancée de la nuit, mais sur les marches duquel, par un luxe bien extraordinaire à cette époque, était étendu un tapis.

— Montez, dit-il, et attendez à la porte du numéro 3.

Puis il disparut tout courant.

À la première marche de l'escalier Arsène s'arrêta.

Elle semblait, la légère sylphide, éprouver une difficulté invincible à lever le pied.

On eût dit que sa légère chaussure de satin avait des semelles de plomb.

Hoffmann lui offrit le bras.

Arsène appuya sa main sur le bras que lui présentait le jeune homme, et quoiqu'il ne sentît pas la pression du poignet de la danseuse, il sentit le froid qui se communiquait de ce corps au sien.

Puis avec un effort violent Arsène monta la première marche et successivement les autres; mais chaque degré lui arrachait un soupir.

— Oh! pauvre femme, murmura Hoffmann, comme vous avez dû souffrir!

— Oui, oui, répondit Arsène, beaucoup... J'ai beaucoup souffert.

Ils arrivèrent à la porte du numéro 3.

Mais, presque aussitôt qu'eux, arriva le garçon porteur d'un véritable brasier; il ouvrit la porte de la chambre, et en un instant la cheminée s'enflamma et les bougies s'allumèrent.

— Vous devez avoir faim? demanda Hoffmann.

— Je ne sais pas, répondit Arsène.

— Le meilleur souper que l'on pourra nous donner, garçon, dit Hoffmann.

— Monsieur, fit observer le garçon, on ne dit plus garçon, mais officieux. Après cela, monsieur paye si bien, qu'il peut dire comme il voudra.

Puis, enchanté de la facétie, il sortit en disant:

— Dans cinq minutes le souper!

La porte refermée derrière l'officieux, Hoffmann jeta avidement les yeux sur Arsène.

Elle était si pressée de se rapprocher du feu, qu'elle n'avait pas pris le temps de tirer un fauteuil près de la cheminée; elle s'était seulement accroupie au coin de l'âtre dans la même position où Hoffmann l'avait trouvée devant la guillotine, et, là, les coudes sur ses genoux, elle semblait occupée à maintenir de ses deux mains sa tête droite sur ses épaules.

— Arsène! Arsène! dit le jeune homme, je t'ai dit que j'étais riche, n'est-ce pas? Regarde et tu verras que je ne t'ai pas menti.

Hoffmann commença par retourner son chapeau au-dessus de la table; le chapeau était plein de louis et de doubles louis, et ils ruisselèrent du chapeau sur le marbre, avec ce bruit de l'or si remarquable et si facile à distinguer entre tous les bruits.

Puis, après le chapeau, il vida ses poches, et l'une après l'autre, ses poches dégorgèrent l'immense butin qu'il venait de faire au jeu.

Un monceau d'or mobile et resplendissant s'entassa sur la table.

A ce bruit, Arsène sembla se ranimer; elle tourna la tête, et la vue parut achever la résurrection commencée par l'ouïe.

Elle se leva, toujours roide et immobile; — mais sa lèvre pâle souriait, — mais ses yeux vitreux, s'éclaircissant, lançaient des rayons qui se croisaient avec ceux de l'or.

— Oh! dit-elle, — c'est à toi tout cela?

— Non, pas à moi, mais à toi, Arsène.

— A moi! fit la danseuse.

Et elle plongea dans le monceau de métal ses mains pâles.

Les bras de la jeune fille disparurent jusqu'au coude.

Alors, cette femme, dont l'or avait été la vie, sembla reprendre la vie au contact de l'or.

— A moi! disait-elle, à moi! et elle prononçait ces paroles avec un accent vibrant et métallique qui se mariait d'une incroyable façon avec le cliquetis des louis.

Deux garçons entrèrent portant une table toute servie, qu'ils faillirent laisser tomber en apercevant cet amas de richesses que pétrissaient les mains crispées de la jeune fille.

— C'est bien, dit Hoffmann, du vin de Champagne, et laissez-nous.

Les garçons apportèrent plusieurs bouteilles de vin de Champagne et se retirèrent.

Derrière eux, Hoffmann alla pousser la porte, qu'il ferma au verrou.

Puis, les yeux ardents de désirs, il revint vers Arsène, qu'il retrouva près de la table continuant de puiser la vie, non pas à cette fontaine de Jouvence, mais à cette source du Pactole.

— Eh bien? lui demanda-t-il.

— C'est beau, l'or! dit-elle, il y avait longtemps que je n'en avais touché.

— Allons! viens souper, fit Hoffmann, et puis après, tout à ton aise, Danaé, tu te baigneras dans l'or si tu veux.

Et il l'entraîna vers la table.

— J'ai froid! dit-elle.

Hoffmann regarda autour de lui : les fenêtres et le lit étaient tendus en damas rouge : il arracha un rideau de la fenêtre et le donna à Arsène.

Arsène s'enveloppa dans le rideau, qui sembla se draper de lui-même comme les plis d'un manteau antique, et sous cette draperie rouge sa tête pâle redoubla de caractère.

Hoffmann avait presque peur.

Il se mit à table, se versa et but deux ou trois verres de vin de champagne coup sur coup. Alors il lui sembla qu'une légère coloration montait aux yeux d'Arsène.

Il lui versa à son tour, et à son tour elle but.

Puis il voulut la faire manger; mais elle refusa.

Et comme Hoffmann insistait :

— Je ne pourrais avaler, dit-elle.

— Buvons, alors.

Elle tendit son verre.

— Oui, buvons.

Hoffmann avait à la fois faim et soif; il but et mangea.

Il but surtout; il sentait qu'il avait besoin de hardiesse; non pas qu'Arsène, comme chez elle, parût disposée à lui résister, soit par la force, soit par le dédain, mais parce que quelque chose de glacé émanait du corps de la belle convive.

A mesure qu'il buvait, à ses yeux du moins, Arsène s'animait; seulement, quand à son tour Arsène vidait son verre, quelques gouttes rosées roulaient de la partie inférieure du collier de velours sur la poitrine de la danseuse. Hoffmann regardait sans comprendre; puis, sentant quelque chose de terrible et de mystérieux là-dessous, il combattit ses frissons intérieurs en multipliant les toasts qu'il portait aux beaux yeux, à la belle bouche, aux belles mains de la danseuse.

Elle lui faisait raison, buvant autant que lui, et paraissant s'animer, non pas du vin qu'elle buvait, mais du vin que buvait Hoffmann.

Tout à coup un tison roula du feu.

Hoffmann suivit des yeux la direction du brandon de flamme, qui ne s'arrêta qu'en rencontrant le pied nu d'Arsène.

Sans doute, pour se réchauffer, Arsène avait tiré ses bas et ôté ses souliers; son petit pied, blanc comme le marbre, était posé sur le marbre de l'âtre, blanc aussi comme le pied avec lequel il semblait ne faire qu'un.

Hoffmann jeta un cri.

— Arsène, Arsène! dit-il, prenez garde!

— A quoi? demanda la danseuse.

— Ce tison... ce tison qui touche votre pied...

Et, en effet, il couvrait à moitié le pied d'Arsène.

— Otez-le, dit-elle tranquillement.

Hoffmann se baissa, enleva le tison et s'aperçut avec effroi que ce n'était pas la braise qui avait brûlé le pied de la jeune fille, — mais le pied de la jeune fille qui avait éteint la braise.

— Buvons! dit-il.

— Buvons! dit Arsène.

Et elle tendit son verre.

La seconde bouteille fut vidée.

Cependant Hoffmann sentait que l'ivresse du vin ne lui suffisait pas.

Il aperçut un piano.

— Bon!... s'écria-t-il.

Il avait compris la ressource que lui offrait l'ivresse de la musique.

Il s'élança vers le piano.

Puis sous ses doigts naquit tout naturellement l'air sur lequel Arsène dansait ce pas de trois dans l'opéra de Paris, lorsqu'il l'avait vue pour la première fois.

Seulement il semblait à Hoffmann que les cordes du piano étaient d'acier. L'instrument à lui seul rendait un bruit pareil à celui de tout un orchestre.

— Ah! fit Hoffmann, à la bonne heure.

Il venait de trouver dans ce bruit l'enivrement qu'il cherchait; de son côté, Arsène se leva aux premiers accords.

Ces accords, comme un réseau de feu, avaient semblé envelopper toute sa personne.

Elle rejeta loin d'elle le rideau de damas rouge, et, chose étrange, comme un changement magique s'opère au théâtre sans que l'on sache par quel moyen, un changement s'était opéré en elle, et au lieu de sa robe grise, au lieu de ses épaules veuves d'ornements, elle reparut avec le costume de Flore, tout ruisselant de fleurs, tout vaporeux de gaze, tout frissonnant de volupté.

Hoffmann jeta un cri, puis, redoublant d'énergie, il sembla faire jaillir une vigueur infernale de cette poitrine du clavecin, toute résonnante sous ses fibres d'acier.

Alors le même mirage revint troubler l'esprit d'Hoffmann. Cette femme bondissante, qui s'était animée par degrés, opérait sur lui avec une attraction irrésistible. Elle avait pris pour théâtre tout l'espace qui séparait le piano de l'alcôve, et, sur le fond rouge du rideau, elle se détachait comme une apparition de l'enfer. Chaque fois qu'elle revenait du fond vers Hoffmann, Hoffmann se soulevait sur sa chaise; chaque fois qu'elle s'éloignait vers le fond, Hoffmann se sentait entraîné sur ses pas. Enfin, sans qu'Hoffmann comprît comment la chose se faisait, le mouvement changea sous ses doigts; ce ne fut plus l'air qu'il avait entendu qu'il joua, ce fut une valse:

cette valse, c'était le Désir, de Beethoven; elle était venue, comme une expression de sa pensée, se placer sous ses doigts. De son côté, Arsène avait changé de mesure; elle tourna sur elle-même d'abord, puis, peu à peu, élargissant le rond qu'elle traçait, elle se rapprocha d'Hoffmann; Hoffmann, haletant, la sentait venir, la sentait se rapprocher, il comprenait qu'au dernier cercle elle allait le toucher, et qu'alors force lui serait de se lever à son tour et de prendre part à cette valse brûlante. C'était à la fois chez lui du désir et de l'effroi. Enfin Arsène, en passant, étendit la main, et du bout des doigts l'effleura. Hoffmann poussa un cri, bondit comme si l'étincelle électrique l'eût touché, s'élança sur la trace de la danseuse, la joignit, l'enlaça dans ses bras, continuant dans sa pensée l'air interrompu en réalité, pressant contre son cœur ce corps qui avait repris son élasticité, aspirant les regards de ses yeux, le souffle de sa bouche, dévorant de ses aspirations à lui ce cou, ces épaules, ces bras, tournant non plus dans un air respirable, mais dans une atmosphère de flamme qui, pénétrant jusqu'au fond de la poitrine des deux valseurs, finit par les jeter, haletants et dans l'évanouissement du délire, sur le lit qui les attendait.

Quand Hoffmann se réveilla le lendemain, un de ces jours blafards des hivers de Paris venait de se lever et pénétrait jusqu'au lit, par le rideau arraché de la fenêtre. Il regarda autour de lui, ignorant où il était, et sentit qu'une masse inerte pesait à son bras gauche. Il se pencha du côté où l'engourdissement gagnait son cœur, et reconnut, couchée près de lui, non plus la belle danseuse de l'Opéra, mais la pâle jeune fille de la place de la Révolution.

Alors il se rappela tout, tira de dessous ce corps roidi son bras glacé, et voyant que ce corps demeurait immobile, il saisit un candélabre, où brûlaient encore cinq bougies, et à la double lueur du jour et des bougies, il s'aperçut qu'Arsène était sans mouvement, pâle et les yeux fermés.

Sa première idée fut que la fatigue avait été plus forte que l'amour, que le désir, que la volonté, et que la jeune fille s'était évanouie. Il prit sa main, sa main était glacée; il chercha les battements de son cœur, son cœur ne battait plus.

Alors une idée horrible lui traversa l'esprit; il se pendit au cordon d'une sonnette, qui se rompit entre ses mains, puis s'élançant vers la porte, il l'ouvrit, et se précipita par les degrés en criant:

— A l'aide! au secours!

Un petit homme noir montait justement à la

même minute l'escalier que descendait Hoffmann. Il leva la tête, Hoffmann jeta un cri. Il venait de reconnaître le médecin de l'Opéra.

— Ah! c'est vous, mon cher monsieur, dit le docteur en reconnaissant Hoffmann à son tour; qu'y a-t-il donc et pourquoi tout ce bruit?

— Oh! venez, venez, dit Hoffmann ne prenant pas la peine d'expliquer au médecin ce qu'il attendait de lui et espérant que la vue d'Arsène inanimée ferait plus sur le docteur que toutes ses paroles. — Venez!

Et il l'entraîna dans la chambre.

Puis, le poussant vers le lit, tandis que de l'autre il saisissait le candélabre qu'il approcha du visage d'Arsène.

— Tenez, dit-il, voyez.

Mais, loin que le médecin parût effrayé:

— Ah! c'est bien à vous, jeune homme, dit-il, c'est bien à vous d'avoir racheté ce corps afin qu'il ne pourrît pas dans la fosse commune... Très-bien! jeune homme, très-bien!

— Ce corps... murmura Hoffmann, racheté... la fosse commune... que dites-vous donc là? mon Dieu!

— Je dis que notre pauvre Arsène, arrêtée hier à huit heures du matin, a été jugée hier à deux heures de l'après-midi, et a été exécutée hier à quatre heures du soir.

Hoffmann crut qu'il allait devenir fou; il saisit le docteur à la gorge.

— Exécutée hier à quatre heures! cria-t-il en étranglant lui-même; Arsène exécutée!

Et il éclata de rire, mais d'un rire si étrange, si strident, si en dehors de toutes les modulations du rire humain, que le docteur fixa sur lui des yeux presque effarés.

— En doutez-vous? demanda-t-il.

— Comment! s'écria Hoffmann, si j'en doute! Je le crois bien. J'ai soupé, j'ai valsé, j'ai couché cette nuit avec elle.

— Alors, c'est un cas étrange, et que je consignerai dans les annales de la médecine, dit le docteur, et vous signerez au procès-verbal, n'est-ce pas?

— Mais je ne puis signer, puisque je vous démens, puisque je dis que cela est impossible, puisque je dis que cela n'est pas.

— Ah! vous dites que cela n'est pas, reprit le docteur; vous dites cela à moi, le médecin des prisons; à moi qui ai fait tout ce que j'ai pu pour la sauver, et qui n'ai pu y parvenir; à moi, qui lui ai dit adieu au pied de la charrette. Vous dites que cela n'est pas! Attendez!

Alors le médecin étendit le bras, pressa le petit ressort en diamant qui servait d'agrafe au collier de velours, et tira le velours à lui.

Hoffmann poussa un cri terrible. Cessant d'être maintenue par le seul lien qui la rattachait aux épaules, la tête de la suppliciée roula du lit à terre et ne s'arrêta qu'au soulier d'Hoffmann, comme le tison ne s'était arrêté qu'au pied d'Arsène.

Le jeune homme fit un bond en arrière, et se précipita par les escaliers en hurlant:

— Je suis fou!

XXI

UN HOTEL DE LA RUE SAINT-HONORÉ (SUITE).

'exclamation d'Hoffmann n'avait rien d'exagéré : cette faible cloison qui, chez le poète, exerçant outre mesure ses facultés cérébrales, cette faible cloison, disons-nous, qui, séparant l'imagination de la folie, semble parfois prête à se rompre, craquait dans sa tête avec le bruit d'une muraille qui se lézarde.

Mais, à cette époque, on ne courait pas longtemps dans les rues de Paris sans dire pourquoi l'on courait; les Parisiens étaient devenus très-curieux en l'an de grâce 1793; et, toutes les fois qu'un homme passait en courant, on arrêtait cet homme pour savoir après qui il courait ou qui courait après lui.

On arrêta donc Hoffmann en face de l'église de l'Assomption, dont on avait fait un corps de garde, et on le conduisit devant le chef du poste.

Là, Hoffmann comprit le danger réel qu'il courait : les uns le tenaient pour un aristocrate prenant sa course afin de gagner plus vite la frontière, les autres criaient : A l'agent de Pitt et Cobourg! Quelques-uns criaient : A la lanterne! ce qui n'était pas gai; d'autres criaient : Au tribunal révolutionnaire! ce qui était moins gai encore. On revenait quelquefois de la lanterne, témoin l'abbé Maury; du tribunal révolutionnaire, jamais.

Alors Hoffmann essaya d'expliquer ce qui lui était arrivé depuis la veille au soir. Il raconta le jeu, le gain. Comment, de l'or plein ses poches, il avait couru rue de Hanovre; comment la femme qu'il cherchait n'y était plus; comment, sous l'empire de la passion qui le brûlait, il avait couru les rues de Paris; comment, en passant sur la place de la Révolution, il avait trouvé cette femme assise au pied de la guillotine; comment elle l'avait conduit dans un hôtel de la rue Saint-

Honoré, et comment là, après une nuit pendant laquelle tous les enivrements s'étaient succédé, il avait trouvé non-seulement, reposant entre ses bras une femme morte, mais encore une femme décapitée.

Tout cela était bien improbable; aussi le récit d'Hoffmann obtint-il peu de croyance : les plus fanatiques de vérité crièrent au mensonge, les plus modérés crièrent à la folie.

Sur ces entrefaites, un des assistants ouvrit cet avis lumineux :

— Vous avez passé, dites-vous, la nuit dans un hôtel de la rue Saint-Honoré?

— Oui.

— Vous y avez vidé vos poches pleines d'or sur une table?

— Oui.

— Vous y avez couché et soupé avec la femme dont la tête, roulant à vos pieds, vous a causé ce grand effroi dont vous étiez atteint quand nous vous avons arrêté?

— Oui.

— Eh bien! cherchons l'hôtel; on ne trouvera peut-être plus l'or, mais on trouvera la femme.

— Oui, cria tout le monde, cherchons, cherchons!

Hoffmann eût bien voulu ne pas chercher; mais force lui fut d'obéir à l'immense volonté résumée autour de lui par ce mot *cherchons*.

Il sortit donc de l'église, et continua de descendre la rue Saint-Honoré en cherchant.

La distance n'était pas longue de l'église de l'Assomption à la rue Royale. Et cependant Hoffmann eut beau chercher, négligemment d'abord, puis avec plus d'attention, puis enfin avec volonté de trouver, il ne trouva rien qui lui rappelât l'hôtel où il était entré la veille, où il avait passé la nuit, d'où il venait de sortir. Comme ces palais féeriques qui s'évanouissent quand le machiniste n'a plus besoin d'eux, l'hôtel de la rue

Saint-Honoré avait disparu après que la scène infernale que nous avons essayé de décrire avait été jouée.

Tout cela ne faisait pas l'affaire des badauds qui avaient accompagné Hoffmann et qui voulaient absolument une solution quelconque à leur dérangement; or cette solution ne pouvait être que la découverte du cadavre d'Arsène ou l'arrestation d'Hoffmann comme suspect.

Mais, comme on ne retrouvait pas le corps d'Arsène, il était fortement question d'arrêter Hoffmann, quand tout à coup celui-ci aperçut dans la rue le petit homme noir et l'appela à son secours, invoquant son témoignage sur la vérité du récit qu'il venait de faire.

La voix d'un médecin a toujours une grande autorité sur la foule. Celui-ci déclina sa profession, et on le laissa s'approcher d'Hoffmann.

— Ah! pauvre jeune homme, dit-il en lui prenant la main, sous prétexte de lui tâter le pouls, mais en réalité pour lui conseiller, par une pression particulière, de ne pas le démentir, pauvre jeune homme, il s'est donc échappé!

— Échappé d'où? échappé de quoi? s'écrièrent vingt voix toutes ensemble.

— Oui, échappé d'où? demanda Hoffmann, qui ne voulait pas accepter la voie de salut que lui offrait le docteur et qu'il regardait comme humiliante.

— Parbleu! dit le médecin, échappé de l'hospice.

— De l'hospice! s'écrièrent les mêmes voix, et quel hospice?

— De l'hospice des fous!

— Ah! docteur, docteur, s'écria Hoffmann, pas de plaisanterie.

— Le pauvre diable! s'écria le docteur sans paraître écouter Hoffmann, le pauvre diable aura perdu sur l'échafaud quelque femme qu'il aimait.

— Oh! oui, oui, dit Hoffmann, je l'aimais bien, mais pas comme Antonia cependant.

— Pauvre garçon! dirent plusieurs femmes qui se trouvaient là et qui commençaient à plaindre Hoffmann.

— Oui, depuis ce temps, continua le docteur, il est en proie à une hallucination terrible; il croit jouer... il croit gagner... Quand il a joué et qu'il a gagné, il croit pouvoir posséder celle qu'il aime; puis, avec son or, il court les rues; puis il rencontre une femme au pied de la guillotine; puis il l'emmène dans quelque magnifique palais, dans quelque splendide hôtellerie, où il passe

la nuit à boire, à chanter, à faire de la musique avec elle; après quoi il la trouve morte. N'est-ce pas cela qu'il vous a raconté?

— Oui, oui, cria la foule, — mot pour mot.

— Eh bien! eh bien! dit Hoffmann, le regard étincelant, direz-vous que ce n'est pas vrai, vous, docteur? — vous qui avez ouvert l'agrafe de diamants qui fermait le collier de velours. Oh! j'aurais dû me douter de quelque chose, quand j'ai vu le vin de Champagne suinter sous le collier; quand j'ai vu le tison enflammé rouler sur son pied nu; — et son pied nu, son pied de morte, au lieu d'être brûlé par le tison; — l'éteindre.

— Vous voyez, vous voyez, dit le docteur avec des yeux pleins de pitié et avec une voix lamentable, — voilà sa folie qui lui reprend.

— Comment, ma folie! s'écria Hoffmann; comment, vous osez dire que ce n'est pas vrai! Vous osez dire que je n'ai pas passé la nuit avec Arsène qui a été guillotinée hier! Vous osez dire que son collier de velours n'était pas la seule chose qui maintînt sa tête sur ses épaules! Vous osez dire que, lorsque vous avez ouvert l'agrafe et enlevé le collier, la tête n'a pas roulé sur le tapis! — Allons donc, docteur, allons donc, vous savez bien que ce que je dis est vrai, vous.

— Mes amis, dit le docteur, vous êtes bien convaincus maintenant, n'est-ce pas?

— Oui, oui, crièrent les cent voix de la foule.

Ceux des assistants qui ne criaient pas remuaient mélancoliquement la tête en signe d'adhésion.

— Eh bien! alors, dit le docteur, faites avancer un fiacre, afin que je le reconduise.

— Où cela? cria Hoffmann; où voulez-vous me reconduire?

— Où? dit le docteur, à la maison des fous, dont vous vous êtes échappé, mon bon ami.

Puis, tout bas :

— Laissez-vous faire, morbleu! dit le docteur, ou je ne réponds pas de vous. Ces gens-là croiront que vous vous êtes moqué d'eux, et ils vous mettront en pièces.

Hoffmann poussa un soupir et laissa tomber ses bras.

— Tenez, vous voyez bien, dit le docteur, maintenant le voilà doux comme un agneau. La crise est passée... Là, mon ami, là...

Et le docteur parut calmer Hoffmann de la main, comme on calme un cheval emporté ou un chien rageur.

Pendant ce temps on avait arrêté un fiacre et on l'avait amené.

— Montez vite, dit le médecin à Hoffmann.

Hoffmann obéit; toutes ses forces s'étaient usées dans cette lutte.

— A Bicêtre! dit tout haut le docteur en montant derrière Hoffmann.

Puis, tout bas au jeune homme :

— Où voulez-vous qu'on vous descende? demanda-t-il.

— Au Palais-Égalité, articula péniblement Hoffmann.

— En route, cocher, cria le docteur.

Puis il salua la foule.

— Vive le docteur! cria la foule.

Il faut toujours que la foule, lorsqu'elle est sous l'empire d'une passion, crie vive quelqu'un ou meure quelqu'un.

Au Palais-Égalité le docteur fit arrêter le fiacre.

— Adieu, jeune homme, dit le docteur à Hoffmann, et, si vous m'en croyez, partez pour l'Allemagne le plus vite possible; il ne fait pas bon en France pour les hommes qui ont une imagination comme la vôtre.

Et il poussa hors du fiacre Hoffmann, qui, tout abasourdi encore de ce qui venait de lui arriver, s'en allait tout droit sous une charrette qui faisait chemin en sens inverse du fiacre, si un jeune homme qui passait ne se fût précipité et n'eût retenu Hoffmann dans ses bras au moment où, de son côté, le charretier faisait un effort pour arrêter ses chevaux.

Le fiacre continua son chemin.

Les deux jeunes gens, celui qui avait failli tomber et celui qui l'avait retenu, poussèrent ensemble un seul et même cri :

— Hoffmann!

— Werner!

Puis, voyant l'état d'atonie dans lequel se trouvait son ami, Werner l'entraîna dans le jardin du Palais-Royal.

Alors la pensée de tout ce qui s'était passé revint plus vive au souvenir d'Hoffmann, et il se rappela le médaillon d'Antonia mis en gage chez le changeur allemand.

Aussitôt il poussa un cri en songeant qu'il avait vidé toutes ses poches sur la table de marbre de l'hôtel. Mais en même temps il se souvint qu'il avait mis, pour le dégager, trois louis à part dans le gousset de sa montre.

Le gousset avait fidèlement gardé son dépôt; les trois louis y étaient toujours.

Hoffmann s'échappa des bras de Werner en lui criant : Attends-moi! et s'élança dans la direction de la boutique du changeur.

A chaque pas qu'il faisait, il lui semblait, sortant d'une vapeur épaisse, s'avancer à travers un nuage toujours s'éclaircissant, vers une atmosphère pure et resplendissante.

A la porte du changeur, il s'arrêta pour respirer; l'ancienne vision, la vision de la nuit avait presque disparu.

Il reprit haleine un instant et entra.

Le changeur était à sa place, les sébiles en cuivre étaient à leur place.

Au bruit que fit Hoffmann en entrant, le changeur leva la tête.

— Ah! ah! dit-il, c'est vous, mon jeune compatriote; ma foi, je vous l'avoue, je ne comptais pas vous revoir.

— Je présume que vous ne me dites pas cela parce que vous avez disposé du médaillon, s'écria Hoffmann.

— Non, je vous avais promis de vous le garder, et, m'en eût-on donné vingt-cinq louis, au lieu de trois, que vous me devez, le médaillon ne serait pas sorti de ma boutique.

— Voici les trois louis, dit timidement Hoffmann; mais je vous avoue que je n'ai rien à vous offrir pour les intérêts.

— Pour les intérêts d'une nuit, dit le changeur, allons donc, vous voulez rire; les intérêts de trois louis pour une nuit, et à un compatriote! jamais.

Et il lui rendit le médaillon.

— Merci, monsieur, dit Hoffmann; et, maintenant, continua-t-il avec un soupir, je vais chercher de l'argent pour retourner à Manheim.

— A Manheim, dit le changeur, tiens, vous êtes de Manheim?

— Non, monsieur, je ne suis pas de Manheim, mais j'habite Manheim : ma fiancée est à Manheim; elle m'attend, et je retourne à Manheim pour l'épouser.

— Ah! fit le changeur.

Puis, comme le jeune homme avait déjà la main sur le bouton de la porte :

— Connaissez-vous, dit le changeur, à Manheim, un ancien ami à moi, un vieux musicien?

— Nommé Gottlieb Murr? s'écria Hoffmann.

— Justement! Vous le connaissez?

— Si je le connais! je le crois bien, puisque c'est sa fille qui est ma fiancée.

— Antonia! s'écria à son tour le changeur.

— Oui, Antonia, répondit Hoffmann.

— Comment, jeune homme! c'était pour épouser Antonia que vous retourniez à Manheim?

— Sans doute.

— Restez à Paris, alors, car vous feriez un voyage inutile.

— Pourquoi cela?

— Parce que voilà une lettre de son père qui m'annonce qu'il y a huit jours, à trois heures de l'après-midi, Antonia est morte subitement en jouant de la harpe.

C'était juste le jour où Hoffmann était allé chez Arsène pour faire son portrait; c'était juste l'heure où il avait pressé de ses lèvres son épaule nue.

Hoffmann, pâle, tremblant, anéanti, ouvrit le médaillon pour porter l'image d'Antonia à ses lèvres, mais l'ivoire en était redevenu aussi blanc et aussi pur que s'il était vierge encore du pinceau de l'artiste.

Il ne restait rien d'Antonia à Hoffmann deux fois infidèle à son serment, pas même l'image de celle à qui il avait juré un amour éternel.

Deux heures après, Hoffmann, accompagné de Werner et du bon changeur, montait dans la voiture de Manheim, où il arriva juste pour accompagner au cimetière le corps de Gottlieb Murr, qui avait recommandé en mourant qu'on l'enterrât côte à côte de sa chère Antonia.

LE CAPITAINE MARION

ALEXANDRE DUMAS

I

LA BAIE DES MEURTRIERS.

l'antipode juste de Paris, perdue au milieu du grand océan Austral, s'étend, courant du nord au sud, une terre ayant à peu près l'étendue de la France et la forme de l'Italie, coupée à son tiers par un détroit qui en fait deux îles.

C'est la Nouvelle-Zélande, découverte en 1642 par Abel Jansen Tasman, et nommée par lui la terre des États, nom qu'elle a perdu depuis pour prendre celui de Nouvelle-Zélande.

Tasman n'aborda jamais cette terre. Il traversa le détroit qui sépare les deux îles, alla jeter l'ancre dans une baie; mais, attaqué deux heures après par les naturels du pays, il lui donna le nom de baie des *Assassins*, qu'elle a conservé.

Paris. — Imp. Simon Raçon & Cie, rue d'Erfurth, 1.

1

Pendant plus d'un siècle toute cette terre resta à l'état de rêve : on l'appelait *Terra australis incognita*. C'était pour les navigateurs quelque chose comme cette Atlantide dont parle Platon... une terre pareille à celle de la fée Morgane, qui s'évanouit quand on s'en approche.

Le 7 octobre 1769, Cook la retrouva et la reconnut à ses habitants, d'après un dessin laissé par Tasman.

Ses relations avec les naturels furent les mêmes que celles qu'avait eues avec eux, cent vingt-six ans auparavant, le navigateur hollandais. Les Zélandais essayèrent de voler les matelots de l'*Endeavour*, qui en tuèrent une douzaine à coups de fusil; puis, comme Cook, après avoir relâché à Dika-Na-Mary, la moins méridionale des deux îles, n'avait rien pu obtenir des objets dont il avait besoin, ni par douceur ni par force, il nomma la baie où il avait jeté l'ancre la baie de la *Pauvreté*.

Ces deux noms étaient peu engageants pour les autres voyageurs.

Un mois à peu près après le passage du capitaine Cook, un autre navigateur, — celui-là était Français et s'appelait le capitaine Surville, — eut affaire à son tour aux Nouveaux-Zélandais.

Assailli par une tempête terrible en vue de la Nouvelle-Zélande, il perdit le canot amarré derrière son bâtiment. Lorsque le temps fut calme, à l'aide de sa longue-vue, il aperçut le canot qu'il cherchait amarré dans l'anse du Refuge.

Aussitôt il fit descendre une embarcation à la mer pour aller chercher le canot. Mais les sauvages, devinant le but de l'expédition, le cachèrent si bien, qu'il fut impossible à ceux que Surville avait envoyés de le retrouver.

Furieux de cette perte, Surville fit signe à quelques sauvages qui étaient près de leur pirogue de s'approcher. Un d'eux se rendit à l'invitation et monta à bord, — c'était malheureusement un grand chef, nommé Nanqui-Noui, — et quoique, quelques jours auparavant, il eût rendu de grands services à Surville en recevant ses malades et en les traitant à la fois avec autant d'humanité que de désintéressement, Surville lui déclara qu'il était son prisonnier. Ce ne fut point tout : Surville coula à fond toutes les pirogues qu'il put atteindre, et brûla tous les villages de la côte.

Puis il quitta la Nouvelle-Zélande, emmenant, comme il en avait menacé son prisonnier, Nanqui-Noui, qui mourut de désespoir pendant la traversée, le 12 mars 1770, c'est-à-dire quatre mois après avoir été enlevé à son pays.

Fusillés par Cook, noyés et brûlés par Surville, les Nouveaux-Zélandais s'étaient promis de prendre une cruelle revanche sur les premiers bâtiments qui entreraient dans un de leurs ports.

Ces bâtiments furent le *Mascarin* et le *Castries*, venant de la terre de Van-Diemen et commandés par le capitaine Marion, officier de la compagnie des Indes françaises.

Il ignorait complétement ce qui s'était passé lors du voyage de Surville; d'ailleurs, toute cette côte, explorée trois ans auparavant par Cook, était à peu près inconnue encore.

Le 16 avril 1772, il avait jeté l'ancre dans une mauvaise rade située sur l'île Dika-Na-Mary, c'est-à-dire dans la partie nord de la Nouvelle-Zélande.

Mais, la nuit, les navires ayant failli être jetés à la côte, ils appareillèrent en si grande hâte, qu'ils furent obligés de laisser leurs ancres, se promettant de les revenir chercher plus tard.

En effet, ils revinrent le 26 avril, et le 3 mai suivant mouillèrent dans la baie des Iles, près du cap Brett de Cook.

A peine furent-ils à l'ancre, qu'ils virent trois pirogues pagayant pour venir au vaisseau. La brise était douce, la mer magnifique. Tous les matelots étaient sur le pont, pleins de curiosité pour ces hommes et ce monde nouveau sortis depuis trois ans à peine des brouillards de l'inconnu.

Une des pirogues était montée par neuf hommes. Elle s'approcha du vaisseau. Aussitôt on envoya quelques bagatelles à ceux qui la montaient en les invitant à passer à bord. Ils hésitèrent un moment, puis parurent se décider.

En effet, un instant après, les neuf hommes étaient sur le pont.

Le capitaine les y reçut, les conduisit dans sa chambre, et leur offrit du pain et des liqueurs.

Ils mangèrent le pain avec assez de plaisir, mais cependant après que le capitaine Marion en eut goûté devant eux.

Quant aux liqueurs, au contraire des autres sauvages de la mer du Sud, ils ne les goûtèrent qu'avec répugnance, quelques-uns même les crachèrent sans les avaler.

On chercha alors quels objets pouvaient leur être agréables. On leur offrit des caleçons et des chemises qu'ils parurent accepter purement et simplement, pour ne pas désobliger le capitaine. Puis on leur montra des haches, des couteaux et des herminettes.

De tous ces objets, ce furent les herminettes qui parurent les tenter le plus. Ils en prirent aussitôt deux ou trois et firent le simulacre de s'en servir pour montrer qu'ils en connaissaient l'usage.

On leur fit cadeau du tout. Après quoi ils descendirent dans leurs pirogues, parés des chemises et des caleçons, s'avancèrent vers les deux autres embarcations, parurent leur raconter la façon amicale dont ils avaient été reçus, leur montrèrent les cadeaux que les étrangers leur avaient faits et les invitèrent à monter sur le vaisseau à leur tour.

Ceux-ci, après une courte délibération, se décidèrent, et, tandis que les premiers visiteurs pagayaient vers la terre, ils s'approchèrent à leur tour des bâtiments, et, comme leurs camarades, montèrent sur le *Mascarin*.

Pendant qu'ils montaient, le capitaine Marion jeta un dernier regard sur ceux qui s'éloignaient : ils s'étaient arrêtés pour dévêtir leurs chemises et leurs caleçons, qu'ils cachèrent dans un coin de la pirogue; après quoi, ils continuèrent leur chemin vers la terre.

Le capitaine Marion ne s'inquiéta plus d'eux et prêta toute son attention aux nouveaux arrivants.

Ils étaient dix ou douze, conduits par un chef. C'était un homme de cinq pieds cinq pouces à peu près, de trente à trente-deux ans, assez bien pris dans sa taille. Il avait le visage tatoué de dessins représentant assez bien les traits entrelacés les uns aux autres que les professeurs de calligraphie exécutent à main levée avec leurs plumes; il portait des boucles d'oreilles en os, avait les cheveux noirs à la chinoise sur le haut de la tête, et ornés de deux plumes blanches plantées dans cette espèce de chignon.

Pour le reste du corps, son vêtement se composait d'une espèce de jupe ne montant pas au-dessus des hanches et ne descendant pas jusqu'au genou.

Cette jupe, ainsi que le manteau qui l'enveloppait, était d'une étoffe inconnue en France, flexible et forte à la fois, avec des bandes d'une autre couleur formant ourlet, et ornées elles-mêmes de dessins ressemblant à ceux que l'on retrouve sur les tuniques étrusques.

Ses armes étaient un magnifique casse-tête en jade qu'il portait à la ceinture, et une longue lance qu'il tenait à la main.

Ses ornements étaient les boucles d'oreilles dont nous avons déjà parlé et un collier de dents de poisson.

Une barbe rare, formée de poils roides, allongeait son menton, qui, grâce à elle, finissait en pointe presque aussi fine que celle d'un pinceau.

Avant même qu'on lui adressât la parole, il prononça son nom, comme si ce nom devait avoir traversé les mers et être connu du capitaine Marion.

Il s'appelait Takoury, c'est-à-dire le Chien.

Le capitaine désirait fort échanger quelques paroles avec ces indigènes; mais nul ne pouvait connaître la langue de cette terre, découverte depuis plus de cent ans, il est vrai, mais explorée depuis trois ans à peine.

Par bonheur, le lieutenant du navire, M. Crozet, eut l'idée d'aller prendre dans la bibliothèque du capitaine le vocabulaire de Taïti, par M. de Bougainville. Aux premiers mots qu'il prononça, les sauvages relevèrent la tête avec étonnement. Les deux idiomes étaient les mêmes.

A partir de ce moment on commença de s'entendre, et le capitaine Marion espéra lier des relations d'amitié avec les indigènes.

En effet, comme pour donner du poids à cette espérance, le vent ayant fraîchi, les pirogues s'éloignèrent, non sans emporter quelques petits présents. Mais cinq ou six sauvages, d'eux-mêmes, sans y être invités, restèrent à bord. Au nombre de ceux-ci était le chef Takoury.

Quand on réfléchit quels étaient déjà à ce moment les projets de cet homme, on reconnaît qu'il lui fallait une terrible force de caractère, surtout après ce qui s'était passé trois ans auparavant avec Surville, pour se confier ainsi à des hommes qu'il regardait comme ses ennemis et à qui il ne témoignait une telle confiance que pour leur inspirer une confiance pareille, et à un moment donné se venger d'eux.

Les sauvages soupèrent le soir à la table du capitaine, mangèrent de tous les mets avec appétit, refusèrent le vin et la liqueur, et dormirent ou firent semblant de dormir tranquillement dans les lits qu'on avait dressés pour eux dans la grande chambre.

Le lendemain, le bâtiment courut des bordées.

Cette manœuvre parut fort inquiéter les naturels, qui ne pouvaient la comprendre. Chaque fois que le navire s'éloignait de la côte, quelle que fût la puissance de Takoury sur lui-même, son visage se rembrunissait; mais, voyant que chaque fois qu'on s'était éloigné jusqu'à un certain point le navire virait de bord et se rapprochait, il parut se rassurer.

Le 4 mai, on mouilla entre les îles. Takoury profita d'une pirogue pour retourner à terre, promettant qu'il reviendrait.

On lui fit quelques présents et il partit.

On resta entre ces îles jusqu'au 11 ; mais, soit que le mouillage fût mauvais, soit que ces espèces de bancs de roches n'offrissent point au capitaine Marion l'emplacement et les objets dont il avait besoin, on remit à la voile. On entra dans le port des Iles, relevé par le capitaine Cook, et l'on y jeta l'ancre.

Le lendemain, par un temps magnifique, le capitaine Marion fit explorer une île qui se trouve dans l'enceinte même du port, et comme on y rencontra de l'eau, du bois et une anse très-abordable, il y fit dresser des tentes, y transporta les malades et y établit un corps de garde. A l'extrémité opposée de l'endroit où le corps de garde fut établi, s'élevait un village.

Cette île est la même que M. de Crozet, dans sa relation des événements qui vont se passer, appela Motou-Aro, et que depuis, Dumont-d'Urville, corrigeant sans doute une faute de prononciation, désigna sous celui de Motou-Roua.

Le bruit de l'hospitalité reçue à bord des vaisseaux français s'était répandu tout le long de la côte. Aussi, à peine les bâtiments eurent-ils jeté l'ancre, que, de tous les points du rivage on vit s'avancer des pirogues chargées de poisson.

Les sauvages firent comprendre qu'ils avaient pêché des poissons exprès pour être agréables aux hommes blancs.

En conséquence de cette bonne intention, ils furent reçus à bord, plus cordialement encore que la première fois.

La nuit venue, les Nouveaux-Zélandais se retirèrent, mais, comme la première fois, laissèrent à bord six ou huit des leurs.

La nuit se passa dans la meilleure intelligence entre les sauvages et les matelots.

Le lendemain l'affluence ne fit qu'augmenter.

Dix ou douze pirogues chargées de sauvages apportant du poisson entourèrent les deux bâtiments : cette fois ils étaient sans armes et amenaient avec eux leurs femmes et leurs filles. Une espèce de marché s'était établi. Les Nouveaux-Zélandais donnaient du poisson, les matelots rendaient des verroteries et des clous.

Pendant les premiers jours, les hommes se contentèrent de vieux clous de deux ou trois pouces de.longueur, mais bientôt ils devinrent plus difficiles, et il leur fallut des clous neufs et de quatre à cinq pouces. Au passage du capitaine Cook, ils avaient appris l'usage du fer, qu'ils ne connaissaient pas auparavant; aussi, dès qu'ils avaient un clou d'une certaine longueur, le portaient-ils soit au serrurier, soit à l'armurier, afin qu'il l'aplatît à coups de marteau et l'aiguisât sur la meule. Le clou ainsi transformé devenait une espèce de ciseau. Pour payer cette main-d'œuvre, les naturels gardaient toujours quelques menus poissons, dont ils faisaient alors cadeau à l'armurier, au serrurier, ou même au simple matelot qui, empiétant sur les prérogatives de ceux-ci, leur rendait le même service.

Peu à peu leur nombre remplit les vaisseaux. Chacun des bâtiments en avait quelquefois cent et même plus à bord. Ils touchaient à tout ; mais, comme la surveillance la plus active était ordonnée par le capitaine, ils ne pouvaient voler.

L'objet de leur grande préoccupation, quoiqu'ils fissent ce qu'ils pouvaient pour la cacher, c'étaient les fusils et les canons. Le capitaine avait recommandé de ne faire aucun usage de ces armes devant eux, afin que, dans un cas donné, l'effet en fût plus terrible. Mais comme, trois ans auparavant, plusieurs insulaires avaient été tués par Cook d'abord, par Surville ensuite, comme ils avaient été tués à coups de fusil et à coups de canon, c'étaient ces tonnerres, devenus muets et dont ils avaient vu l'effet terrible sans en comprendre la cause, qui attiraient surtout leur attention.

Au reste, adoptant vis-à-vis de l'équipage des deux bâtiments le système de dissimulation de leur chef Takoury, qui deux ou trois fois était revenu à bord, ils se montraient sans défiance, doux et caressants.

Les femmes mariées portaient au haut de la tête une espèce de tresse de jonc, tandis que les jeunes filles laissaient en toute liberté tomber leurs cheveux épars sur le col.

Les femmes et les filles des chefs étaient reconnaissables, en outre, par les plumes d'oiseaux que, comme leurs maris et leurs pères, elles portaient plantées dans leur chignon.

Takoury.

II

TAKOURY.

es relations établies entre les Nouveaux-Zélandais et l'équipage des deux bâtiments devenaient chaque jour plus intimes, et le capitaine Marion avait pris peu à peu une confiance entière, malgré les observations que, de temps en temps, hasardaient M. Crozet, son lieutenant, ou M. Duclesmeur, capitaine du *Castries*.

En effet, comment conserver quelques méfiance? Takouri, le chef de tous les villages qui commandaient cette portion de l'île où l'on était ancré, avait amené à M. Marion son fils, beau jeune homme de quinze ou seize ans, et lui avait même permis de passer une nuit à bord du *Mascarin*.

Trois esclaves de M. Marion avaient déserté dans une pirogue qui chavira en route. Un se noya, les deux autres arrivèrent sains et saufs à terre. Takoury fit prendre les deux esclaves et les ramena lui-même à M. Marion.

Un jour, un sauvage était entré par un sabord de la sainte-barbe et avait volé un sabre; on s'était aperçu de ce vol, on avait arrêté le voleur, on l'avait dénoncé à Takoury, et Takoury avait ordonné qu'il fût mis aux fers comme il avait vu que l'on faisait pour les matelots de l'équipage, réparation qui avait paru tellement suffisante à M. Marion, qu'il avait renvoyé le sauvage sans autre punition que la peur qu'il avait ressentie lorsque le jugement avait été prononcé.

Aussi, vivement pressé par Takoury de descendre à terre, le capitaine Marion, dans le besoin qu'éprouvaient ses deux bâtiments de mâts de rechange, jugea-t-il qu'il y aurait de la pusillanimité à ne pas utiliser cette bonne volonté des indigènes.

Un matin, sur l'invitation de Takoury, on descendit donc à terre. Cependant les précautions n'avaient point été négligées; la chaloupe bien armée contenait un détachement de soldats. Le tout était commandé par le capitaine Marion et par M. Crozet, son lieutenant.

Dès cette première course, on parcourut toute la baie, et l'on compta dans un espace assez rapproché une vingtaine de villages de deux à quatre cents habitants chacun.

Au reste, dès que les Français avaient mis pied à terre, tout était venu au-devant d'eux laissant les cases vides : femmes, enfants, guerriers, vieillards. Là, comme à bord des bâtiments, on commença par des cadeaux. Alors on fit comprendre aux insulaires qu'on avait besoin de bois, et aussitôt Takoury et les autres chefs, invitant M. Marion et M. Crozet à les suivre, avaient marché devant la petite troupe et l'avaient conduite à deux lieues dans l'intérieur des terres, à peu près jusqu'à la lisière d'une forêt de cèdres magnifiques, où les officiers choisirent aussitôt les arbres dont ils avaient besoin.

Le même jour, les deux tiers des équipages travaillaient non-seulement à abattre les arbres, mais encore à établir les chemins sur trois collines et un marais qu'il fallait traverser pour amener les mâts jusqu'à la mer.

En outre, des baraques furent élevées sur le bord de la mer, à l'endroit le plus rapproché de celui où était l'atelier. Ces baraques formaient une espèce de relais où tous les jours les vaisseaux envoyaient des chaloupes chargées de provisions pour les travailleurs.

Trois postes étaient donc établis à terre, un dans l'île du port. C'était à la fois le poste des malades, la forge où se fabriquaient les cercles de fer destinés aux mâtures et des tonneaux que l'on remettait à neuf. Dix hommes parfaitement armés, commandés par un officier, défendaient ce poste, renforcé en outre des chirurgiens employés au service des malades.

Le second poste était, comme nous l'avons dit, sur la grande terre, où s'élevaient ces vingt villages dont nous avons parlé. Il se trouvait à une lieue et demie des vaisseaux, et servait d'anneau entre les vaisseaux et les travailleurs.

Enfin, le troisième était l'atelier des charpentiers, établi deux lieues plus loin, sur la lisière de la forêt de cèdres.

Chacun de ces deux postes, comme le premier, était défendu par une dizaine d'hommes et un officier.

Les sauvages étaient constamment mêlés aux Français et visitaient aussi familièrement les postes que les vaisseaux.

Au reste, leur présence, au lieu d'être un ennui, était une distraction et une aide : grâce à eux, sans se donner la peine de pêcher ou de chasser, on avait du poisson, des cailles, des pigeons et des canards sauvages. S'il fallait donner un coup de main, ils étaient toujours prêts, et comme ils étaient très-forts et très-adroits, les matelots n'attendaient pas toujours qu'ils s'offrissent, et requéraient parfois leur adresse et leur force.

Attirés par les bonnes relations que l'on avait nouées avec les indigènes, les jeunes gens de l'équipage faisaient tous les jours des excursions dans l'intérieur des terres. La chasse, et pour quelques-uns même la simple curiosité, étaient le but de ces excursions. Les chasseurs tiraient des pigeons, des cailles, des canards, au grand étonnement des indigènes, qui entendaient un bruit qui les faisait tressaillir et qui voyaient tomber l'animal sans pouvoir se rendre compte du projectile invisible qui le frappait. Lorsque, soit à l'aller, soit au retour, il se présentait quelque rivière ou quelque marais barrant le passage, les insulaires prenaient les Français sur leur dos, les portaient comme des enfants, et leur faisaient traverser l'obstacle le plus commodément possible. Le soir, ils revenaient à travers les forêts, toujours guidés par eux, souvent à des heures très-avancées. Et cependant, malgré toutes ces preuves d'amitié, quelques-uns parmi les officiers, et M. Crozet surtout, gardaient leur défiance primitive.

Comme ils n'avaient aucune connaissance du passage de Cook et de Surville, ils étaient obligés de se reporter à la relation faite par Tasman; cette relation peignait les insulaires comme cruels, faux, vindicatifs. Il avait même ajouté qu'il les croyait anthropophages; mais, quant à ce dernier article, on commençait à le considérer comme un de ces contes avec lesquels les nourrices bercent et endorment leurs enfants.

Cependant lorsque M. Marion, complètement rassuré, donna tout à coup l'ordre de désarmer les canots et la chaloupe qui allaient à terre, M. Crozet fit tout ce qu'il put pour obtenir que cet ordre, qu'il regardait comme imprudent, fût rapporté; mais le capitaine ne voulut rien entendre : il était complètement sous la magie de cette feinte amitié.

En effet, parvenu à la plus grande sécurité, le capitaine se faisait un plaisir de vivre avec les insulaires; quand ils venaient au bâtiment, ils étaient toujours dans sa chambre, causant et riant avec lui, car, grâce au vocabulaire de Bougainville, on en était arrivé à s'entendre parfaitement avec les sauvages. De leur côté, ceux-ci connaissaient parfaitement M. Marion comme le chef des blancs. Tous les jours ils lui apportaient un turbot superbe, car ils savaient que le capitaine aimait ce poisson. Et chaque fois qu'il allait à terre, c'étaient de longs cris de joie, d'infinies démonstrations de tendresse auxquelles prenait part toute la population, jusqu'aux femmes, jusqu'aux enfants.

Le 8 juin, le capitaine descendit à terre comme d'habitude. Il était accompagné d'une troupe d'indigènes qui le suivaient, les uns dans son canot, mêlés aux rameurs, les autres dans leurs chaloupes qui pagayaient autour de lui. Ce jour-là les cris de joie et les démonstrations d'amitié furent plus grands encore que de coutume. Les chefs sauvages, Takoury au milieu d'eux, s'assemblèrent, et d'un commun accord reconnurent M. Marion comme le grand chef du pays. Alors ils lui firent sa toilette, sauf le tatouage, lui nouèrent comme à eux ses cheveux sur le sommet de la tête, et y plantèrent les quatre plumes, signe de la suprématie et preuve de son haut rang.

Le soir M. Marion revint à bord plus heureux et plus satisfait que jamais.

De son côté, M. Crozet, lieutenant du *Mascarin*, avait, au milieu de tous les indigènes qui visitaient le bâtiment ou qu'il voyait à terre, fait amitié avec un jeune sauvage de dix-sept à dix-huit ans, d'une physionomie douce et d'une intelligence tout à fait supérieure. Chaque jour il venait visiter le lieutenant. Le 11 juin, il vint comme d'habitude; mais cette fois il paraissait triste, presque abattu. M. Crozet avait paru désirer des armes et des outils faits d'un magnifique jade, pierre employée par les Nouveaux-Zélandais pour la fabrication de leurs armes. Il lui apportait ces différents objets, qu'il lui offrit les armes aux yeux. M. Crozet, comme c'était la coutume, voulut lui donner en échange des outils de fer et des mouchoirs rouges, qu'il l'avait vu ambitionner ardemment; mais il les repoussa en souriant tristement et en secouant la tête d'un air mélancolique. Alors le lieutenant voulut lui faire reprendre les objets qu'il avait apportés; il refusa; le lieutenant lui offrit à manger, mais il refusa toujours, accompagnant ce refus de ce même signe de tête lent et triste qui avait déjà inquiété M. Crozet; puis, jetant un dernier regard sur le lieutenant, un regard d'une indéfinissable tristesse et qui semblait lui dire un dernier adieu, il s'élança hors de la chambre, remonta sur le pont, se jeta dans sa pirogue et disparut.

M. Crozet, attristé lui-même de la mélancolie de son jeune ami, chercha toutes les causes qui avaient pu amener cette tristesse qu'il ne lui avait jamais vue; mais s'il s'en présenta quelques-unes à son esprit, la cause véritable, la cause réelle lui échappa.

Enfin, le lendemain 12 juin, vers une heure, le capitaine Marion fit armer son canot, y monta, emmenant avec lui deux jeunes officiers, MM. Lettoux et de Vaudricourt, un volontaire et le capitaine d'armes du vaisseau. Des hommes armés les accompagnaient. La petite troupe se composait en tout de dix-sept personnes.

Takoury, un autre chef et cinq ou six sauvages étaient venus, ce jour-là, plus affectueux encore que de coutume, inviter M. Marion à manger des huîtres chez Takoury, et à jeter le filet dans cette partie de la baie qui était située dans le village qu'il habitait.

Ils partirent. Le canot du capitaine emmenait à la fois les Français et les sauvages.

Le soir, M. Marion ne revint pas.

Ce fait, qui eût dû effrayer tout le monde, puisque c'était la première fois qu'il se présentait, ne produisit sur les équipages qu'une faible sensation. Les relations étaient si parfaites avec les indigènes, leur hospitalité était si bien

Les sauvages les avaient inopinément attaqués. — Page 9,

connue, que personne ne s'inquiéta de leur absence. On pensa, et c'était probable, que M. Marion, voulant visiter le lendemain les travaux des ateliers, qui étaient déjà très-avancés, avait couché à terre pour être plus à portée de se rendre au point du jour à la forêt de cèdres, où se trouvait, comme nous l'avons dit, le troisième poste.

Le lendemain 13, sans qu'il fût conduit le moins du monde par un sentiment d'inquiétude, le commandant du *Castries*, M. Duclesmeur, envoya sa chaloupe pour faire l'eau et le bois nécessaires à la consommation du jour. C'était une convention établie entre les deux bâtiments que chacun à son tour serait chargé de cette corvée.

Ce jour-là c'était le tour du *Castries.*

La chaloupe partit à cinq heures du matin.

A neuf heures, comme l'inquiétude commençait à s'emparer de quelques esprits qui s'étonnaient non-seulement de ne pas avoir de nouvelles du capitaine, mais encore de ne pas voir revenir les hommes de la chaloupe qui depuis plus d'une heure et demie auraient déjà dû être de retour, un matelot crut voir au milieu de la mer un point noir qui s'agitait vivement, Il fit remarquer ce point à ses camarades ; on appela M. Crozet, qui vint avec une lunette d'approche et qui reconnut que c'était un homme blanc, et par conséquent un matelot, un employé ou un officier français.

Il fit à l'instant mettre un canot à la mer et forcer de rames vers le nageur, qui fut recueilli au moment où, arrivé au bout de ses forces, il allait disparaître sous l'eau.

C'était un homme de la chaloupe du *Castries:* il avait reçu deux coups de lance dans le côté et avait perdu tant de sang et épuisé tant d'haleine, qu'il ne put parler qu'un quart d'heure après avoir été recueilli, quoiqu'il fît comprendre par ses signes qu'il fallait aller promptement à terre, attendu que ses camarades couraient le plus grand danger. Il fut ramené à son bord, car il appartenait, comme nous l'avons dit, à l'équipage du *Castries,* et là il raconta que lui et ses compagnons avaient abordé la terre vers six heures et demie du matin ; que les sauvages, selon leur habitude, les attendaient sur la plage, où ils les avaient reçus sans armes et avec les démonstrations d'amitié auxquelles on était accoutumé ; leur empressement avait même été plus grand que jamais. Sans donner le temps aux matelots de sauter à terre, ils les avaient pris sur leurs épaules et les avaient transportés au rivage. Mais au moment où les matelots, séparés les uns des autres et occupés à couper, à fendre et à ébrancher le bois, étaient au plus fort de la besogne, alors les sauvages étaient revenus avec leurs lances et leurs casse-têtes, et les avaient inopinément attaqués.

Chaque matelot, tant les mesures avaient été bien prises, s'était trouvé tout à coup et au moment où il s'en doutait le moins, avoir affaire à sept ou huit sauvages. Aussi, à la vue de celui que l'on venait de ramener, dix matelots

étaient-ils tombés en moins de quelques minutes. Quant à lui, le bonheur avait voulu qu'il ne fût attaqué que par trois hommes ; il avait donc pu se défendre et les repousser un instant ; il avait profité de cet instant pour fuir, et la fuite était d'autant plus pressante, qu'il voyait accourir, à l'aide de ceux qui l'avaient attaqué, quatre sauvages qui, en ayant fini avec ses compagnons, venaient l'achever à son tour. Mais il avait eu le temps, tout blessé qu'il était de deux coups de lance, de gagner un endroit du rivage tout garni de broussailles ; il s'était glissé dans ces broussailles comme un serpent, et, sans mouvement, presque sans souffle, il avait attendu et regardé.

Alors il avait vu, chose terrible ! les sauvages traîner, dans une espèce de clairière, les corps de ses malheureux compagnons ; puis ils les avaient dépouillés de leurs vêtements, leur avaient ouvert le ventre, en avaient tiré les entrailles et les avaient coupés par morceaux.

Les femmes et les enfants qui assistaient à cette atroce opération recueillaient le sang dans des feuilles et le buvaient ou le faisaient boire aux hommes, et ces sauvages, qui avaient repoussé et craché le vin, buvaient ce sang avec délices.

A ce spectacle, il n'avait pu résister plus longtemps à sa terreur, et, voyant les sauvages absorbés dans leur œuvre, il avait continué de ramper vers le rivage, s'était jeté à la mer et avait essayé de gagner les bâtiments à la nage.

C'était lorsqu'il avait à peine accompli le quart du trajet qu'il avait été aperçu et qu'un canot était parti du *Mascarin* pour lui porter secours.

Ce récit était d'autant plus terrible, qu'il faisait naturellement présumer que le capitaine Marion et les seize hommes qui l'avaient accompagné, n'étant point revenus à bord, avaient été assassinés comme les hommes de la chaloupe.

III

LA VENGEANCE.

l'instant même, les officiers des deux bâtiments s'assemblèrent en conseil. Il s'agissait, s'il en était temps encore, de porter non-seulement secours au capitaine Marion, mais encore de sauver les trois postes que l'on avait à terre.

M. Crozet, le lieutenant du *Mascarin*, avait passé la nuit au poste de l'atelier, de sorte que c'était une nouvelle inquiétude pour ceux qui se trouvaient à bord.

Le résultat du conseil tenu entre les officiers fut que la chaloupe du *Mascarin* serait à l'instant même expédiée sous la conduite d'un officier, avec un détachement de soldats commandé par un sergent.

L'officier avait l'ordre d'explorer la côte, afin de savoir ce qu'étaient devenus le canot de M. Marion et la chaloupe des travailleurs.

En outre il lui était recommandé d'avertir tous les postes, et de se rendre d'abord au lieu de débarquement le plus voisin de l'atelier des mâts, afin de porter à ce poste, le plus avancé dans l'intérieur des terres, tous les secours dont il pouvait avoir besoin.

L'officier partit, muni de ces instructions et suivi par tous les yeux.

En approchant de la terre, il fit quelques signaux.

Il venait de découvrir échoués ensemble, au-dessous du village de Takoury, le canot de M. Marion et la chaloupe des travailleurs.

Ces deux embarcations étaient entourés de sauvages armés de haches, de sabres et de fusils, qu'ils avaient évidemment pris dans les deux bateaux.

Par bonheur, ils ignoraient le maniement de l'arme la plus dangereuse, le fusil, qui ne se trouvait plus être entre leurs mains que le manche de la baïonnette, comme disait quelque temps auparavant le maréchal de Saxe.

L'officier, craignant de compromettre sa mission, ne s'arrêta point, quelque facilité qu'il eût, avec une simple décharge de mousqueterie, de mettre les sauvages en fuite; mais, au contraire, il força de rames, pour ne pas arriver trop tard au poste de la mâture.

M. Crozet, comme nous l'avons dit, se trouvait de service à ce poste. Il avait mal passé la nuit, sans savoir pourquoi, tourmenté qu'il était par ces vagues pressentiments qui semblent flotter dans l'air à l'approche ou à la suite des grandes catastrophes. Il en résultait qu'il avait fait bonne et sévère garde, et que, soit que les sauvages n'eussent rien tenté de ce côté, soit qu'ils eussent tenté, mais que, voyant les hommes sur pied et les sentinelles à leur poste, ils eussent reculé devant une attaque à force ouverte, M. Crozet et ses hommes étaient dans l'ignorance complète de ce qui s'était passé.

Le jeune officier se promenait donc tout soucieux, sans savoir pourquoi, un peu en avant des travailleurs, lorsque, vers deux heures de l'après-midi, il commença d'apercevoir un détachement marchant en bon ordre, et il reconnut, aux fusils armés de baïonnettes, que ce détachement marchait en tenue de campagne.

A l'instant même l'idée d'un malheur arrivé traversa son esprit.

Seulement, quel était ce malheur?

Quel qu'il fût, il était important que les hommes de l'équipage ne le connussent point, afin qu'ils n'en fussent point démoralisés.

C'est ce que comprit M. Crozet.

En conséquence, s'avançant au-devant du détachement :

— Halte! cria-t-il à la distance de cinquante pas.

Le détachement obéit.

Puis, de la tête, il fit signe au sergent de venir à lui, et, franchissant la moitié du chemin :

— Quoi de nouveau? demanda-t-il.

Alors, à demi-voix, le sergent lui raconta l'épouvantable catastrophe, c'est-à-dire ce que l'on savait du sort de la chaloupe, ce que l'on soupçonnait du sort de M. Marion.

Lorsque le sergent eut fini de parler :

— Pas un seul mot de tout cela devant mes hommes, dit-il au sergent; soyez muet et recommandez à vos soldats d'être muets comme vous.

Puis revenant à ses matelots :

— Amis, dit-il, cessez le travail : nous sommes rappelés au bâtiment.

Tous les travaux cessèrent à l'instant.

— C'est bien, dit M. Crozet, rassemblez les outils.

Les outils furent rassemblés.

— Maintenant, chargez les armes.

Les matelots se regardèrent en clignant de l'œil, et un vieux contre-maître : se tournant de côté vers le lieutenant :

— Il paraît que cela chauffe?

— Chargez les armes, répéta M. Crozet.

On obéit en silence.

Les armes chargées, le lieutenant donna l'ordre d'emporter le plus d'outils qu'il serait possible.

Le reste fut enterré dans un trou creusé au milieu d'une baraque, et un grand feu fut allumé à cet endroit pour dissimuler, autant que possible, le trésor qu'on était forcé d'abandonner.

Comme nous l'avons dit, les matelots ignoraient ce qui s'était passé; mais, en se mettant en marche, il leur fut facile de voir toutes les hauteurs environnantes occupées par les sauvages.

Seulement, telle était la discipline, que pas un matelot ne se permit une question; le vieux contre-maître seul hasarda un grognement sourd qui aux yeux de ceux qui le connaissaient avait une grave signification.

M. Crozet divisa son détachement de soldats renforcé de celui des matelots en deux pelotons.

Les matelots étaient armés de fusils comme les soldats.

L'un de ces deux pelotons marchait en tête, précédé du sergent ; l'autre, à l'arrière-garde, sous le commandement du lieutenant Crozet.

Au centre, marchaient les matelots chargés d'outils et d'effets.

On partit ainsi de la forêt de cèdres au nombre d'à peu près soixante hommes.

Peu à peu les troupes de sauvages se rapprochèrent silencieuses et menaçantes, sans cependant oser attaquer.

Bientôt elles furent à portée de la voix.

Alors, des chefs crièrent insolemment à M. Crozet :

— Takoury maté Marion !

Ce qui voulait dire : Takoury a tué Marion.

Comme par leur fréquentation avec les sauvages, les matelots étaient à peu près parvenus à entendre leur langue, ils comprirent parfaitement ces paroles.

— Mes amis, dit le lieutenant, comme je connais l'amour que vous portiez au capitaine, j'ai voulu vous cacher sa mort le plus longtemps possible. Maintenant, ne vous inquiétez point de tout ce que disent les sauvages : leur but est évidemment de nous effrayer, de nous séparer les uns des autres par la terreur et de nous massacrer séparément. Qu'il n'en soit pas ainsi : marchons droit et serrés ; une fois à la chaloupe, nous sommes sauvés.

— Mais le capitaine ? murmura d'une voix sourde le quartier-maître.

— Soyez tranquilles, répondit Crozet, le capitaine sera vengé, je vous le promets.

Et toute la troupe continua son chemin sans laisser voir aux sauvages qu'elle eût rien appris de nouveau.

On fit ainsi deux lieues en silence, l'œil au guet, deux lieues pendant lesquelles on s'attendait à chaque instant à être attaqué par les sauvages.

Mais, au grand étonnement du lieutenant, ceux-ci se contentèrent de suivre sa troupe, en répétant de temps en temps d'un air de triomphe ces terribles paroles qui sonnaient comme une cloche funèbre aux oreilles des matelots :

— Takoury maté Marion !

Le lieutenant l'avait dit, le capitaine Marion était adoré de ces hommes ; parmi ces hommes il y avait d'excellents tireurs, sûrs de mettre leur

balle à cent pas dans le fond d'un chapeau. Ces hommes impatients, mordant leurs lèvres frémissantes, demandaient à M. Crozet qu'il leur fût permis de faire feu.

Mais, malgré ces instances, le lieutenant renouvela l'ordre de continuer la marche sans répondre à tous ces cris, sans paraître s'en inquiéter, sans paraître manifester la moindre disposition hostile.

En effet, autour de ces soixante hommes, étaient déjà réunis mille naturels à peu près. Malgré la supériorité des armes, ces soixante hommes pouvaient être écrasés par la supériorité du nombre, et alors, selon toute probabilité, ni l'un ni l'autre des deux vaisseaux français ne sortait de la baie des îles.

Il y avait d'ailleurs un troisième poste, celui des malades ; celui-là surtout, il fallait le mettre en sûreté.

Aussi, à demi-voix et tout en marchant :

— Amis, disait M. Crozet, contenez-vous, ne tirez pas ; marchez en bon ordre et comme des soldats civilisés devant cette horde de brigands. Bientôt, soyez tranquilles, nous prendrons notre revanche.

Mais le lieutenant avait beau dire, des coups d'œil de côté et de sourds murmures rendaient aux sauvages menace pour menace, et annonçaient à ceux-ci qu'au moment de la vengeance ils ne seraient pas plus épargnés qu'ils n'avaient épargné les autres.

Au fur et à mesure que les matelots et les soldats approchaient des chaloupes, les indigènes les serraient visiblement de plus près. Arrivés au rivage, ils le trouvèrent presque entièrement intercepté.

Il était évident que si quelque acte hostile devait être accompli de la part des sauvages, ce serait à l'heure de l'embarquement.

Cependant devant la petite troupe ils s'écartèrent. M. Crozet donna ordre aux matelots chargés d'outils et d'effets de s'embarquer les premiers. Puis, comme les sauvages faisaient un mouvement en avant dans l'intention évidente de s'opposer à cet embarquement, M. Crozet prit un piquet, marcha droit au chef qui paraissait le plus puissant, planta ce piquet à dix pas de lui, et fit comprendre par signe que si un seul indigène franchissait cette limite, il le tuerait avec sa carabine.

Cette preuve de hardiesse, qui pouvait être fatale à M. Crozet, produisit au contraire une grande impression sur les sauvages. Le chef répéta à ses hommes l'ordre que venait de lui intimer le lieutenant, et les Zélandais s'assirent à terre en signe d'obéissance.

Alors on commença de croire que l'embarquement se passerait mieux qu'on ne l'avait espéré. M. Crozet fit, comme nous l'avons dit, passer d'abord dans la chaloupe les matelots chargés, puis les matelots armés de fusil, puis les soldats, puis il passa le dernier.

Ce qui rendait l'embarquement plus dangereux, c'est que la chaloupe, énormément chargée, tirait plusieurs pieds d'eau, et par conséquent ne pouvait accoster au rivage; de sorte que soldats et matelots, pour s'y rendre, étaient obligés de se mettre à la mer.

Aussi, à peine les insulaires eurent-ils vu M. Crozet entrer dans l'eau à son tour, qu'ils se levèrent tous ensemble en poussant leur cri de guerre. En même temps, franchissant la limite imposée, ils lancèrent sur les Français une grêle de javelots et de pierres qui, par bonheur, n'atteignit personne.

Puis en même temps, avec de grands cris, ils mirent le feu aux cabanes que le poste du bord de la mer avait construites sur le rivage.

Tout cela se faisait tandis qu'une seconde troupe, qui paraissait destinée à encourager la première, frappait ses armes les unes contre les autres, en hurlant un chant de massacre.

Aussitôt embarqué, le lieutenant fit lever le grappin de la chaloupe et rangea tous ses hommes de manière que les rameurs ne fussent gênés en aucune façon dans leurs mouvements; la chaloupe, au reste, était si chargée, que M. Crozet fut forcé de se tenir debout à la poupe, ayant la barre du gouvernail entre les jambes.

Malgré la promesse faite à ses hommes, l'intention du lieutenant, si la chose demeurait possible, était de ne pas tirer un coup de fusil, de regagner le bâtiment le plus vite possible, et d'envoyer aussitôt la chaloupe relever sur l'île de Malou-Rocca le poste des malades, la forge et la tonnellerie.

Mais à mesure que la chaloupe, un peu plus libre de ses mouvements, s'éloignait du rivage, les cris et les menaces des sauvages redoublaient, de sorte que la retraite de la chaloupe avait tout l'air d'une fuite; d'ailleurs, les matelots grondaient sourdement, répétant entre eux les paroles du chef: *Takoury maté Marion!*

En outre, il était peut-être dangereux pour les bâtiments qui se trouvaient en ce moment dans le port de la Nouvelle-Zélande, et surtout pour ceux qui pouvaient y aborder dans l'avenir, de s'éloigner ainsi, sans laisser aux assassins un souvenir terrible de la façon dont se vengeaient les Européens lorsqu'ils voulaient se venger.

En conséquence, le lieutenant donna ordre de lever les rames, ordre qui fut exécuté avec une rapidité qui indiquait la satisfaction de ceux qui le recevaient.

Puis il commanda à quatre de ses meilleurs tireurs d'apprêter leurs armes et de faire feu, particulièrement sur les chefs, reconnaissables parmi tous à leur costume d'abord, puis à la façon dont ils s'agitaient excitant leurs hommes.

Les quatre coups de fusil partirent en même temps.

Pas un ne fut perdu: quatre chefs tombèrent.

Les quatre tireurs passèrent à leurs compagnons leurs armes déchargées et reçurent en échange quatre fusils en état.

Autant d'hommes tombèrent à cette seconde décharge qu'à la première.

Et ainsi, pendant dix minutes, la fusillade meurtrière continua.

Au bout de ces dix minutes, le rivage était jonché de morts, et une douzaine de blessés agonisaient dans l'eau.

Les sauvages debout et survivants avaient vu tomber leurs compagnons avec une incroyable stupidité. Quoiqu'ils eussent assisté à l'effet des fusils de chasse sur les canards, les pigeons et les cailles, il était évident qu'ils ne s'étaient point rendu compte de ce moyen de mort; peut-être avaient-ils cru d'abord que ce bruit qui les avait tant effrayés eux-mêmes avait suffi pour leur donner la mort.

Il en résultait qu'à chaque coup de fusil, se figurant sans doute que ceux qui étaient couchés à terre allaient se relever, ils redoublaient de cris et de menaces, mais ne faisaient aucun mouvement pour fuir.

On les eût exterminés tous ainsi, sans qu'ils bougeassent et sans qu'ils pussent rendre une égratignure en échange des coups mortels qu'ils recevaient, si le lieutenant n'eût donné l'ordre positif de cesser une fusillade dont les effets, au contraire de celui qu'il en ressentait, causaient une satisfaction visible aux soldats et aux matelots.

Mais à son ordre la discipline militaire l'emporta, les fusils s'abaissèrent, les rames retombèrent à l'eau, et la chaloupe, fendant les vagues, nagea vers le navire aussi rapidement que le lui permettait le poids énorme dont elle était chargée.

A peine arrivé à bord du *Mascarin*, M. Crozet expédia la chaloupe pour aller relever le poste des malades; c'était à lui que revenaient à la fois le commandement du *Mascarin* et la responsabilité de la perte ou du salut de l'équipage après la mort du capitaine Marion.

Il s'empara donc d'une main ferme de ce commandement; la situation était grave et ne permettait ni hésitation ni retard. Les ordres furent donnés en conséquence, et le premier, nous l'avons dit, fut de relever le poste des malades.

Un officier et un détachement frais furent expédiés à terre avec l'ordre de renvoyer à bord tous les malades, qu'il importait d'abord de mettre hors de danger.

Puis on devait s'occuper des officiers de santé et des ustensiles de l'hôpital.

Il fallait du temps pour opérer ce transport d'hommes et d'objets; on s'était établi dans l'île comme chez soi, pour y rester le temps nécessaire, et par conséquent on s'était donné toutes les commodités possibles.

M. Crozet ordonna d'abattre les tentes et de faire autour de la forge, qu'on n'avait pas le temps de ramener le même soir, un retranchement composé de tonneaux pleins d'eau. En outre de cette petite fortification, qui devait être gardée par une vingtaine d'hommes, des sentinelles avancées furent placées du côté du village.

C'était naturellement de ce côté que l'on craignait une attaque, et cette crainte était d'autant mieux motivée que la forge renfermait une grande quantité soit de fer brut, soit d'objets en fer, et que les sauvages, ayant appris à estimer ce métal par les services qu'il leur rendait, dirigeaient toujours leurs échanges dans le but de s'en procurer.

Le chef de ce village s'appelait Malou.

L'officier expédié à terre, outre toutes les instructions bien arrêtées, avait reçu des signaux de nuit à l'aide desquels il pouvait correspondre avec le vaisseau.

Une moitié des soldats et des hommes de l'équipage devait dormir tout habillée et tout armée, afin de porter un secours rapide aux hommes débarqués, au cas où l'on s'apercevrait que ceux-ci en auraient besoin.

Vers onze heures du soir, les malades furent amenés sur les vaisseaux sans aucun accident.

Toute la nuit les sauvages rôdèrent autour du poste. Quoique leur présence ne se décelât que par des bruits pareils à ceux d'animaux sauvages, on les reconnut, ces bruits n'ayant point été entendus pendant les nuits précédentes.

Mais pendant toute la nuit, les sentinelles ayant fait bonne garde et échangé entre elles les cris de veille, ils n'osèrent point attaquer.

Le lendemain 14, le lieutenant Crozet fit descendre dans l'île un nouveau détachement et deux officiers.

Les deux bâtiments, comptant sur la continuité de leurs bonnes relations avec les indigènes, n'avaient fait ni leurs provisions d'eau ni leurs provisions de bois.

Or, comme ces deux choses étaient d'absolue nécessité, comme il était bien difficile d'aller les chercher sur la grande terre, dans l'état d'exaspération où étaient les sauvages, on résolut, l'île contenant à profusion l'eau et le bois, d'approvisionner les vaisseaux aux dépens de l'île.

Voilà pourquoi un nouveau détachement et deux officiers venaient d'y être envoyés.

Les ordres donnés étaient ceux-ci :

Faire du bois et de l'eau sans attaquer les naturels, si les naturels se tenaient tranquilles ; mais à la moindre démonstration hostile de la part de ceux-ci, réunir tout le monde, marcher sur le village, l'emporter de force, le brûler, tuer autant de sauvages qu'on le pourrait, pousser le reste dans la mer.

Pendant toute la matinée, nos hommes furent assez tranquilles ; mais vers midi, on vit s'avancer les sauvages en armes. Arrivés à une centaine de pas des postes, ils firent quelques démonstrations menaçantes et qui avaient visiblement pour but de provoquer les hommes de l'équipage au combat.

Ils étaient à peu près trois cents, et, outre Malou, étaient encore commandés par cinq autres chefs.

Les ordres du lieutenant Crozet étaient précis. En outre, les hommes de l'équipage, exaspérés de la mort de leur capitaine, ne demandaient pas mieux que d'en venir aux mains et de le venger, ainsi que leurs malheureux compagnons.

En conséquence, le tambour battit la charge et l'on marcha droit sur les insulaires sans tirer, la baïonnette au bout du fusil.

A la vue de ces trente hommes chargeant en bon ordre, les sauvages battirent en retraite jusque dans leur village ; là, ils s'arrêtèrent, croyant qu'il leur serait facile de tenir.

Nos hommes les poursuivirent ; à portée de pistolet du village, ils firent halte cependant pour donner aux sauvages la confiance d'essayer de

le défendre. En effet, voyant leurs ennemis s'arrêter, les insulaires reprirent courage. Malou
et les autres chefs s'agitèrent énormément, et,
s'ils n'obtinrent pas de leurs hommes de marcher contre les Français, ils parurent du moins
décidés à défendre vigoureusement leurs maisons.

Voyant qu'ils attendaient inutilement l'attaque, les officiers décidèrent d'attaquer eux-mêmes. On commanda le feu en recommandant de
bien viser; les quinze hommes du premier rang
tirèrent. Ils avaient si bien tiré, que quatorze
hommes tombèrent, et, parmi ces quatorze hommes, Malou et les cinq autres chefs.

En voyant cette trouée dans leurs rangs, en
reconnaissant que la mort intelligente avait semblé choisir parmi eux, les insulaires s'enfuirent
aussi rapidement que possible à travers le village
pour gagner leurs pirogues. Les soldats les poursuivirent alors au pas de course, et, arrivant
presque aussitôt qu'eux sur le rivage, ils en
tuèrent cinquante et culbutèrent les autres dans
la mer.

Le reste, deux cent trente à peu près, s'enfuit
sur les pirogues; mais, en s'enfuyant, les sauvages purent voir leur village en feu.

Tout fut brûlé, depuis la première jusqu'à la
dernière hutte, et l'on ne quitta la place que
lorsque tout fut complétement rasé par l'incendie.

Du côté de l'équipage, un seul homme avait
été assez grièvement blessé par un coup de javelot qui l'avait atteint près de l'œil.

L'île, complétement évacuée, était donc au
pouvoir des hommes du *Mascarin*.

Ils en profitèrent pour faire embarquer la
forge, les fers, les pièces à eau, et abandonner
entièrement le poste.

Puis on revint au bâtiment.

Mais M. Crozet pensa qu'un surcroît de précaution devait être pris.

Il renvoya une vingtaine d'hommes dans la
même île, afin de couper toute la fougère qui,
haute de six pieds, pouvait cacher des embus-
cades;

Puis il commanda que les sauvages tués fussent enterrés avec une main saillissant hors du
sable, afin que ceux qui survivraient, en retrouvant les corps de leurs compagnons, comprissent
bien que les hommes blancs n'étaient point anthropophages comme eux.

M. Crozet avait, du reste, donné la veille un
ordre qui n'avait pu être exécuté: c'était celui
de faire prisonniers, si la chose était possible,

quelques jeunes gens ou quelques jeunes filles
du village de Malou; mais avant d'attaquer, les
Zélandais avaient eu la précaution d'envoyer
sur la grande terre leurs femmes et leurs enfants.

Cependant, comme M. Crozet avait promis
aux soldats et aux matelots cinquante piastres
pour chaque homme ou femme qu'ils amène-
raient vivant, ils avaient essayé de garrotter les
blessés qui n'avaient pas pu fuir et de les transporter avec eux. Mais la chose avait été impossible: ces blessés mordaient comme des bêtes
féroces, et, garrottés, brisaient leurs liens comme
des fils.

On tua donc tout.

Cependant le *Castries*, pour lequel on travaillait surtout dans la forêt des cèdres, n'avait ni
mât de beaupré ni mât de misaine, et ne pouvait
se remettre en mer ainsi désemparé. L'île n'offrait point d'arbres assez forts pour en faire des
mâts; on ne pouvait risquer d'en aller couper
dans la grande terre: on fit des mâts par l'assemblage de petites pièces de bois que l'on retrouva dans les bâtiments, et au bout de quinze
jours, tant bien que mal, le *Castries* se trouva
remâté.

Mais ce qu'il y eut de plus long à faire, ce fut
l'eau et le bois à brûler. Il fallait, pour les deux
bâtiments, sept cents barriques d'eau et soixante-
dix cordes de bois, et comme il ne restait qu'une
seule chaloupe pour accomplir ces travaux, on
mit un mois à les achever.

Au reste, comme on le comprend bien, ce
mois ne s'écoula point sans quelques alarmes.
On envoyait tous les jours la chaloupe à terre
avec une trentaine de travailleurs. Une fois, la
chaloupe, en revenant, rapportait de l'eau; une
autre fois, elle ramenait du bois, et chaque soir
soldats et travailleurs revenaient coucher au vaisseau, sur lequel veillaient chaque nuit quatre
hommes de garde.

Une nuit les sauvages passèrent, sans que personne s'en doutât, de la grande terre sur l'île.
Ce soir-là justement la chaloupe demeura plus
tard à travailler que d'habitude.

Tout à coup, un peu avant la tombée de la
nuit, il sembla à l'une des sentinelles qu'elle
voyait venir à elle un matelot de la chaloupe. Un
instant elle pensa qu'un homme de l'équipage
avait pu peut-être échapper au massacre général,
et, passant de la grande terre à l'île, essayait par
ce chemin de regagner le bâtiment. Cette suppo-
sition paraissait d'autant plus probable, que cet

homme se cachait à l'aide de tous les accidents de terrain, de toutes les anfractuosités de rochers, de tous les buissons dont il pouvait s'aider sur sa route. Cependant, quand il ne fut plus qu'à cinquante pas à peu près de la sentinelle, celle-ci pensa qu'il n'y avait aucun mal de crier *Qui vive!* attendu qu'à ce qui-vive l'homme, s'il appartenait véritablement à l'équipage, ne manquerait pas de se faire reconnaître.

En conséquence, la sentinelle poussa le cri consacré; mais, au lieu de répondre, l'homme parut s'aplatir entre deux rochers.

Un instant après, il reparut risquant quelques mouvements nouveaux.

Aussitôt la sentinelle poussa un second cri, lequel fut suivi d'une immobilité pareille.

Enfin un troisième cri retentit, et comme celui-là n'avait pas plus que les deux autres obtenu de réponse, la sentinelle fit feu.

L'homme tomba mort.

Aussitôt on vit surgir derrière cet homme, qui sans doute lui servait de guide, une troupe nombreuse de sauvages qui agita ses armes en poussant de grands cris.

Mais au coup de feu, le détachement s'était mis en bataille. En se repliant, la vedette le trouva à vingt pas derrière elle. On savait comment on devait en agir avec les Nouveaux-Zélandais; on les chargea au pas de course, ils prirent la fuite; on les poursuivit toujours tirant, on en tua de nouveau une cinquantaine, et comme la première fois, on les chassa de l'île, où ils n'osèrent plus remettre le pied.

De leur côté, les sauvages étaient sur leurs gardes. Des bâtiments on pouvait, à l'aide des lunettes, suivre tous leurs mouvements. Ils s'étaient réunis sur les hauteurs, d'où ils donnaient le signal aux gens des villages qu'ils pouvaient se livrer à leurs occupations habituelles ou devaient les venir rejoindre.

La nuit, ils correspondaient par des feux.

Chaque fois qu'une troupe un peu considérable d'indigènes longeait le rivage, quoique ce fût hors de portée de l'artillerie, on leur lâchait un coup de canon à poudre pour leur montrer que les bâtiments étaient sur leurs gardes; mais comme, tout en entendant le bruit, ils ne voyaient nulle part l'effet du coup, ils en vinrent à se persuader que ce tonnerre était inoffensif.

Il résulta de cette conviction qu'une pirogue chargée de huit ou dix hommes se hasarda un jour de passer à demi-portée du *Mascarin*.

M. Crozet appela le meilleur pointeur et fit tirer un coup de canon à boulet sur la pirogue.

Le boulet coupa la pirogue par la moitié et tua deux hommes; les autres se sauvèrent à la nage.

Cependant, on n'avait point de nouvelles de M. Marion. Quoiqu'on eût la presque certitude de sa mort, on ne pouvait quitter l'île sans une conviction entière à ce sujet.

On décida donc que deux ou trois jours avant le départ on ferait une expédition au village de Takoury; d'après les propres paroles des naturels, comme c'était là qu'avait disparu le capitaine, c'était là qu'il fallait l'aller chercher.

D'ailleurs, c'était là qu'on avait vu les deux canots échoués et entourés par les naturels du pays.

En conséquence, le moment du départ fut fixé au surlendemain 14 juillet 1772. Le 12 juillet au matin, le lieutenant Crozet donna l'ordre à la chaloupe d'appareiller, y fit descendre un fort détachement commandé par des officiers expérimentés, auxquels il recommanda de ne point revenir à bord sans nouvelles certaines du malheureux Marion et de ceux qui l'avaient accompagné. Pour arriver à ce résultat et laisser dans l'esprit des sauvages une haute idée de notre puissance, les instructions étaient de descendre à l'endroit où les canots avaient été vus, de monter jusqu'au village, de l'emporter de force s'il était défendu, d'en exterminer les habitants, de fouiller avec soin toutes les maisons, de recueillir jusqu'aux moindres objets ayant appartenu au capitaine ou à ses compagnons d'infortune, afin de pouvoir constater leur mort par un procès-verbal authentique, et de terminer enfin leur expédition en mettant le feu au village; après quoi l'expédition reviendrait vers le bâtiment, remorquant toutes les pirogues de guerre que l'on pourrait réunir, et de toutes ces pirogues réunies ferait au milieu de la mer un immense bûcher auquel le feu serait mis; de cette façon les Nouveaux-Zélandais, des hauteurs où ils étaient réfugiés, assisteraient à l'incendie de leur flotte.

La chaloupe s'éloigna, emportant cinquante hommes armés de sabres et de fusils, et bien armée elle-même de pierriers et d'espingoles. L'officier qui la commandait aborda à l'endroit qui lui avait été désigné; mais les embarcations avaient disparu: les sauvages les avaient brûlées pour en extraire le fer.

Alors on passa au second point de l'expédition: le détachement, la baïonnette en avant, monta au village de Takoury.

Mais le village était abandonné : ses seuls habitants étaient cinq ou six vieillards trop faibles pour suivre la population, qui avait émigré. Assis sur des espèces de siéges de bois, ils attendaient, comme ces vieux Romains du Capitole, les modernes Gaulois qui s'avançaient vers eux dans des dispositions non moins hostiles que leurs aïeux vers les sénateurs. On voulut alors les faire prisonniers; mais le premier sur lequel on porta la main avait près de lui un javelot dont il frappa le soldat qui l'avait touché.

Le soldat blessé recula d'un pas et lui passa sa baïonnette au travers du corps.

Les autres furent épargnés.

Au moment où les soldats étaient entrés par un bout du village, ils avaient vu fuir à l'extrémité opposée, mais hors de la portée de la balle, Takoury et une vingtaine d'hommes; le traître avait sur les épaules le manteau du capitaine Marion, facile à reconnaître à cause de ses deux couleurs écarlate et bleue.

On le suivit des yeux dans la colline; il se réunit aux hommes qui couronnaient la hauteur la plus proche du village, et qui, de là, avec de grands cris, assistaient à l'exécution qui se faisait.

Ce qui se faisait était une fouille exacte de toutes les huttes des sauvages.

Dans celle de Takoury on trouva le crâne d'un homme : ce crâne avait été cuit quelques jours auparavant. Toutes les chairs du reste de la tête avaient été mangées, et sur le crâne même on voyait encore les traces des dents des anthropophages. Dans un autre coin une cuisse d'homme, tenant encore à la broche de bois qui avait servi à la faire rôtir, était à moitié dévorée.

Les perquisitions continuèrent, car on ignorait à qui ces débris humains avaient appartenu. Alors, dans une autre hutte on retrouva le corps d'une chemise que l'on reconnut pour avoir appartenu au capitaine Marion. Le col en était tout ensanglanté, et l'on y voyait trois ou quatre déchirures également tachées de sang sur les côtés.

Dans deux autres huttes étaient une partie des vêtements et les pistolets du jeune enseigne Vau-

dricourt, qui, ainsi que nous l'avons dit, avait accompagné son capitaine.

Enfin, dans une autre encore, on trouva les armes du canot et un tas de lambeaux et de draps ensanglantés. C'étaient les hardes des malheureux matelots.

Toutes ces preuves de l'assassinat réunies, le procès-verbal de la mort du capitaine Marion fut dressé; après quoi on mit le feu aux huttes, et, pour que les habitants ne revinssent point éteindre l'incendie, on ne quitta le village que lorsqu'il fut complétement réduit en cendres.

Près du village de Takoury était un village beaucoup mieux fortifié que les autres, et dont le chef, soupçonné d'être le complice de Takoury, se nommait Piki-Ore. Au milieu de l'exécution qui se faisait du premier village, le détachement s'aperçut que les indigènes évacuaient le second. Cette fuite confirma leurs soupçons, et le village de Takoury brûlé, on s'achemina vers celui de Piki-Ore.

Celui-là était beaucoup mieux fortifié que l'autre; mais ses habitants n'essayèrent pas même de le défendre. On en visita donc librement toutes les huttes, et dans ces huttes comme dans celles du village de Takoury, on trouva beaucoup d'objets provenant des embarcations et quelques restes de hardes arrachées aux matelots.

Sur toutes ces hardes, des taches de sang prouvèrent que ceux qui les portaient étaient morts de mort violente.

Comme le premier, ce second village fut réduit en cendres.

Puis, afin d'accomplir l'œuvre de destruction dans toute son étendue, en se rembarquant, les hommes du détachement poussèrent à l'eau deux pirogues de guerre, et, les ayant prises à la remorque, les amenèrent dans les eaux du Mascarin.

On en tira en planches tout ce qui pouvait être utile, puis on mit le feu aux deux carcasses, qui avaient à peu près soixante pieds de longueur.

Ce fut à la lueur de ce dernier incendie que, le 14 juillet 1772, les deux vaisseaux le *Castries* et le *Mascarin* quittèrent la *baie des Meurtriers.*

LA JUNON

1795

PAR

ALEXANDRE DUMAS

orsque Byron, encore enfant, quitta l'Écosse pour l'Angleterre et Aberdeen pour Newstead-Abbay, on le mit à Nottingham, en pension chez un brave homme nommé M. Drury, lequel le prit en affection et lui permit parfois, tandis que ses camarades en promenade prenaient un exercice que son pied boiteux rendait fatigant pour lui, de visiter sa bibliothèque. Cette bibliothèque, riche en livres sérieux, avait un compartiment tout entier consacré aux voyages. C'était ce compartiment que visitait plus volontiers le futur poëte.

Un jour, sa vue tomba et son esprit s'arrêta sur le naufrage du navire anglais la *Junon*, et dans le récit si terrible qu'en a laissé John Mackay, second maître du bâtiment, le passage qui se rapporte à la mort d'un jeune homme de l'équipage et à la douleur que ressentit de cette mort le père du jeune homme, le frappa si vivement, — dit Thomas Moore, en citant le passage de la relation, — que, vingt ans après, on en retrouve le souvenir dans *Don Juan*.

Ce souvenir de Byron, cité par Thomas Moore, nous avait donné, à nous aussi, depuis long-temps, le désir de lire la narration entière de John Mackay. Aujourd'hui qu'à notre tour nous jetons sur le papier quelques-unes de ces désastreuses histoires, nous nous sommes mis à la recherche de cette relation et nous l'avons trouvée.

Ce sont les pages que l'on va lire, et dans lesquelles on reconnaîtra facilement le passage imité par l'auteur de *Don Juan*.

LA JUNON

I

LE DÉPART.

l'extrémité de l'empire indien des Birmans, aux bouches de l'Ulrawadi, qui lui font un port splendide, s'élève la ville de Rangoun, l'une des plus commerçantes du Pégou.

Pendant les premiers jours de mai de l'année 1795, elle avait dans son port un vieux navire anglais de quatre cent cinquante tonneaux, nommé la *Junon*, prenant, sous les ordres de son capitaine, Alexandre Bremner, une cargaison de bois de teck pour Madras.

Au moment du départ, son second maître tomba malade, et l'on reconnut bientôt l'impossibilité où il se trouvait de faire la traversée.

Cette traversée, celle du golfe de Bengale dans sa plus grande largeur, n'étant pas sans danger, surtout au milieu de la mousson du sud-ouest, on s'occupa de remplacer le second maître, malade, par un homme qui pût tenir sa place.

Le capitaine Bremner n'eut point à chercher longtemps : un homme dans la force de l'âge, c'est-à-dire de trente-cinq à trente-huit ans, marin consommé, naviguant depuis sa jeunesse, se présenta muni d'excellents papiers prouvant qu'il avait exploré en tous sens les parages dans lesquels on se trouvait. Il se nommait John Mackay.

Le capitaine Bremner interrogea cet homme, examina ses papiers, et, reconnaissant qu'il rem-

placerait avantageusement celui qui lui faisait défaut, traita avec lui pour un an.

Comme le bâtiment sur lequel il s'embarque est de quelque importance pour le marin qui lui confie sa vie, à peine John Mackay fut-il à bord, qu'il examina le navire dans toutes ses parties.

L'examen ne fut point à l'avantage de la *Junon*. Le navire était vieux, en mauvais état, mal pourvu sous tous les rapports, et l'équipage, composé de cinquante-trois hommes, tous Lascars, à l'exception de huit ou dix Européens, n'inspirait point à l'expérimenté John Mackay une confiance qui pût compenser la défiance que faisaient naître en son esprit la vieillesse, le mauvais état et le malencontreux aménagement du trois-mâts.

Aussi crut-il devoir s'expliquer franchement avec le capitaine et lui avouer la mauvaise impression qu'après examen il avait reçue de son bâtiment.

Mais le capitaine Bremner était un de ces insoucieux marins, vieillis sur l'Océan, et pour qui le passé est une garantie pour l'avenir. Il répondit à son second contre-maître que depuis vingt ans il naviguait sur la *Junon*, qu'il ne lui était jamais arrivé malheur, et que, puisque la *Junon* avait bien marché vingt ans, elle en marcherait bien vingt et un, c'est-à-dire jusqu'à la fin du bail qu'il venait de passer avec son contre-maître.

John Mackay répondit que l'observation qu'il

s'était permise n'avait rien d'égoïste, mais avait été faite dans l'intérêt de tous ; que lui personnellement était, Dieu merci ! assez familiarisé avec la mer pour traverser, s'il le fallait, le golfe du Bengale dans une chaloupe, mais que, tout commandement à bord d'un navire entraînant une responsabilité, il avait cru, pour dégager la sienne, hasarder les observations qu'il venait de faire.

Le capitaine, d'un air tant soit peu goguenard, remercia son second maître, et, lui montrant sa femme qui montait en ce moment à bord du bâtiment et qui faisait la traversée avec lui, il lui demanda s'il ne le croyait pas souverainement intéressé à ce que la traversée fût heureuse.

En effet, en jetant un regard, si rapide qu'il fût, sur madame Bremner, on comprenait l'intérêt qu'un mari avait à conserver une si charmante femme.

Madame Bremner, qui venait de se marier il y avait six mois à peine, était en effet une charmante créature. Née dans l'Inde d'une famille européenne, elle possédait, outre sa beauté remarquable, toute cette grâce charmante des créoles, qui empruntent dans tout l'ensemble de leur organisation quelque chose à cette luxuriante nature au milieu de laquelle elles ont ouvert les yeux, ont grandi et doivent mourir.

Une esclave malaise, vêtue de son costume pittoresque, l'accompagnait, et en l'accompagnant complétait la composition de ce tableau dont elle était la figure principale.

John Mackay comprit donc qu'il serait mal venu, lui qui ne risquait que sa peau, d'insister sur les dangers que courait un bâtiment auquel son capitaine confiait une si charmante créature.

Les derniers aménagements furent donc faits sans amener de nouvelles observations de la part du second contre-maître, et le 29 mai 1795, avec le commencement du flot, le trois-mâts mit à la voile ayant vingt-cinq à trente pieds d'eau sur un fond de vase molle.

Dès le commencement, le second maître crut s'apercevoir qu'on laissait dévier le bâtiment de la route qu'il devait suivre ; mais le capitaine Bremner naviguait depuis trop longtemps dans ces parages pour que l'on pût croire qu'il fît erreur. Cependant John Mackay fit l'observation au premier maître Wade qu'il lui semblait que le navire appuyait à droite plus qu'il ne devait faire, et, comme le maître reconnaissait la justesse de l'observation, il ordonna de jeter le plomb de sonde.

On avait moins de vingt pieds de fond.

La chose était grave ; on en fit part au capitaine, qui n'en voulut rien croire, mais qui, s'étant assuré du fait par lui-même, ordonna aussitôt de virer de bord.

Mais avant que le timonier eût pu mettre la barre au gouvernail sous le vent, une violente secousse annonça que le navire avait touché.

Il n'y avait pas une seconde à perdre ; le capitaine ordonna à l'instant même de brasser pour dégager le bâtiment, mais ce fut un commandement inutile, il ne s'agissait plus que de l'empêcher d'aller à la dérive.

On mouilla immédiatement deux ancres d'affourche, et l'on s'aperçut, à la grande joie de tout le monde, que le navire était stationnaire.

On eut le temps alors d'examiner la situation.

La *Junon* avait touché sur un banc de sable presque aussi dur que de la pierre, mais cependant le navire avait résisté, aucune voie d'eau ne s'était déclarée, rien n'était donc encore perdu en réalité, lorsqu'une des deux ancres perdit fond et fit chasser l'autre.

Aussitôt l'ordre fut donné et exécuté de laisser tomber la maîtresse ancre.

Le vaisseau, déjà à la dérive, roidit la chaîne, qui se tendit comme la corde d'un arc, mais qui suffit à l'arrêter.

Il y avait eu un moment d'angoisse que calma l'immobilité du bâtiment.

Le capitaine Bremner commençait intérieurement à reconnaître la justesse des observations de son second maître ; mais, au lieu de lui savoir gré d'avoir prévu le péril, il lui en voulait presque de l'avoir prédit.

D'ailleurs, comme nous l'avons dit, rien n'était perdu ; si l'on arrivait à empêcher, lors de la marée basse, le vaisseau de chavirer, on était à peu près sûr de le dégager avec le reflux, et, puisque l'accident arrivé n'avait point amené de grave avarie, on pourrait continuer son chemin en laissant derrière soi, sans y songer davantage, ce premier hasard de la mer.

En attendant, il s'agissait d'alléger le navire. On amena les mâts et les vergues de perroquet.

A la marée basse, le navire donna à la bande d'une manière effrayante. On s'y était attendu ; ce fut un moment terrible, mais il s'écoula sans nouvel accident.

Le capitaine passa tout fier devant John Mackay.

Le capitaine Bremner.

— Eh bien! maître, dit-il, pour un vieux bâtiment, il me semble que la *Junon* ne se conduit pas trop mal.

John Mackay secoua la tête.

Sans doute la *Junon* se conduisait bien; le tout était de savoir si elle continuerait ainsi.

L'événement d'ailleurs parut donner raison au capitaine : au reflux, le navire flotta; à peine s'en fut-on aperçu que l'ordre fut donné de lever les ancres; on déploya tout ce que l'on avait de toile à bord, et l'on se trouva bientôt dans des eaux assez profondes pour que disparût toute crainte de toucher de nouveau.

Le 1er juin, le vent fit une saute, et souffla violemment du sud-ouest; presque aussitôt la mer grossit, et le vaisseau fatigua beaucoup.

Le second maître avait mis un homme à fond de cale; au bout de quatre heures à peu près, l'homme remonta en criant qu'une voie d'eau venait de se déclarer.

C'est ce qu'avait toujours craint le contre-maître.

Le capitaine descendit lui-même dans la cale, où l'eau commençait en effet à pénétrer ; par malheur, il n'y avait pas même de charpentier à bord et presque pas d'outils.

On s'occupa donc de vider le bâtiment, et à cet effet tout le monde se mit aux pompes et travailla sans distinction ; mais, comme si tout dût concourir à la perte de la malheureuse *Junon*, le lest du navire était de sable, et ce sable mêlé à l'eau engorgeait rapidement les pompes. On ne gagnait donc rien sur l'eau, et tout au contraire, c'était l'eau qui gagnait sur les travailleurs.

Ce gros temps dura huit jours, pendant lesquels le navire fatigua énormément.

Alors on délibéra si l'on ne retournerait pas à Rangoun ; mais, comme c'eût été reconnaître de la part du capitaine que le second maître avait eu raison, et qu'un capitaine ne peut pas avoir tort, M. Bremner fit observer que la côte de Rangoun était si basse, qu'on ne l'apercevait pas à plus de trois ou quatre lieues de distance ; qu'en suivant la route exacte, et avec un navire facile à manœuvrer, il fallait se tenir dans une espèce de canal qui n'avait pas plus de trente pieds de profondeur ; qu'aux deux côtés de ce canal gisaient des bancs de sable sur lesquels on avait touché déjà, et qui ouvriraient le bâtiment pour peu qu'on y touchât encore ; que mieux valait donc continuer la route au risque de ce qui pourrait arriver ; que d'ailleurs le gros temps durait depuis sept jours, et, selon toute probabilité, ferait bientôt place à une mer plus calme, et qu'avec une mer plus calme il y aurait moyen de se rendre maître de la voie d'eau.

Le capitaine était le maître, son opinion en matière de marche était un ordre ; on continua donc de naviguer sur Madras, autant au reste que le permettait le gros temps.

Et d'abord l'événement sembla donner raison au capitaine : le 6 juillet le vent diminua, la mer *calmit*, et, comme l'avait prédit M. Bremner, la voie d'eau diminua au point qu'il suffit, pour la tarir, de garder une seule pompe en mouvement.

Alors on fit des recherches, et l'on s'aperçut que la voie d'eau venait de l'étambord à la ligne de flottaison. C'était un endroit facile à réparer. Dès le premier jour de calme, on mit le canot dehors, et, comme on manquait, ainsi que nous l'avons dit, non-seulement de charpentier, mais encore d'outils, on fut forcé de se contenter de boucher la gerçure avec de l'étoupe, de clouer une toile goudronnée par-dessus le trou et de recouvrir le tout avec une feuille de plomb.

Cet expédient, tout naïf qu'il fût, eut d'abord un plein succès, et, tant qu'il fit beau, on n'eut besoin que de pomper une fois par quart, ce qui fit tout naturellement présumer que l'on s'était rendu maître de la voie d'eau.

On se félicita donc d'avoir échappé au péril, et chacun continua gaiement sa route, à l'exception de John Mackay, lequel, au milieu de ces félicitations, secouait de temps en temps la tête et murmurait un proverbe anglais qui correspondait à notre proverbe français : Qui vivra verra.

II

LA HUNE D'ARTIMON.

élas! on ne devait point tarder à s'apercevoir qu'au milieu de tout, le second maître avait seul raison, et qu'il eût mieux valu pour la *Junon* retourner à Rangoun, quels que fussent les dangers qu'offrait la côte du Pégou, que de continuer son chemin à travers le golfe de Bengale, où l'attendait la mousson du sud-ouest.

Le 12 juin, comme il ventait grand frais, comme on sentait à ces lugubres plaintes qui s'échappent des membres du bâtiment que la *Junon* fatiguait beaucoup, ce cri qui avait déjà fait pâlir l'équipage retentit une seconde fois : Capitaine, une voie d'eau !

Aussitôt on se précipita dans l'entre-pont : c'était la même voie qui s'était rouverte. Cette pauvre réparation, qui avait suffi dans les jours de calme, avait été insuffisante au premier gros temps.

Seulement, cette fois, la voie d'eau s'ouvrait bien autrement considérable que la première fois; et, comme les accidents causés par le sable du lest étaient d'autant plus graves que la voie d'eau était plus forte, les pompes devinrent bientôt insuffisantes, quoiqu'il y en eût trois en mouvement et que l'on vidât en même temps l'eau avec un seau de bois.

Le 16, l'équipage, qui depuis quatre jours travaillait incessamment, était presque épuisé par la fatigue et la privation du repos.

D'ailleurs, on commençait à concevoir des craintes sérieuses.

Malheureusement, il était trop tard, cette fois, pour retourner en arrière : on était au moins aussi éloigné de Rangoun que de Madras. On résolut donc de risquer le tout pour le tout, de mettre les voiles dehors, depuis les grandes voiles jusqu'aux bonnettes, et d'essayer de gagner sur son point le plus rapproché la côte de Coromandel.

Une fois à la côte, on la prolongerait avec le bâtiment ou l'on descendrait à terre, selon que la *Junon* pourrait encore tenir la mer ou se trouverait dans l'impossibilité d'aller plus loin.

Le navire, dès lors, marcha rapidement, plus rapidement même qu'on ne l'espérait; mais sa fatigue augmenta en proportion de sa rapidité, et, comme tout le monde était occupé aux pompes, personne n'avait le temps de songer à la manœuvre. Au bout de deux jours, le vent avait enlevé toutes les voiles, à l'exception de la misaine; on fut donc obligé, le 18, de mettre en travers jusqu'au 19 à midi, jour et heure auxquels on s'occupa de prendre hauteur, et où l'on reconnut que l'on se trouvait par le 17ᵉ degré 10 minutes de latitude nord.

Malgré le travail presque surhumain auquel tout le monde s'assujettit, on s'apercevait que l'eau gagnait incessamment et que le bâtiment s'enfonçait peu à peu. En même temps et à mesure qu'il s'enfonçait, il devenait si lourd, que l'on commençait à comprendre que jamais il ne pourrait se relever à sa flottaison ordinaire.

A partir de ce moment, une sombre tristesse se répandit à bord, et, comme chacun se sentait perdu, comme on comprenait que tous les efforts étaient inutiles, il était devenu très-difficile de maintenir les hommes à leur poste.

Vers midi, cependant, sur les ordres du capitaine et sur les prières de sa femme, on reprit le travail abandonné un instant.

Ordre d'orienter la misaine fut donné; on obéit, et l'on marcha vent arrière à sec. En même temps les efforts pour vider le bâtiment avaient redoublé. On s'était remis aux pompes et aux seaux; mais, au bout de deux heures de travail, on s'aperçut que c'était un moyen de prolonger l'agonie de la *Junon*, voilà tout, et que le bâtiment était bien décidément perdu.

Tous deux aidèrent la pauvre femme à sortir. — Page 9.

En effet, les matelots qui étaient en bas remontèrent découragés, vers les huit heures du soir, disant que l'eau gagnait le premier pont.

Alors que l'événement eut réalisé ce que John Mackay avait dit du navire, l'événement réalisa encore ce qu'il avait dit de l'équipage : les Lascars, qui en formaient les trois quarts, refusèrent les premiers de travailler, et se livrèrent au désespoir, entraînant avec eux dans le découragement quelques matelots malais qui se trouvaient aussi à bord. Quant aux Européens, leur courage tint plus longtemps ; mais, à leur visage assombri, il était clair qu'une force morale seule les soutenait, et qu'ils ne se faisaient pas illusion sur le sort auquel ils étaient destinés.

Soit ignorance du danger, soit courage réel, madame Bremner, cette frêle créature qui semblait devoir se courber sous un souffle, comme un roseau sous le vent, madame Bremner consolait et encourageait tout le monde.

On eût dit d'un ange égaré parmi les hommes, que les dangers matériels ne pouvaient atteindre, et qui, au moment où il lui faudrait quitter ce monde, déploierait ses ailes invisibles jusqu'alors, et remonterait au ciel.

Le soir, vers sept heures, on sentit deux ou trois secousses et l'on entendit comme des gémissements.

C'était le navire qui s'enfonçait de plus en plus. Les navires ont leur agonie comme les hommes, et ils se plaignent et se roidissent.

L'équipage, alors, sentant qu'on allait couler bas, demanda tumultueusement que l'on mît les canots à la mer; mais il n'y avait qu'à jeter les yeux sur les deux embarcations, pour acquérir la certitude qu'elles ne pouvaient rendre aucun service en pareille circonstance. Il n'y avait à bord que le grand canot, si vieux, qu'il était presque hors de service, et une péniche à six avirons.

L'équipage, après avoir examiné ces deux embarcations, renonça donc de lui-même à s'en servir.

Le soir, vers neuf heures, le capitaine appela le premier et le second maître à une espèce de conseil, et l'on arrêta de couper le grand mât pour alléger le bâtiment; grâce à ce moyen, on pouvait espérer encore de se soutenir sur l'eau pendant à peu près vingt-quatre heures.

Aussitôt on se mit à la besogne. Dans ces sortes d'occasions, l'ardeur avec laquelle les matelots obéissent aux ordres de destruction ressemble à une espèce de férocité.

En un clin d'œil le grand mât, attaqué dans sa base, craqua sous les coups, s'inclina et s'abattit.

Par malheur, au lieu de s'abattre dans la mer, il s'abattit sur le pont.

On comprend la confusion qu'occasionna cette chute. Les hommes du gouvernail, ne pouvant plus maîtriser le bâtiment, laissèrent la *Junon* présenter le travers; au même moment elle embarqua une lame énorme et l'eau pénétra de tous côtés.

On avait cru retarder la catastrophe, on venait au contraire de la hâter.

Alors le cri : « Nous sombrons! nous coulons bas! » retentit de tout côté.

Madame Bremner, qui comptait encore sur quelques heures, et à qui d'ailleurs son mari avait laissé ignorer peut-être l'imminence du danger, s'était retirée dans sa chambre.

En sentant le bâtiment se dérober sous ses pieds, le capitaine jeta un cri et voulut se précipiter sous l'écoutille, mais il s'embarrassa dans les cordages et n'eut que le temps de crier à John Mackay, qui était près de lui :

— John, John, ma femme !

Le second maître s'élança vers l'écoutille; il y trouva le premier maître Wade, qui tendait les mains à madame Bremner. Celle-ci, au bruit qu'avait fait le mât en tombant, s'était jetée hors de son lit.

Tous deux aidèrent la pauvre femme à sortir; mais, à leur grand étonnement, au milieu de toute cette effroyable confusion, elle n'avait point perdu la tête; n'ayant pas eu le temps de s'habiller complétement, elle avait cependant pris celui de passer un jupon d'écorce par-dessus sa chemise, et dans la poche de ce jupon de glisser une trentaine de roupies, cent quatre-vingts francs à peu près, qui avaient frappé ses yeux sur une table de la chambre.

Qu'on ne s'étonne point que nous nous arrêtions à ces détails, au milieu de la catastrophe terrible qui s'accomplit : on verra que ces trente roupies sont destinées à jouer un rôle dans le dénoûment de ce terrible drame.

Au moment où l'équipage sentit que le bâtiment s'enfonçait, chacun, par un mouvement instinctif, s'accrocha à ce qu'il trouva sous sa main, essayant, en s'élevant le plus possible, de fuir l'eau qui montait rapidement.

Wade et John Mackay, qui se trouvaient à l'écoutille de la chambre du capitaine, saisirent les lisses de l'arrière et gagnèrent avec madame Bremner les haubans d'artimon.

Au moment où ils s'y cramponnaient, un bruit pareil à celui d'un coup de canon se fit entendre, suivi d'une secousse terrible : c'était l'air comprimé dans la coquille du navire qui faisait éclater le pont.

A cette secousse, chacun crut que tout était fini et ne songea plus qu'à recommander son âme à Dieu; mais à peine le pont fut-il couvert d'eau que le mouvement par lequel le navire s'abîmait cessa, non point entièrement, car il fut facile de sentir qu'à chaque lame le navire continuait de sombrer, mais si lentement, que les plus basses traverses des haubans ne disparurent que peu à peu, ce qui permettait aux malheureux réfugiés dans les cordages de monter au fur et à mesure que le navire descendait.

Cependant le capitaine, qui avait rejoint sa femme, le premier et le second maître, qui la soutenaient, comprirent qu'ils ne pouvaient ainsi demeurer suspendus aux cordages et qu'il fallait gagner un refuge plus solide. La hune d'artimon

était à une dizaine de pieds au-dessus de leur tête ; ils la gagnèrent des premiers et s'y installèrent.

Nous disons des premiers, car, s'ils n'eussent point eu ce droit de priorité et si la hune eût été occupée, il est probable que, dans un pareil moment, la déférence due à leur grade eût été oubliée et qu'ils fussent restés où ils étaient, ou bien n'auraient eu que les dernières places.

En un instant l'exemple donné fut suivi, et la hune se trouva pleine.

Le reste de l'équipage s'accrocha aux manœuvres du même mât.

Un seul matelot qui se trouvait à l'avant du navire gagna la hune de misaine et s'y établit.

Alors on attendit avec angoisse ce que Dieu, qui avait déjà décidé du sort de la *Junon*, allait décider à l'endroit du sort des passagers.

Le navire continua de s'enfoncer lentement, d'une dizaine de pieds encore, puis il parut aux malheureux naufragés qu'il restait stationnaire et roulant entre deux eaux.

Les deux hunes, celles de misaine et d'artimon, étaient suspendues à une douzaine de pieds environ au-dessus de la mer, et, moins un homme qui, ainsi que nous l'avons dit, avait gagné la hune de misaine, tout ce qui restait de l'équipage et qui n'avait pu tenir dans la hune d'artimon était groupé à l'entour.

Alors, on s'aperçut que ce mât effroyablement chargé risquait de se rompre. Il était urgent de l'alléger ; mais, comme ce ne pouvait être aux dépens des hommes que cet allégement s'exécutât, on décida que ce serait aux dépens des manœuvres.

En conséquence, à l'aide de couteaux, on coupa la grande vergue et on la jeta à la mer.

Quoique la coque du bâtiment, alourdie par l'eau qu'elle contenait, établît pour les deux mâts qui sortaient encore de la mer une espèce de centre de gravité, les malheureux qui s'y étaient réfugiés subissaient un roulis si terrible, qu'ils avaient peine à se maintenir.

Cependant, si précaire que fût la situation, la plupart étaient si cruellement fatigués, qu'après s'être attachés aux manœuvres à l'aide de leurs mouchoirs ou s'être cramponnés avec leurs bras seulement, ils parvinrent à s'endormir.

Le second maître, John Mackay, n'était point de ceux-là.

Plus vigoureusement constitué que les autres, peut-être aussi doué d'une plus grande

force morale, ses yeux restèrent ouverts pour contempler le désastreux spectacle où il jouait son rôle.

Près de lui était madame Bremner, aux bras de son mari.

Il était nuit.

Quoiqu'on fût au mois de juillet, la brise était glacée. Mieux vêtu que le capitaine Bremner, le bon John ôta sa jaquette et la donna à madame Bremner.

Madame Bremner le remercia en lui jetant un regard qui voulait dire : « Ah ! si l'on vous avait écouté ! »

John eût bien voulu lui offrir quelques encouragements comme il lui avait offert sa jaquette ; mais, ne conservant aucun espoir lui-même, il n'avait pas le courage de faire naître dans le cœur des autres le courage qui avait complétement déserté le sien.

Et cependant, lorsque, après trois ou quatre heures de doute, pleines d'angoisse, il eût vu que le navire continuait de flotter entre deux eaux sans s'enfoncer davantage, il comprit que, pendant ces quatre ou cinq jours où l'on dit que l'homme peut supporter la faim sans mourir, il arriverait peut-être qu'un navire passât en vue et les recueillît.

Du moment où cet espoir eut, comme une lueur, pénétré dans l'esprit du second maître, elle s'y cramponna et lui rendit d'autant plus affreuse l'idée de cette mort à laquelle il était déjà presque résigné.

Tout à coup il tressaillit : il avait cru entendre le bruit d'un coup de canon.

Trois fois, son imagination frappée se figura percevoir le même son, et, chose étrange, il attira sur ce prétendu bruit l'attention de ceux de ses compagnons qui ne dormaient pas, et ils crurent l'entendre comme lui.

Cependant, vers la fin de la nuit, ils reconnurent leur erreur.

Écrasé de fatigue, John Mackay venait de fermer les yeux à son tour, quand, aux premiers rayons du jour, croyant apercevoir un bâtiment, un des matelots s'écria :

— Une voile !

On comprend l'effet que produisit sur ces malheureux un cri pareil.

Aussitôt les Lascars, qui sont musulmans, se mirent à invoquer à haute voix leur prophète, et, à leur exemple, les chrétiens remercièrent Dieu.

Mais, hélas ! il en était de la voile comme des

coups de canon de la nuit, et, lorsque chacun eut bien fixé ses yeux vers le point désigné, il fut reconnu que ce point était aussi solitaire que le reste de l'Océan.

○——◦◦◦——○ —

III

LE RADEAU.

Ce double espoir une fois perdu, la situation fut terrible.

Le vent continuait de souffler avec violence, la mer s'élevait à une hauteur prodigieuse, le pont et les parties supérieures du navire se disloquaient, enfin les manœuvres qui supportaient ce mât auquel s'accrochaient soixante-douze naufragés semblaient près à chaque instant de céder à la fatigue et menaçaient du plus sinistre dénoûment les malheureux dont elles suspendaient la vie au-dessus d'un abîme.

Dès ce premier jour, quelques individus, perdant toute espérance de salut et préférant une prompte mort à une longue agonie, après avoir fait leurs adieux à leurs compagnons, se laissèrent tomber à la mer et ne reparurent plus, tandis que d'autres, malgré leur désir de vivre, étaient violemment emportés par les vagues, et avec des efforts surhumains et des cris désespérés essayaient inutilement de regagner en nageant cet appui qu'ils avaient perdu.

C'était alors seulement qu'on s'apercevait que, tout submergé qu'il était, le bâtiment continuait de marcher, car, si lente que parût cette marche, les nageurs ne parvenaient pas à gagner sur elle, et les uns après les autres on les voyait s'engloutir et disparaître sous les flots.

Cependant ce spectacle mortel avait, comme toute chose, et si désespérant qu'il fût, son bon côté.

Pendant les trois premiers jours où la tempête continua de souffler, où la mer conserva son agitation, à l'aspect du gouffre béant, au spectacle de ceux qui s'y perdaient successivement, on pensait moins à la faim ; mais, au fur et à mesure que le vent tomba, que la mer se calma, qu'on put concevoir l'espérance que le bâtiment ne s'enfoncerait pas davantage, que le mât se soutiendrait hors de l'eau sans se briser, oh ! alors, le pâle spectre de la faim se présenta avec son cortége de hideuses souffrances.

En ce moment plusieurs hommes, trop gênés dans la hune d'artimon et gênant trop les autres, essayèrent de gagner cette hune de misaine du haut de laquelle, désespéré d'être seul, le matelot qui l'avait occupée les appelait. Mais sur six qui, profitant d'un reste de force, se mirent à la mer pour parcourir ce trajet, si court qu'il fût, deux seulement atteignirent le but; les quatre autres se noyèrent.

Comme, au milieu de cette grande catastrophe, John Mackay est le seul qui, non-seulement ait conservé sa présence d'esprit jusqu'à la fin, mais encore ait consigné par écrit les détails de l'événement que nous racontons, c'est lui particulièrement que nous suivrons à travers les angoisses, les douleurs et les espérances qu'il nous a transmises avec la franchise et la naïveté d'un marin.

A cette première agitation excitée chez lui, d'abord par l'imminence et ensuite par la continuité du danger, succéda vers le quatrième jour une espèce d'indifférence morose, au milieu de laquelle sa grande préoccupation était de s'endormir le plus longtemps et le plus profondément possible, afin que le temps s'écoulât sans trop de douleurs. Il en résultait que les cris désespérés des Lascars, les plaintes des femmes et les lamentations de ses compagnons d'infortune le fatiguaient parce qu'ils le tiraient de cette apathie qui, n'étant ni la vie ni la mort, avait l'avantage de n'être pas non plus la douleur.

Pendant les trois premiers jours, suspendu comme ses compagnons entre la vie et la mort, il n'avait pas beaucoup souffert de la faim, mais seulement du froid, toujours mouillé qu'il était par l'écume, toujours glacé qu'il était pas le vent.

Mais le quatrième jour, quand le vent se fut apaisé, quand le ciel fut redevenu pur, quand un soleil dévorant se fut emparé du ciel et eut verticalement versé sur son front les torrents de lave de l'équateur, alors il commença d'éprouver les souffrances de la faim et surtout celles bien autrement terribles encore de la soif. Cependant, en comparant ce qu'il éprouvait avec ce qu'il avait lu dans certaines relations, il avoue que ses souffrances ne furent pas, pendant cette première période, aussi insupportables qu'il les attendait.

Il est vrai que, dans une de ces lectures mêmes qu'en ce moment son souvenir rappelait à son imagination exaltée, il trouva une recette adoucissante.

Il se rappela avoir noté dans son esprit, pour le cas où il se trouverait en pareille circonstance, un fait raconté par le capitaine Inglefield, commandant du *Centaure*, dans la narration de son naufrage. Ce fait, c'était le soulagement que le capitaine et ses hommes avaient éprouvé en s'enveloppant tour à tour d'une couverture trempée de l'eau de mer. En effet, la peau, tout en laissant le sel à la surface, absorbait par ses pores la fraîcheur de l'eau, absorption qui calmait en même temps la faim et la soif dans des proportions médiocres, mais sensibles.

A peine ce souvenir lui fut-il venu à l'esprit, qu'il résolut de mettre à exécution pour lui et de communiquer à ses compagnons cet avis du capitaine Inglefield. Il défit en conséquence un gilet de flanelle qu'il portait, et, à l'aide d'un de ces fils de caret que les matelots portent presque toujours sur eux, il trempa le gilet dans la mer et le revêtit, l'ôtant quand il était sec, le trempant de nouveau et le revêtissant encore. Ceux qui le voyaient faire, ceux à qui il expliqua les motifs de cette action, l'imitèrent, et, peut-être autant de la distraction que cette occupation leur donna que du remède lui-même, ils éprouvèrent un soulagement réel.

Cependant, durant toute cette quatrième journée, la première où le soleil avait reparu, et où il avait en réalité souffert de la faim et de la soif,

John avait éprouvé une effrayante agitation ; quelque chose comme un commencement de délire lui faisait envisager la mort sous un effroyable aspect, et il éprouvait, à cette seule idée de mourir au milieu des angoisses qui lui étaient promises, des accès de terreur qu'il était sur le point à chaque instant de manifester par des cris de désespoir.

Heureusement, pendant la nuit qui sépara le quatrième du cinquième jour, il fut visité par un songe qui lui fit grand bien. Comme il arrive presque toujours quand on touche au terme de la vie, et que le souvenir franchit d'un seul bond tous les espaces intermédiaires qui séparent la tombe du berceau, tout son premier âge lui revint en mémoire, avec le cortége des grands parents morts depuis longtemps, des voisins oubliés et des jeunes amis perdus et égarés dans ce vaste désert qu'on appelle le monde, et où il est si rare qu'on se retrouve dès que l'on s'est quitté.

Puis toutes ces premières visions disparurent pour faire place à une vision plus chère que toutes.

Il sembla au pauvre John qu'il avait la fièvre, une fièvre ardente, et que, dans l'accès le plus dévorant et le plus embrasé de cette fièvre, son père priait en larmes à côté de son lit. Or, comme ce rêve avait pour John tous les caractères de la réalité, ce fut déjà une grande joie éprouvée que cette présence de son père, qu'il n'avait pas revu depuis qu'il avait quitté l'Europe, c'est-à-dire depuis quatre ou cinq ans ; en outre, tant que le vieux père de John priait pour son fils, la fièvre le quittait et il se sentait renaître, doucement rafraîchi ; mais, au contraire, le vieillard cessait-il de prier un instant, la fièvre le reprenait, plus intense que jamais.

Au reste, tout au contraire de ces sortes de rêves, qui d'habitude irritent au lieu de calmer, lorsque John se réveilla, il se trouva infiniment mieux ; son agitation avait fait place à une profonde mélancolie, et des larmes involontaires mouillaient ses yeux, car de ce rêve il tirait cet augure que son père était mort et que, témoin au ciel de ses souffrances, il en était descendu un moment pour les adoucir.

Le 25 juin, qui était le cinquième jour après celui où le vaisseau avait coulé, la mort commença de se mettre parmi les malheureux naufragés. Deux expirèrent de faim, l'un succombant tout à coup comme frappé d'apoplexie foudroyante, l'autre s'éteignant lentement au milieu d'angoisses affreuses.

Depuis que les naufragés avaient retrouvé assez de présence d'esprit pour se communiquer leurs idées, le capitaine et le premier maître avaient toujours dit qu'au premier moment de calme on essayerait de confectionner un radeau. Ce radeau en projet était le seul espoir de tout le monde, et Bremner et Wade y avaient une grande confiance. Le calme était revenu, la mer était unie comme un miroir, on commença d'exécuter ce grand projet.

Pour faire le radeau, on avait la vergue de misaine, celle de beaupré et une quantité de petits espars qui étaient traînés à la remorque. Les meilleurs nageurs se mirent au travail; on ne manquait ni de bois ni de cordage : le lendemain vers midi, le radeau était achevé.

Alors ce fut à qui s'y embarquerait.

Le capitaine, sa femme et Wade y furent des premiers. Quoique John Mackay ne fût pas aussi enthousiaste qu'eux de ce moyen de sauvetage, l'exemple le décida. Il descendit à son tour, et y prit sa place. Mais, comme chacun en faisait autant, en un instant le radeau fut tellement surchargé, qu'il menaça de couler.

Alors commença une lutte terrible, une de ces luttes comme les fait la faim entre les mourants. Les plus forts chassaient les plus faibles du radeau, et ceux-ci furent obligés de regagner ces manœuvres et cette hune qu'ils venaient de quitter.

Quelques-uns se noyèrent encore dans cette circonstance, tant ils étaient faibles, car cela se passait avant que le radeau fût lancé, et il n'était distant du bâtiment que de la longueur du câble qui l'y attachait.

Avant que ce câble fût coupé, John demanda au capitaine Bremner s'il avait quelque idée de la direction dans laquelle se trouvait la terre, et s'il pensait qu'il y eût quelque probabilité d'en avoir bientôt connaissance.

Le capitaine, qui ignorait complétement où il était, ne répondit pas.

Alors John, étendant la main vers l'homme qui s'apprêtait à couper le câble, l'arrêta, et, se tournant vers le capitaine, il le supplia, en son nom et au nom de sa femme, de remonter dans la hune et de ne point se hasarder sur ce radeau, qui, à son avis, ne présentait aucune chance de salut.

Mais ces prières n'eurent aucune influence sur le capitaine, et comme madame Bremner déclara qu'elle ne quitterait point son mari, la corde fut coupée et l'on s'éloigna.

John, alors, baissa la tête et s'éloigna avec eux; on ramait avec des morceaux de bois arrachés aux bordages, et que les matelots, à l'aide de leurs couteaux, avaient taillés en forme de pagayes.

Cependant, au bout d'une demi-heure à peu près, Wade s'approcha de John en poussant un soupir.

— Eh bien? demanda John.

Wade secoua la tête.

— Vous aviez raison, dit-il; raison au moment du départ, raison ici : nous n'avons ni compas ni boussole; nous ignorons complétement où est la terre, et nous allons à une mort certaine; du haut de notre hune d'artimon au moins nous dominions la mer; nous pouvions voir quelque bâtiment et en être vus; mais sur ce radeau, perdu au milieu des vagues, nous n'avons pas même cette chance.

— Alors, lui dit John, retournons au bâtiment.

Wade jeta un coup d'œil vers ces deux hunes flottantes, vers ces grappes de malheureux suspendus au-dessus de l'abîme, et, mesurant la distance :

— Nous n'aurons jamais la force de retourner là-bas en nageant, dit-il.

— Non; mais, pour alléger le radeau, on nous y ramènera.

Aussitôt il fit part à ses compagnons du désir que le premier maître et lui avaient de regagner les hunes, et, comme ils l'avaient prévu, chacun s'empressa d'aider à ce retour.

On les ramena jusqu'aux cordages, où ils se cramponnèrent; quelques secondes après, ils étaient revenus à leur ancien poste, et le radeau s'éloignait de nouveau.

On pourrait croire que cette séparation entre malheureux qui ont souffert six jours ensemble et qui vont courir une fortune différente fut cruelle : on se tromperait, l'égoïsme de la douleur et la crainte de la mort avaient pris en eux la place de tout autre sentiment. Les gens du radeau virent sans émotion les deux maîtres remonter dans la hune, et les hommes de la hune virent ceux du radeau s'éloigner avec indifférence.

La seule personne à qui l'on s'intéressât réellement était la pauvre madame Bremner, qui avait supporté toutes les souffrances avec un merveilleux courage, et qui, au lieu de lamentations et de plaintes comme en laissaient échapper les hommes les plus forts, n'avait fait entendre jusqu'à cette heure que des paroles de consolation.

D'abord sa présence avait paru à charge à son mari ; sans doute ce sentiment venait chez le capitaine de cette idée, qu'au fond du cœur madame Bremner lui pardonnerait difficilement, surtout après les observations de John Mackay, de l'avoir entraînée dans un pareil danger ; mais, au fur et à mesure que le capitaine avait senti ses forces s'affaiblir, il était revenu à sa femme, s'était en quelque sorte cramponné à elle, ne la quittait plus et n'eût point permis qu'elle le quittât.

On suivit longtemps des yeux le radeau. Enfin vers le soir on le perdit de vue.

L'habitude fit que les yeux se fixèrent quelque temps encore sur le point où le radeau avait disparu. Mais la nuit vint, rétrécissant son cercle noir, et les malheureux naufragés se trouvèrent de nouveau comme emprisonnés dans l'obscurité.

Le lendemain, aux premiers rayons du jour, on crut apercevoir un objet flottant dans les eaux de la *Junon*. Tous les yeux se tournèrent vers cet objet, et les naufragés restés dans les hunes et dans les cordages reconnurent à leur grand étonnement le radeau qui était parti la veille ; seulement il revenait du côté opposé à celui par lequel il s'était éloigné.

Les hommes avaient ramé jusqu'à l'épuisement complet de leurs forces, et l'on comprend ce que devaient être les forces d'hommes qui depuis sept jours, n'avaient absolument rien mangé.

Puis ils s'étaient couchés les uns à côté des autres, attendant, désespérés, ce qu'il plairait au Seigneur d'ordonner d'eux.

Dieu avait ordonné qu'ils rejoignissent leurs malheureux compagnons. Après avoir erré toute la nuit à l'aventure, ils s'étaient, par un de ces caprices du hasard qui semblent une volonté de la Providence, retrouvés à cinquante pas du bâtiment échoué.

Ils tendirent les bras à leurs compagnons, qui les aidèrent à reprendre leurs places, et l'essai du radeau n'eut plus à leurs yeux que l'importance d'une de ces tentatives inutiles inspirées par le désespoir.

IV

AGONIE.

ar un sentiment de com-
misération qui sommeil-
lait encore au fond de ces
cœurs souffrants, mais
que contribua puissam-
ment, il faut le dire, à y
réveiller le bon John, les
deux places qu'ils occu-
paient dans la hune d'artimon furent rendues à
madame Bremner et à son mari.

Le capitaine était tellement affaibli, qu'il paraissait sans connaissance, et cependant c'était,
dans l'état ordinaire, un homme robuste et vigoureux, un marin endurci à toutes les privations
et à toutes les souffrances qui naissent de l'élément qu'il sillonnait depuis trente années.

Sa femme, au contraire, pauvre créature frêle
et toute nerveuse, avait supporté toutes ces fatigues, toutes ces privations, toutes ces douleurs,
avec un courage et, chose plus extraordinaire,
avec une force merveilleuse.

A peine installé dans la hune, le délire prit
M. Bremner, et, dans ce délire, s'imaginant voir
une table couverte de toutes sortes de mets, il
demandait en se débattant pourquoi on le rete-
nait loin de cette table, pourquoi on lui refusait,
quand il avait si faim, quand il avait si soif, quand
une telle abondance était étalée devant lui, un
morceau de pain et un verre d'eau.

Le spectacle d'une agonie est toujours chose
terrible; mais, il faut le dire, les agonies ordinaires ne sont entourées que d'une sorte de douleur, la douleur de la séparation; ceux qui entou-
rent l'agonisant versent sur lui des larmes, larmes
d'autant plus abondantes que celui ou celle qui les
répand ne court personnellement aucun danger.
Mais il n'en est pas ainsi de l'agonie d'un malheureux expirant de faim et de soif au milieu d'autres malheureux près de mourir de faim et de soif
comme lui. Là, chacun voit dans le spectacle de
la mort d'autrui le spectacle de sa propre mort.

Ces souffrances qu'éprouve le moribond, ils les
éprouvent déjà eux-mêmes. Ce délire, dans deux
heures, le soir, le lendemain, sera leur délire;
cette mort, tôt ou tard, sera leur mort. Alors,
plus de larmes douces et qui ont leur soulagement dans leur abondance même; des yeux secs,
un désespoir sombre et contenu, des dents grin-
çantes lorsqu'on reconnaît en soi les premiers
symptômes des douleurs qu'on a devant les yeux,
des rugissements au lieu de plaintes, des blas-
phèmes au lieu de consolations.

Enfin le capitaine expira. C'était le 1er juillet,
c'est-à-dire onze jours après la catastrophe.

Dans les convulsions de son agonie, il s'était
tellement cramponné à sa femme, qu'on ne pouvait lui desserrer les bras ni lui ouvrir les mains.

Sa femme d'ailleurs ne pouvait croire à sa
mort; se sentant pressée contre le cœur de son
mari, elle luttait de son côté pour qu'on ne la
privât point de cette dernière étreinte. On eut
toutes les peines du monde à la persuader. Alors
elle laissa tomber ses bras tristement, et, chose
étrange, ses larmes qui coulaient s'arrêtèrent.

Les hommes commencèrent par se partager
le peu d'habits qu'avait le capitaine, puis ils jetèrent le corps à la mer.

En entendant le bruit que ce corps fit en tombant dans les flots, madame Bremner jeta un léger cri, se tordit les bras et s'évanouit.

John Mackay s'empressa auprès d'elle, lui fit
rouvrir les yeux, qui alors reprirent la faculté de
pleurer qu'ils semblaient avoir perdue.

Pendant les cinq jours qui s'étaient écoulés
entre le retour du radeau et la mort du capitaine,
il n'était arrivé d'autre accident que celui d'agonies et de morts successives. Un homme éprouvait tout à coup des soulèvements d'estomac, entrait en convulsions, se roidissait et mourait.

Parfois, en mourant, il lâchait les manœuvres
auxquelles il était cramponné et tombait à la mer;
parfois, au contraire, il expirait les serrant avec

tant de violence, qu'il fallait que trois ou quatre hommes réunissent les restes de leur force pour lui faire lâcher prise.

L'un d'eux mourut tellement cramponné, qu'on laissa deux jours son cadavre suspendu sans pouvoir lui faire lâcher prise. Mais, au bout de deux jours, la putréfaction s'y étant mise, il fallut, comme les cordages auxquels il était accroché servaient à la consolidation du mât d'artimon, lui désarticuler les bras au poignet.

Les mains restèrent, le corps s'engloutit.

Dans la matinée du 28, deux jours avant la mort du capitaine, le premier maître, M. Wade, déclara qu'il ne pouvait plus longtemps supporter cette inaction. Le radeau, retenu par un câble, flottait au-dessous de la hune d'artimon. Il demanda si quelques hommes voulaient s'y embarquer avec lui et tenter une autre fortune que celle de leurs compagnons. Deux matelots, deux Malais et quatre Lascars, huit hommes en tout, accédèrent à la proposition, et, quelque effort que fît John Mackay pour les retenir, s'embarquèrent de nouveau. Comme la première fois, le câble fut coupé et le radeau s'éloigna. Comme la première fois, au bout de deux ou trois heures, on le perdit de vue. Mais le lendemain, on ne le retrouva point dans les eaux du bâtiment : une bourrasque s'était élevée dans la soirée, et, selon toute probabilité, le radeau et ceux qui le montaient avaient été submergés.

Cette bourrasque, fatale à ceux qui étaient partis, avait eu un heureux résultat pour ceux qui étaient restés. Une forte pluie était tombée; les naufragés avaient recueilli l'eau dans des parties de leurs vêtements et avaient pu se désaltérer. Or, la pire souffrance, celle de la soif, était donc calmée momentanément.

A partir de ce moment, les naufragés passèrent rarement quarante-huit heures sans que quelque bourrasque nouvelle amenât une nouvelle pluie, ce qui, avec l'application sur le corps d'un vêtement qu'on trempait dans la mer à l'aide d'un fil de caret, était un grand soulagement. En effet, toutes les fois que ces malheureux, si épuisés qu'ils fussent, pouvaient avaler quelques gorgées d'eau fraîche, pendant quelques heures ils ne ressentaient même plus le côté violent de la faim.

Cependant, le jour où mourut M. Bremner, outre lui on perdit encore deux hommes dans la hune d'artimon et deux hommes dans la hune de misaine. Au reste, ceux qui habitaient l'une de ces deux localités n'avaient aucune communication avec l'autre; ils voyaient ce qui se passait, voilà tout, mais ils n'avaient pas même la force de se parler.

D'ailleurs, ils n'avaient rien à se dire.

John éprouvait chaque matin un grand étonnement de se retrouver vivant, et sa conviction était que ce jour était le dernier de ses jours, et qu'il serait infailliblement trépassé à son tour avant la nuit. Il avait entendu dire que l'homme ne pouvait pas demeurer plus d'un certain nombre de jours sans manger, six, sept, huit, dix jours au plus, et, au onzième jour, c'est-à-dire au jour de la mort de M. Bremner, il était encore vivant.

Dans la soirée, la mer fut plus calme qu'elle ne l'avait jamais été; quelques Lascars, qui encombraient la hune d'artimon, qui gênaient leurs camarades et étaient gênés par eux, se mirent à la nage pour gagner la hune de misaine, qui n'avait jamais été pleine, et dans laquelle la mort de deux hommes qu'ils avaient vu jeter à la mer venait de faire un nouveau vide; ils arrivèrent à grand'peine, tant ils étaient affaiblis, et, aidés de leurs compagnons, ils s'y établirent.

A partir du 1er et du 2 juillet, ceux qui avaient survécu tombèrent dans une si grande faiblesse, qu'ils perdirent non-seulement le sentiment de ce qui se passait autour d'eux, mais encore le sentiment de ce qui se passait en eux. L'espèce d'atonie dans laquelle les plus forts avaient fini par être plongés avait presque annihilé le sentiment de la faim; quand il tombait un peu de pluie, tous ces agonisants semblaient sortir d'une léthargie; on voyait parmi eux des mouvements inusités : c'étaient les efforts que chacun faisait pour recueillir le plus d'eau possible, puis, cette eau absorbée, quelques paroles de satisfaction s'échangeaient lentes, tristes, douloureuses, et peu à peu le silence et l'immobilité se rétablissaient.

Les souffrances réelles de tous ces corps affaiblis n'étaient plus ni la faim ni la soif, c'était le froid. Quoique sous l'équateur, les nuits semblaient glacées; alors on entendait quelques plaintes, quelques gémissements, des dents qui claquaient. A l'aube, un commencement de chaleur précédait déjà le soleil; puis, les membres endoloris et retirés sous les corps s'allongeaient et reprenaient leur élasticité. Alors commençait une autre souffrance : c'était celle de ce soleil montant à son zénith et frappant verticalement sur tous ces cerveaux vides, habités par le ver-

On aperçut un grand nombre d'hommes. — Page 24.

tige. Alors on ne comprenait plus les douleurs de la nuit ; celles du jour les avaient fait oublier, et le jour on appelait la brise absente, comme la nuit on appelait le soleil absent.

Au milieu de tout cela, des drames individuels s'accomplissaient presque ignorés de ceux-là mêmes sous les yeux de qui ils se passaient, et que leurs propres angoisses distrayaient des angoisses des autres.

Tout le monde, nous l'avons dit, quoique mourant de la même mort, ne mourait pas de la même façon ; ainsi, par exemple, le fils de M. Wade, jeune homme robuste et bien portant, était mort presque tout de suite, et presque sans pousser un soupir, tandis qu'au contraire un autre jeune homme du même âge, faible et délicat comme une femme, supporta douze jours la faim et la soif, et n'entra en agonie que le treizième jour.

Ce jeune homme avait son père ; seulement, la catastrophe les avait séparés : le père était ce matelot qui avait gagné la hune de misaine tandis que son fils avait grimpé dans les haubans d'artimon.

Chacun était resté à son poste, échangeant des paroles pendant les premiers jours, puis, quand la voix se fut éteinte, de simples signes; mais, lorsque les signes du jeune homme eurent appris à son père qu'il sentait la mort s'approcher, alors le malheureux père sembla reprendre toute sa force; il se hâta de descendre, lui qui depuis deux ou trois jours ne bougeait plus; puis, se traînant sur ses pieds et ses mains, le long du plat-bord au vent, parvint à rejoindre son fils, le prit dans ses bras, l'emporta, le conduisit sur un des trois ou quatre bordages du gaillard d'avant qui surnageaient encore; il appuya le moribond contre la lisse, de peur que les vagues ne l'enlevassent. Quand le jeune homme éprouvait un de ces soulèvements d'estomac que nous avons indiqués comme un des symptômes mortels, alors il le reprenait entre ses bras, le soulevait à la hauteur de sa propre poitrine, essuyait l'écume de ses lèvres; s'il tombait quelques gouttes de pluie, les recueillait avec sollicitude, exprimait sur la bouche de son enfant le chiffon mouillé qui en avait absorbé sa part; si ces quelques gouttes se changeaient en ondée, il lui ouvrait la bouche pour que, toute fraîche, cette pluie le ranimât. Il resta ainsi, dans la même position, pendant cinq jours. Enfin, malgré tous ces soins, le jeune homme expira. Alors le pauvre père le souleva, le serrant contre sa poitrine avec une force incroyable de la part d'un homme qui depuis seize jours n'avait rien pris, le regar-

dant d'un air égaré, croyant toujours que le souffle allait renaître sur ses lèvres; mais il ne lui fut plus possible de douter que son fils fût véritablement mort. Alors rien ne parut plus le préoccuper, et son propre sort sembla lui devenir indifférent. Il resta près du corps dans un silence stupide jusqu'à ce que la mer, grossissant dans une bourrasque, lui vint arracher et rouler au loin le corps de son fils. Quelque temps seulement il suivit le cadavre des yeux à travers les transparentes profondeurs de l'Océan, puis, lorsqu'il l'eut perdu de vue, il s'enveloppa dans un morceau de toile, se laissa tomber et ne se releva plus. Cependant il dut vivre deux jours encore, autant qu'en purent juger, d'après le frissonnement de ses membres, chaque fois qu'une lame venait se briser sur son corps, les témoins de ce drame qui en avaient suivi avec anxiété toutes les péripéties.

Cette scène fut si déchirante, qu'elle produisit une sensation profonde sur ces hommes dans lesquels le sentiment de leur propre situation semblait devoir étouffer tous les autres.

Cependant le navire continuait de rouler ainsi au caprice de la mer, mais sous l'œil de Dieu, sans que nul pût dire vers quel point de l'étendue il s'avançait.

Enfin, dans la soirée du 10 juillet, vingt jours après celui de la catastrophe, un des naufragés fixa longtemps son regard sur un seul point, puis se souleva pour mieux regarder, et tout à coup s'écria:

— Je vois la terre!

V

LES TRENTE ROUPIES DE MADAME BREMNER.

Tout au contraire de ce que l'on pourrait supposer en pareille circonstance, ce cri sauveur fut écouté sans aucune émotion, et personne, tant l'apathie était profonde, tant peut-être on en était arrivé à douter de la bonté de Dieu, personne ne se souleva d'abord pour constater la fausseté ou la réalité du fait.

Cependant, au bout de quelques minutes, comme s'il eût fallu un temps matériel à cette nouvelle pour pénétrer jusqu'à l'esprit de ceux à qui elle était annoncée, les naufragés firent quelques mouvements, qui, presque insensibles d'abord, devinrent plus distincts et aboutirent à une attention générale vers le point indiqué.

Mais déjà la journée était trop avancée pour que l'on pût reconnaître avant la nuit si c'était bien réellement la terre ou l'un de ces mirages qui courent aux yeux des naufragés sur le désert de l'Océan.

Et cependant, chose singulière, à peine avait-on paru attacher d'abord de l'importance à cette nouvelle; puis, sans parler, les regards s'étaient fixés sur le point désigné; puis, comme nous l'avons dit, la nuit était venue et avait tout noyé dans son ombre.

Eh bien, ce fut alors que cette terre sembla se faire visible aux ardents désirs des naufragés. La conversation, qui depuis longtemps s'était éteinte, se ranima; chacun fit ses observations, et l'on convint unanimement que ce devait être la terre.

Seul, John Mackay prétendit que ce n'était point la terre, et même, dans le cas où il admettrait que ce fût elle, il prétendait que ce n'était pas le moins du monde une certitude de salut.

La pauvre madame Bremner, abattue par la mort de son mari, abattue par ses propres souf-frances, venait de se rattacher avec une grande force à cette annonce de la terre; son esprit se cramponnait à cette idée comme son corps se fût cramponné à quelque cordage ou à quelque espars. Cette obstination de John Mackay à nier la terre, cette froideur à en accueillir la nouvelle, en supposant que ce fût elle, l'exaspéraient.

— Mais enfin, s'écria-t-elle, pourquoi niez-vous la présence d'une côte quelconque, et pourquoi enfin, si cette côte existe, si elle est là devant nous, paraissez-vous si peu empressé de la voir?

— Madame, répondit le second maître, parce que je ne crois point d'abord qu'il y ait de terre dans ces parages, et ensuite parce que, s'il y en a une, au lieu d'être notre salut, elle sera notre perte.

— Notre perte! et pourquoi? demanda la pauvre femme avec des yeux ardents de fièvre.

— Mais, répondit John, parce que, ne pouvant gouverner le navire, il sera impossible de le guider vers un port, et que, ne pouvant être guidé vers un port, il touchera loin de la côte, et, partout où il touchera, sera en peu d'instants brisé par les vagues. Si vous êtes lasse de souffrir, si vous ne vous sentez pas la force de supporter la vie plus longtemps, appelez la vue de la terre, car la terre sera bien certainement la fin de tous nos malheurs.

Cette prédiction, de la part d'un homme aussi expérimenté que l'était John Mackay, consterna tout le monde, et, avec l'espoir qu'il venait d'enlever à tous ces malheureux, la conservation s'éteignit.

Quant au second maître, il raconte lui-même que l'annonce de cette terre lui fut une si médiocre consolation, qu'il s'endormit, et que le lendemain, en s'éveillant, il ne tourna pas même la tête vers le point de l'horizon où l'on avait cru l'apercevoir la veille.

Mais, juste en ce moment, un des hommes de

Madame Bremner.

la hune de misaine agita son mouchoir et essaya de crier : Terre !

On vit le mouchoir, on devina ce qu'il voulait dire; mais sa voix, faible souffle, arriva aux oreilles des naufragés de l'autre hune comme un son inarticulé.

Mais alors, à la vue de ce mouchoir, à ce souffle, si faible et si expirant qu'il fût, qui venait caresser son oreille, le second maître lui-même éprouva un vague désir de se lever et de regarder, et cependant, comme il se trouvait dans une position commode, les bras pliés sur son estomac et regardant d'un autre côté, il ressentit une grande paresse de se retourner, et il lui fallut toute sa force de volonté pour qu'il fît à sa curiosité le sacrifice de ce bien-être qu'il éprouvait. Il en résulta qu'avant qu'il se fût décidé, un de ses voisins s'était levé et avait déclaré qu'en effet c'était la terre. A ces mots, un second se leva, puis un troisième, et au bout de cinq minutes, le second maître compris, tout le monde était debout.

Ce fut ainsi qu'il parvint à la côte. — Page 26.

En effet, John Mackay fut obligé d'avouer que ce que l'on avait devant les yeux ressemblait à une côte.

Seulement, madame Bremner lui ayant demandé s'il croyait que cette terre fût la côte de Coromandel, cette question parut si ridicule au digne marin, qu'il ne put, malgré la gravité de la situation, s'empêcher d'en sourire.

Mais, dans le courant de la journée, l'existence d'une terre dans la direction indiquée parut si évidente, que le second maître reconnut lui-même qu'il était impossible que cette découpure qu'on apercevait à l'horizon fût autre chose que la silhouette d'une terre. Seulement, quelle terre était-ce? Il n'en savait rien.

Alors l'inquiétude fut générale; mais, chose singulière, au milieu de cette inquiétude générale, l'espérance revint à John Mackay, et cette espérance, c'était encore une idée religieuse qui la lui donnait.

On dit qu'il y a des hommes qui ne croient pas en Dieu. A quelle autre chose ces hommes-là peuvent-ils donc croire, et à quoi bon croire à autre chose?

Croire en Dieu, c'est croire en tout.

Eh bien! cette idée religieuse qui était entrée dans le cœur de John Mackay, la voici : c'est qu'il était impossible que Dieu eût permis que les naufragés souffrissent si longtemps, pour mettre, au moment où il leur rendait l'espoir, la mort à la fin de leurs souffrances.

Aussi, quand madame Bremner se retourna de son côté et l'interrogea des yeux comme l'oracle qui devait prononcer sur les probabilités de la vie et de la mort, John Mackay leva les yeux et les mains au ciel, et prononça ce mot : Espérons!

Dès lors, les regards de tous ces malheureux ne quittèrent plus la côte. Malheureusement, plus on approchait, plus cette côte se déroulait à leurs yeux, plus elle se présentait avec les apparences d'une terre déserte.

La nuit vint sans que rien pût venir changer cette dernière probabilité.

Le second maître prit ses arrangements pour dormir, convaincu que cette nuit était sa dernière nuit, et qu'avant le lendemain matin le navire aurait touché et serait en pièces.

Il n'en dormit pas moins, tant la fatigue était grande.

Un peu avant le lever du soleil, en effet, John Mackay et ceux de ses compagnons qui dormaient furent réveillés par un choc violent : le navire venait de toucher un rocher. Un cri faible, presqu'un dernier soupir, sortit de toutes les bouches et s'éteignit presque aussitôt.

Un silence d'angoisse lui succéda.

Cependant le navire éprouvait secousses sur secousses, et ces secousses étaient si violentes, que chaque fois les mâts de misaine et d'artimon étaient ébranlés, et que les naufragés, reconnaissant l'impossibilité de se tenir debout dans les hunes, furent obligés de se coucher et de se cramponner aux traverses.

Vers neuf ou dix heures du matin, la mer baissa de plusieurs pieds : ce qui restait du pont sortit peu à peu de l'eau et demeura à nu.

Alors on parla de descendre sur ce pont.

Mais descendre sur ce pont, c'était une grande affaire dans l'état où vingt jours de famine avaient mis les survivants. Qu'on se figure, en effet, quel spectacle doivent être des malheureux qui, pendant vingt jours, n'ont eu d'autre soutien que le peu d'eau versée du haut du ciel pendant les jours de tempête.

On essaya cependant; et comme l'homme, en unissant sa volonté à sa force, finit toujours par faire à peu près ce qu'il veut, on y réussit.

Il y eut plus, le canonnier et le second maître entreprirent de descendre la pauvre madame Bremner, et, après des efforts inouïs, ils parvinrent à l'amener jusque sur les trélingages, où, les forces leur manquant, ils furent obligés de l'abandonner.

Alors, ils s'adressèrent à ceux des Lascars qui paraissaient les moins abattus. Deux s'offrirent à amener madame Bremner jusque sur le pont; mais, comme ils savaient que la pauvre femme avait sauvé trente roupies, ils en exigèrent huit.

Le canonnier et le second maître les leur promirent au nom de madame Bremner.

Alors ils montèrent jusqu'à elle, la prirent dans leurs bras et parvinrent à l'amener sur le pont.

A peine l'y eurent-ils déposée qu'ils exigèrent le payement de leurs huit roupies.

Madame Bremner était si joyeuse de se trouver descendue de cette malheureuse hune où elle avait tant souffert; elle avait si bonne espérance, quoi qu'en eût dit John Mackay, dans cette terre qui s'étendait devant ses yeux, qu'elle était prête à leur donner tout ce qu'elle possédait. Mais le second maître lui fit observer que les vingt-deux roupies qu'elle possédait encore étaient le seul argent qui leur restât, et qu'il valait mieux, le cas échéant, le consacrer au salut de tous, que d'en faire cadeau à deux misérables qui, dans une pareille situation, avaient eu l'infamie de faire payer à une femme, et à la femme de leur capitaine mort, le petit service qu'ils venaient de lui rendre.

Au reste, John Mackay constate avec orgueil que le trait de ces deux Lascars fut le seul exemple d'égoïsme et de cupidité qu'on ait eu à reprocher à l'équipage.

La fatigue pour arriver sur l'entre-pont avait été si grande, qu'arrivé là, chacun ne songea plus qu'à se reposer, à part quelques Malais et quelques Lascars qui se mirent à fouiller partout pour voir s'ils ne trouveraient pas quelque argent dont ils pussent hériter. Pendant qu'ils se livraient à cette recherche, le second maître remarqua que la tête du gouvernail avait été emportée, et qu'à l'aide du trou fait par cette brisure, on pouvait facilement descendre dans la sainte-barbe.

Dès que la mer eut quitté le faux-pont, ce qui arriva vers les deux heures de l'après-midi, on y descendit donc pour voir s'il y restait quelque objet qu'on pût utiliser; mais la mer, elle aussi, l'avait visité et avait tout pris, à l'exception cependant de quatre cocos que l'on finit par trouver sous le cordage. Alors un fait se passa qui consola un peu les bons cœurs de cette inhumanité qu'avaient montrée les Lascars. Ceux qui trouvèrent ces quatre cocos, au lieu de les garder pour eux, comme c'était leur droit, déclarèrent que les fruits étaient la propriété de tous et seraient partagés parmi les survivants en portions égales. La seule prime qu'ils réclamèrent fut l'eau de l'intérieur.

Mais ces fruits étaient si vieux, que l'eau de l'intérieur s'était convertie en une espèce d'huile rance qui ne pouvait nullement étancher la soif. Quant à la partie solide, elle était si vieille et si sèche, qu'elle ne contenait presque plus aucune portion nutritive, et que tous ceux qui en mangèrent éprouvèrent bientôt après de violents maux de cœur. D'ailleurs tout le monde était bien autrement tourmenté de la soif que de la faim.

A part cette absence complète d'eau et de nourriture, à laquelle tous ces mourants semblaient presque s'être habitués, la situation dans la sainte-barbe était bien autrement tolérable que celle de la hune. Il n'y avait toujours aucune chance d'aller à terre, et, y en eût-il, comme cette terre paraissait déserte, mieux valait mourir doucement et tranquillement dans cette sainte-barbe, où par comparaison on se trouvait si bien, que de se faire déchirer par des tigres. En outre, échoué comme on l'était, on pouvait être vu d'un bâtiment, faire des signaux, être recueilli, ce qui était la chance réelle et la seule véritable espérance.

Au reste, comme si la vue de la terre avait eu déjà une heureuse influence depuis qu'on l'avait aperçue, personne n'était mort. Tous les yeux étaient fixés sur cette bienheureuse terre dont on était éloigné de trois quarts de lieue à peu près.

Vers deux heures de l'après-midi, on commença d'apercevoir quelque chose comme des hommes qui se groupaient sur le rivage. Cette nouvelle se répandit aussitôt sur le malheureux bâtiment, et tous ceux qui pouvaient se mouvoir encore gagnèrent le couronnement et essayèrent, en agitant leurs habits et en faisant le plus de bruit possible, d'attirer l'attention de ces hommes. Mais ces hommes, qu'on avait pu croire d'abord attirés par le spectacle du vaisseau échoué, se dispersèrent sans paraître lui prêter la moindre attention, ce qui fit presque douter aux malheureux naufragés, qui essayaient de se faire voir par eux, que ce fussent réellement des hommes.

Néanmoins la vue de cette terre, de ces créatures qui l'habitaient, quelles qu'elles fussent, rendit la force et le courage aux naufragés; on commença de parler de gagner cette terre à quelque prix que ce fût, et dût-on succomber dans la tentative. En conséquence, ceux qui avaient conservé le plus de vigueur parmi les naufragés descendirent dans la sainte-barbe, où l'on avait vu des espars; on s'empara de ces espars, et avec une peine infinie on en jeta une demi-douzaine à l'eau. Mais ce peu qui flottait était insuffisant pour sauver tout le monde, et les forces épuisées rendaient impossible le transport d'un plus grand nombre.

Malheureusement il n'y avait pas d'espérances que les forces épuisées revinssent; tout effort était en quelque sorte une perte de souffle irréparable. On se coucha et l'on attendit.

Le soir, à la marée tombante, six Lascars, les plus vigoureux de tous ceux qui restaient, se mirent à la mer, se cramponnèrent aux espars et se laissèrent pousser par le flux vers la plage, où, malgré un ressac très-violent, ils parvinrent enfin à aborder à la vue de ceux qui étaient restés sur le bâtiment.

Ceux-là, d'où ils étaient, purent voir leurs compagnons qui venaient d'aborder, trouver un ruisseau et y boire avec des signes de satisfaction auxquels il n'y avait point à se tromper; puis, n'ayant point le courage d'aller plus loin, n'ayant pas la force de se mettre en quête d'une autre nourriture, ils se couchèrent sur le rivage, et, au risque des bêtes féroces dont on avait tant parlé, ils s'endormirent.

Le lendemain avant le jour, les naufragés du bâtiment avaient repris leur place sur le couronnement, afin d'apercevoir la terre aux premiers rayons du soleil, et de savoir ce qu'étaient devenus les six Lascars, à qui l'on craignait que la nuit n'eût été funeste.

Mais il n'en était rien par bonheur : à leur grande joie, les naufragés virent ceux de leurs compagnons qui avaient abordé la veille se soulever de la place où ils les avaient vus se coucher, revenir au ruisseau et y boire encore.

C'est alors que ceux qui se trouvaient sur le bâtiment échoué eussent bien voulu imiter leurs compagnons et, à quelque prix que ce fût, gagner la terre comme eux. Mais ils étaient si faibles, qu'ils désespéraient de pouvoir remuer le

Le Palanquin. — Page 29.

moindre espars, réunissent-ils toutes leurs forces; et en effet il ne restait plus à bord que deux
femmes, dont madame Bremner, trois vieillards
et un homme d'une cinquantaine d'années, alité
déjà au moment du départ. Eh bien , chose
étrange, ces êtres débiles, au grand étonnement
du vigoureux John Mackay, qui en était arrivé à
être aussi débile qu'eux, avaient supporté des
privations et des fatigues auxquelles avaient succombé les hommes les plus jeunes et les plus
forts.

Vers midi on aperçut un grand nombre
d'hommes, de naturels du pays probablement,
qui, s'étant rassemblés sur la plage, marchèrent
vers la place où s'étaient recouchés les naufragés.
Ceux-ci semblaient n'avoir pas d'autre ambition
que de se tenir à portée de leur ruisseau.

A cette vue, comme on le comprend bien,
l'attention de ceux qui étaient demeurés sur le
bâtiment se trouva réveillée au plus haut degré.
En effet, ce qui allait se passer sous leurs yeux
déciderait de leur propre sort à eux-mêmes, et

jamais le drame terrible dans lequel ils venaient d'être acteurs n'avait eu une plus intéressante péripétie.

Les deux troupes s'arrêtèrent à quelque distance l'une de l'autre, parurent échanger quelques paroles plutôt amies qu'ennemies; puis la petite troupe se joignit à la grande, se confondit avec elle, et, tandis qu'une partie de ces hommes allumait du feu sur le rivage, — sans doute pour faire cuire du riz, — l'autre, s'approchant le plus possible du bâtiment, commença à se mettre en communication avec ceux qui y étaient restés, agitant les mouchoirs comme pour leur faire signe de venir à terre.

C'est alors que l'émotion fut grande parmi ces malheureux. Au lieu de ces bêtes féroces qui pouvaient habiter ce rivage désert, on rencontrait des créatures humaines qui paraissaient avoir secouru ceux qui avaient abordé et être prêts à secourir ceux qui aborderaient. Seulement, ces gens n'avaient point de canots, et, en eussent-ils eu, il était évident que ces canots n'auraient pu franchir le ressac; mais enfin, l'espérance consolatrice disait aux malheureux échoués qu'ils trouveraient quelque moyen de venir à eux et de les sauver.

Et, à cette idée, la vie, qui, deux jours auparavant, leur paraissait si lourde et si difficile à supporter, leur était redevenue plus précieuse que jamais.

Il résulta de cette recrudescence d'espoir que, retrouvant un peu de force à la vue de ce qui se passait sur le rivage, le second maître John Mackay, à son tour, résolut de faire tout ce qu'il pourrait pour y parvenir.

Il communiqua sa résolution à ceux qui restaient avec lui sur le bâtiment, et les invita à l'aider à jeter de nouveaux espars à la mer.

D'abord le canonnier, le contre-maître et le jeune garçon dont nous avons parlé réunirent leurs efforts pour arriver à ce but; mais, au bout d'un instant, leurs forces épuisées les trahirent et ils allèrent, en secouant tristement la tête, se recoucher sur le couronnement.

John Mackay et le jeune garçon restèrent seuls à continuer l'œuvre.

Avec des efforts inouïs, ils parvinrent à lancer à la mer un espars auquel ils avaient attaché une corde; ensuite, s'étant saisis d'une portion du bordage qui flottait, ils fixèrent ce nouveau débris à l'autre extrémité du câble. De cette façon, ils se trouvaient donc avoir chacun un morceau de bois pour s'aider dans cette tentative.

Et cependant, au moment de se mettre à la mer, le cœur manqua à John, tout vieux marin qu'il était, et il fut prêt à remonter sur le bâtiment et à y attendre la mort au lieu d'aller au-devant d'elle. Encouragé néanmoins par son jeune compagnon, et réfléchissant que ces hommes qui étaient sur le rivage n'y resteraient pas éternellement, et dès le même jour pouvaient le quitter, et que le lendemain il aurait moins de force encore que la veille, il résolut de risquer le tout pour le tout. Il prit donc tristement congé de la pauvre madame Bremner, qui ne marchait plus et parlait à peine, désespéré de la quitter ainsi, mais lui promettant que s'il gagnait la côte, que si, de cette côte, il y avait un moyen quelconque de lui envoyer du secours, ce secours lui serait immédiatement envoyé.

Elle, de son côté, lui donna une des vingt-deux roupies qui lui restaient et qu'elle gardait d'autant plus précieusement qu'elle avait déjà pu apprécier le service que cet argent lui avait rendu.

Alors John Mackay descendit sur son morceau de bois; et, comme il était occupé de faire sa prière, se recommandant à la Providence, le morceau de bois se détacha de lui-même et se mit à flotter, ce qui lui parut d'un heureux augure, car il lui semblait que c'était la main même de Dieu qui lui avait fait faire ce premier mouvement vers le rivage.

Et, en effet, comme s'il y eût eu miracle, John Mackay, à peine à la mer, s'aperçut que ses membres roidis, dont les articulations ne pouvaient plier cinq minutes auparavant, avaient repris toute leur souplesse et une partie de leur force.

Mais cependant il s'aperçut bientôt que l'espars, au lieu de l'aider et de le soutenir, le fatiguait horriblement; il tournait sur lui-même à chaque mouvement de la mer et roulait par dessus. Plusieurs fois, submergé et suffoquant, il le laissa aller; mais, dès qu'il se sentait couler lui-même, faisant un effort, il le saisissait à nouveau et le serrait alors étroitement entre ses bras, comme son seul moyen de salut. Malheureusement, il s'aperçut bientôt que la marée, au lieu de le conduire au rivage, le poussait dans une direction à peu près parallèle à la côte. Alors, prévoyant qu'il ne pourrait résister longtemps à une pareille fatigue, John Mackay essaya d'empêcher l'espars de tourner; pour arriver à ce résultat, il s'y étendit tout de son long, passa une jambe et un bras par dessus, tandis que, nageant de l'autre jambe et de l'autre bras, il

s'efforça de le diriger vers le rivage. Pendant quelque temps cette manœuvre lui réussit, et il commençait à reprendre quelque espérance, lorsque tout à coup une vague énorme vint briser sur lui, l'écrasant de son poids, lui arrachant son espars et le laissant seul roulant entre deux eaux, tout étourdi, à moitié mort du choc et près de perdre connaissance.

Cependant, une fois encore il revint à la surface de la mer et parvint à respirer, mais aussitôt une vague, lui passant par-dessus la tête, le submergea de nouveau.

Cette fois le pauvre John crut bien que tout était fini; son cœur et son esprit s'unissaient déjà, non pas dans une prière, mais dans un cri suprême vers Dieu, quand tout à coup il reçut un choc violent.

C'était une vague qui le rejetait contre l'espars qu'une vague lui avait enlevé.

Il le saisit de nouveau, tourna plusieurs fois avec lui, et, tout en tournant, sentit son corps s'écorcher au contact du sable et des coquillages que la houle entraînait vers la côte, ce qui lui fit comprendre que cette côte n'était probablement pas éloignée, quoiqu'il ne pût la voir.

Enfin, comme les vagues se succédaient de plus en plus violentes, une d'elles le poussa contre un rocher, où, lâchant l'espars, le nageur se cramponna de toutes ses forces, de peur que la lame, à son reflux, ne le ramenât au large. La lame repassa sans pouvoir l'en détacher.

Alors, fuyant les vagues, il se traîna sur ses pieds et sur ses mains du côté du rivage, s'accrochant à quelque roc, se cramponnant au fond lui-même, quand la vague hurlante et furieuse s'élançait au-dessus de lui.

Ce fut ainsi qu'il parvint à la côte.

Mais, une fois arrivé là, son épuisement était si grand, que, sans s'inquiéter s'il était hors de la portée du flot, il se coucha sur le sable à l'abri d'un rocher, et s'endormit sans pouvoir se rendre compte à lui-même s'il entrait dans le sommeil ou descendait dans la mort.

Lorsque John Mackay se réveilla, il se trouva au milieu d'une douzaine d'hommes parlant la langue hindoue, ce qui lui fit grand plaisir, car il craignait d'avoir abordé hors du territoire de la Compagnie.

Comme il disait quelques mots de cette langue, il engagea à l'instant même la conversation avec eux et apprit qu'ils étaient des rayas ou paysans de la Compagnie anglaise, et que le point de la côte sur lequel on se trouvait était à six journées de marche de Chittagong, ou Islamabad, capitale de la Compagnie des Indes du même nom, située à quatre-vingt-dix lieues de Calcutta, sur les frontières du royaume d'Arakan.

Rassuré sur l'endroit où il avait abordé et sur les hommes au milieu desquels il se trouvait, John leur demanda s'ils ne pouvaient pas lui donner quelques grains de riz, fussent-ils crus. Ceux-ci lui dirent qu'il n'avait qu'à les suivre, qu'il rejoindrait en moins de cinq minutes ses compagnons, et que là on ferait pour lui ce que l'on avait déjà fait pour eux.

John essaya de se lever, mais la chose lui fut impossible. Il fallut que deux hommes l'aidassent à se mettre sur ses pieds. Alors il essaya de marcher, mais la chose lui fut impossible. Deux hommes le prirent dans leurs bras et le transportèrent du côté d'un autre groupe éloigné de quatre cents pas environ.

Pendant le transport, on traversa un petit ruisseau. En voyant cette eau vive et limpide qui serpentait joyeusement au milieu des cailloux, John demanda qu'on lui permît d'y boire.

Ses guides s'y refusèrent d'abord; mais, sur ses pressantes instances, ils consentirent à le déposer près du ruisseau. Il se jeta éperdument la tête dans l'eau, avalant de cette eau le plus qu'il pouvait, car il lui semblait qu'il ne la retrouverait plus dès que sa bouche l'aurait quittée.

Les Hindous l'en arrachèrent de force, car ils craignaient que, bue en trop grande quantité, cette eau ne lui fît mal.

Mais, au contraire, cette eau fraîche et pure lui avait fait un si grand bien, qu'en se relevant, il reconnut avec joie qu'il pouvait marcher. Appuyé sur les bras de ses conducteurs, il atteignit donc le second groupe vers lequel il se dirigeait.

Là il retrouva non-seulement le jeune garçon avec lequel il était parti, les six Lascars qui les avaient précédés, mais encore le canonnier et le contre-maître, qui, entraînés par leur exemple, s'étaient mis à la mer après eux et avaient heureusement gagné la côte.

VJ

OU LES ROUPIES DE MADAME BREMNER TROUVENT ENCORE LEUR EMPLOI.

e bonheur qu'éprouvait le brave John en retrouvant ses compagnons, la joie qu'il ressentait d'être sauvé, le bonheur qu'il se promettait à manger ce riz qu'il voyait cuire, le rendirent un instant comme insensé.

Il en résulta que, dans ce moment, n'ayant point la faculté de rassembler ses pensées, n'ayant point la force de les exprimer par des paroles, n'ayant plus qu'un souvenir vague et confus de ce qui s'était passé, il oublia de parler de madame Bremner.

Cependant le riz était cuit : John en mit quelques grains dans sa bouche et les mâcha, mais il ne put les avaler. Un des rayas, voyant les efforts qu'il faisait, prit, en façon de plaisanterie, de l'eau dans sa main et lui jeta cette eau à la figure. Comme il ouvrait justement la bouche en ce moment-là, quelques gouttes, en s'y introduisant, poussèrent les grains de riz vers sa gorge et faillirent l'étrangler ; mais l'effort qu'il fit rendit cependant à ses muscles la faculté d'agir et par conséquent d'avaler. Néanmoins, pendant quelque temps, il fut obligé avec chaque cuillerée de riz de prendre une cuillerée d'eau. Mais ce rétrécissement de la gorge n'était qu'un aperçu des douleurs du pauvre John : l'ardeur du soleil avait gercé ses lèvres et jusqu'à l'intérieur de sa bouche. A chaque mouvement de ses mâchoires, le sang jaillissait de chacune de ses gerçures, ce qui lui causait des douleurs insupportables.

Mais tout cela cessa avec l'envahissement du sommeil. A peine John eut-il avalé quelques cuillerées de riz et la valeur d'une verre d'eau, qu'il s'endormit de ce sommeil invincible dont il avait déjà été atteint. Il ne se réveilla que dans la soirée.

Ce moment de son réveil, pendant lequel ce brave homme sentit que toutes ses facultés physiques se reprenaient à la vie et toutes ses facultés intellectuelles recouvraient leur exercice, fut pour tout son être comme une seconde naissance. Alors le souvenir lui revint, alors le passé se déroula à ses yeux, et il s'écria avec une angoisse mêlée de remords :

— Ah ! pauvre madame Bremner !

Puis, s'adressant aux rayas, il leur expliqua qu'il avait laissé à bord la femme du capitaine et deux ou trois autres personnes, et que ces personnes avaient de quoi les récompenser s'ils voulaient tenter de les sauver.

Cette double espérance de faire en même temps une bonne action et un bon bénéfice firent que les rayas promirent de veiller pendant la nuit à ce que deviendrait le bâtiment. Or, à leur avis, comme les marées de nuit sont plus élevées que celles de jour, la marée de nuit devait amener le bâtiment encore plus près de la côte qu'il n'était en ce moment, ce qui rendrait le sauvetage facile.

Ce fut tout ce que John entendit. Cet invincible sommeil qui s'était déjà emparé de lui le matin le prit pour la seconde fois. Il se laissa aller sur le sable, et l'Hindou parlait encore qu'il était déjà endormi.

A minuit on réveilla John ; on lui annonça que la dame et son esclave avaient été transportés heureusement à terre.

John se leva aussitôt et facilement, sans avoir besoin d'être soutenu. Il alla la rejoindre.

Madame Bremner était assise près du feu ; elle venait de boire un verre d'eau et de manger un peu de riz. Son visage était en ce moment le miroir de la joie humaine.

Ce que John avait dit des roupies de madame Bremner avait failli la perdre au lieu de la sauver. Quelques-uns de ces hommes qui rôdaient sur la plage avaient déjà formé le complot de se rendre au bâtiment et de la dépouiller, lorsque le brave homme qui avait déjà donné son turban à John, et qui était un Birman, guettant de son côté le moment convenable, s'était rendu au vaisseau et l'avait sauvée sans réclamer d'elle aucune récompense.

Pendant la même nuit, le bâtiment se sépara en deux; la cale demeura engagée aux rochers. Quant au pont, il vint en flottant si près de la plage, que les deux hommes demeurés les derniers à bord purent à leur tour arriver à terre.

La nuit fut mauvaise; il plut à torrents, et les naufragés, presque nus, sans abri, eurent énormément à souffrir du froid. Le matin, les naturels leur donnèrent encore un peu de riz. Mais ils les prévinrent que c'était la dernière fois qu'ils leur en donnaient gratis, et qu'à l'avenir ils n'obtiendraient rien qu'en payant.

L'imprudence qu'avait commise John Mackay en parlant des roupies de madame Bremner portait ses fruits.

Les Lascars, qui avaient abordé les premiers et qui les premiers aussi avaient mis à contribution la bourse de la pauvre veuve, firent leur prix avec les indigènes et commencèrent à prendre leurs repas à part, la religion qu'ils professaient ne leur permettant pas de manger avec des personnes d'une autre croyance que la leur.

De son côté, madame Bremner, doublement heureuse d'avoir pu sauver son argent, et par le service qu'il lui rendait à elle-même et par celui qu'il allait rendre aux autres, fit prix pour la nourriture de tout le reste de l'équipage, à deux roupies par jour, pendant quatre jours.

Ces quatre jours écoulés, on pensait avoir assez de forces pour gagner le prochain village, distant de trente milles au nord.

Les naufragés étaient étonnés que ces naturels restassent ainsi sur le bord de la mer, sans autre raison apparente que celle de leur rendre service; mais, à la marée basse, leurs intentions s'expliquèrent.

Bientôt ils se mirent à la mer, gagnèrent le bâtiment et le fouillèrent pour voir si, tout délabré qu'il était, ils ne parviendraient pas à en tirer quelque chose de bon.

Ils n'y trouvèrent que quelques fusils brisés, un peu de fer et de plomb, ainsi que le cuivre du doublage.

Le pauvre John, en voyant ce pillage, éprouvait la douleur qu'éprouve tout honnête marin à voir mutiler le bâtiment sur lequel il a navigué. Aussi fit-il observer aux naturels qui se livraient à cet exercice que la spéculation, bonne pour

eux dans le moment, pouvait devenir hasardeuse dans la suite, attendu que les propriétaires du bâtiment pourraient bien leur demander compte un jour de tous ces objets qu'ils s'appropriaient. Mais l'observation fut on ne peut plus mal reçue, et il ne tarda point de s'apercevoir qu'il eût aussi bien fait de ne pas la risquer.

A partir de ce moment, ses fournisseurs de riz ne lui donnèrent plus que la plus petite part et ne le servirent plus que le dernier. Ils l'eussent même laissé probablement mourir de faim sans le brave Birman, qui lui avait prêté son turban et qui avait sauvé madame Bremner. Il prit John sous sa protection, et à cette protection il dut de ne pas mourir tout à fait de faim.

Au reste, c'était un grand bonheur que les indigènes leur mesurassent ainsi les vivres : s'ils n'eussent point mis pareille parcimonie dans leurs distributions, ils se fussent étouffés bien certainement. Mais, comme ce n'était pas dans le but de sauver la vie des naufragés qu'ils se montraient avares, ceux-ci ne leur surent aucun gré de leur avarice.

De leur côté, les naturels, pour ménager sans doute leur provision de riz, se mirent en chasse et tuèrent quelques bêtes fauves, qu'ils dépouillèrent et firent rôtir à quelques pas des pauvres naufragés, sans leur en offrir la moindre part; ce que voyant ceux-ci, ils ramassèrent humblement les os, dont ils se firent une soupe qu'ils trouvèrent délicieuse et en savourèrent jusqu'à la dernière goutte.

Le temps s'écoulait, et les forces ne revenaient guère à ces malheureux nourris seulement d'eau et d'un peu de riz. Madame Bremner, surtout, était d'une telle faiblesse, qu'elle ne pouvait se tenir debout. En conséquence, elle demanda aux Hindous s'ils ne la pourraient pas porter, elle et son esclave, sur une litière jusqu'au plus prochain village.

La discussion fut longue; la rapacité des indigènes était éveillée; ils croyaient la bourse de la pauvre madame Bremner inépuisable. Enfin il fut convenu que moyennant douze roupies le transport aurait lieu.

Restaient deux roupies pour compléter les trente.

Moyennant ces deux roupies, que madame Bremner montra bien être les dernières, il fut convenu qu'on leur fournirait à tous quatre du riz jusqu'au prochain village.

Les quatre personnes pour lesquelles le marché venait d'être passé étaient madame Bremner son esclave, John Mackay et le jeune garçon qui s'était mis à la mer avec lui.

En consultant ses forces, John Mackay craignait bien de ne pouvoir suivre le palanquin de madame Bremner. Aussi voulut-il faire de son côté un marché pour être porté en litière par les Hindous; mais, comme ils prétendaient qu'il était le double plus lourd que madame Bremner, ils demandèrent seize roupies payées comptant.

Force fut donc au pauvre John Mackay de se remettre en route marchant à pied, appuyé sur un bambou auprès du palanquin de madame Bremner.

C'était le 17 juillet.

La petite troupe qui accompagnait le palanquin se composait de John, du canonnier, du contre-maître et du mousse. Quant aux Lascars, ils avaient fait connaissance avec les naturels du pays, et, comme ils étaient de la même race à peu près, ils restèrent avec eux.

On fit à la première traite deux milles environ; puis on s'arrêta une heure. Pendant cette halte, John s'endormit. A son réveil il était si fatigué, qu'il crut qu'il ne lui serait pas possible de se remettre en route. Il y parvint cependant; mais il était forcé de s'arrêter si souvent, qu'il comprit que ce serait rendre le voyage impossible que de vouloir en être. Il resta donc en arrière, et le jeune homme, qui l'avait pris en affection, resta avec lui.

Ce jeune homme faisait au second maître un compagnon sûr; il avait une si grande peur des tigres, qu'il n'osait s'éloigner à vingt pas.

Vers les quatre heures de l'après-midi, John et le mousse avaient complétement perdu de vue leurs compagnons, lorsqu'ils aperçurent une troupe de naturels d'Arrakan, appelés Mogs. Ces Indiens étaient occupés à faire cuire du riz près du rivage, et ne voyaient point les deux voyageurs, ou ne faisaient point attention à eux.

John, abandonné par les porteurs du palanquin sans aucune nourriture, ambitionnait fort sa part du dîner qui se confectionnait sur la plage; mais, ne connaissant pas la langue, et surtout n'ayant pas d'argent, il ne savait comment arriver à ce résultat.

La prière lui parut, sinon le moyen le plus sûr, du moins le moyen le moins dangereux. Il s'approcha donc des Mogs, la main étendue et l'œil suppliant; sa chétive apparence, les lambeaux de vêtements qui le couvraient, ne laissaient pas de doutes sur sa misère : aussi, à la première vue, le chef parut-il touché de compas-

sion, et, lui adressant la parole en portugais, lui demanda-t-il quel événement fatal l'avait réduit en ce triste état. John, par bonheur, parlant un peu la langue dans laquelle la question lui était faite, put y répondre. Il lui raconta son naufrage, la famine effroyable que lui et ses compagnons avaient subie pendant vingt jours; de quelle façon miraculeuse ils avaient enfin gagné la terre; comment là, grâce aux roupies de madame Bremner, ils avaient obtenu quelque secours, et comment enfin, n'ayant pu payer les porteurs de palanquin, il avait été abandonné par eux sur le chemin.

Ce récit parut d'autant plus vraisemblable au chef, qu'il venait, une heure auparavant, de voir passer le palanquin de madame Bremner, porté par les Hindous et suivi des deux compagnons de naufrage de John.

C'était un bon cœur que ce chef; il maudit ces hommes insensibles qui avaient abandonné un malheureux, et, avec la dignité d'un roi qui offre l'hospitalité à un prince son voisin, il conduisit John près de son feu, en l'invitant à y prendre place, ainsi que le jeune homme qui l'accompagnait.

Puis il lui servit ce qu'il avait de meilleur dans son repas, l'invitant à ne point trop manger, non point par avarice, mais par précaution et pour ménager son estomac affaibli, lui promettant qu'à partir de ce moment jusqu'à celui où l'on arriverait au village, il se chargeait de lui et de son compagnon, qui désormais, ne manqueraient plus de rien.

En effet, dès ce moment même, il lui fit la provision de riz pour trois jours, lui dit que les tigres, ayant peur du feu et de la fumée, ne se risqueraient jamais à les attaquer tant qu'ils auraient soin d'allumer du feu avant de s'endormir; et, comme ils n'avaient ni briquet, ni pierres à feu, ni amadou, il leur montra à allumer du feu avec deux bambous.

En outre, comme les blessures qu'il s'était faites aux jambes et aux pieds s'étaient remplies de sable et le faisaient souffrir énormément, il lava et pansa ces blessures lui-même, les bassinant et les frottant avec du gin. Puis il lui entortilla les pieds dans des morceaux de linge, et, bien réconforté, il lui souhaita un bon voyage.

Après l'épreuve qu'il avait faite de la cupidité des Lascars et de l'insensibilité des Hindous, cette conduite du chef mog toucha vivement le pauvre John. Il ne pouvait se décider à le quitter. Malheureusement, le chef, qui était un colporteur, faisait route absolument opposée à la sienne, allant de Chittagong, sa résidence habituelle, vendre des marchandises à Arrakan.

Il fallut donc se séparer. John ne savait comment exprimer sa reconnaissance au brave colporteur; ses larmes parlèrent pour lui, et le chef ne dut pas douter qu'il eût obligé un cœur reconnaissant.

VII

CONCLUSION.

Deux lieues plus loin, John et son compagnon rejoignirent madame Bremner et son escorte, qui, arrêtés dans une hutte, mangeaient du riz.

Alors John tira fièrement d'une espèce de bissac qu'il portait sur son épaule sa provision de riz et celle de son compagnon, et fit son dîner à part.

Pendant qu'il dînait, plusieurs des Hindous et les six Lascars restés avec eux pour piller la carcasse du bâtiment les rejoignirent à leur tour.

Ils avaient rencontré sur leur route le colporteur, qui leur avait reproché leur inhumanité, ce qui leur avait été bien indifférent, mais qui leur avait dit en outre que John Mackay était un homme considérable, qui pourrait bien leur faire demander par le gouverneur de Calcutta un compte sévère de leur conduite, ce qui les avait fort impressionnés.

Aussi, à partir de ce moment, commencèrent-ils à traiter John avec de grands égards. Mais il repoussa fièrement leurs tardives politesses, se contentant d'accepter l'offre que lui fit le guide de porter son sac de riz.

Le lendemain, on arriva sur les bords d'une rivière; lorsqu'on l'eut sondée, on reconnut, à cause de sa profondeur et de sa rapidité, la difficulté qu'il y avait de la traverser à la marée haute. On attendit, en conséquence, que la ma-

rée fût basse, et l'on employa ces quelques heures d'attente à faire un radeau en bambous.

Quand la mer fut retirée, on lança le radeau à la rivière; cinq ou six Hindous se mirent à la nage de chaque côté pour l'empêcher de dériver, et l'on atteignit sans accident la rive opposée.

La roideur des jambes de John s'était tellement accrue, qu'il crut encore qu'il serait forcé de rester en arrière; mais enfin, sa volonté l'emportant sur sa faiblesse, il arriva à la halte presque en même temps que le reste de la caravane.

Le lendemain on arriva dans le village où demeuraient les Hindous; John était si fatigué, qu'il entra dans la première hutte qu'il trouva ouverte, et se laissa aller, en s'excusant, sur une natte, où il s'endormit de ce sommeil irrésistible que nous avons déjà vu plusieurs fois s'emparer de lui.

Lorsqu'il se réveilla, il se trouva entouré de personnes qui, émues de son état, l'accompagnèrent chez le zemindar du village, qui le reçut avec la plus grande cordialité, et ordonna de lui servir toutes sortes de rafraîchissements.

John était si peu habitué à trouver cette compassion sur sa route, qu'il fut d'abord profondément touché des attentions du zemindar; mais, ayant appris qu'arrivé où il était, il se trouvait à quatre milles seulement de distance de Ramou, premier comptoir de la Compagnie, et ayant demandé au zemindar, ce qui était chose toute simple après la façon dont il l'avait reçu, de lui faciliter les moyens de gagner ce comptoir, il fut tout étonné que, sous prétexte des soins que réclamait sa santé, le zemindar fît mille instances pour le retenir, lui offrant dans quinze jours, quand il serait tout à fait remis, de l'envoyer à Calcutta avec un canot de trente avirons.

Dès lors John soupçonna, tant ces instances étaient pressantes, tant cette compassion pour ses malheurs était affectée, que le zemindar avait intérêt à ce qu'il demeurât le plus longtemps possible éloigné d'une ville où il pût donner connaissance de son naufrage. En creusant cette idée, John se convainquit peu à peu que non-seulement le zemindar avait trempé dans le pillage passé de la *Junon*, mais encore voulait se réserver le tranquille monopole de son pillage à venir.

En effet, la cargaison, toute de bois de teck, comme nous l'avons dit, devait s'être conservée parfaitement intacte et offrait à la cupidité du zemindar une tentation trop forte pour qu'elle pût y résister.

John insista donc pour que le zemindar le fît conduire à Ramou; mais, comme il vit que c'était un parti parfaitement pris chez lui d'empêcher ce départ par tous les moyens possibles, il feignit de céder aux instances de ce brigand, et s'apprêta à se mettre en route le lendemain.

Mais, comme il allait se mettre en route, le zemindar entra chez lui.

Le rusé coquin avait deviné son projet et venait aborder franchement la question en priant John de lui signer un certificat constatant qu'il n'avait participé en rien au pillage de la *Junon*; attendu, disait-il, que le certificat lui était nécessaire pour que le magistrat du district d'Islamabad, qui résidait à Chittagong, ne le rendît point responsable de ce qui était arrivé à l'endroit du bâtiment échoué et de ce qui pouvait arriver encore.

A cette condition, ou plutôt moyennant cette complaisance, il lui fournirait un canot pour se rendre à Ramou ou à tel endroit qu'il lui désignerait.

John voulait avant toute chose arriver à Ramou. Il signa au zemindar le certificat demandé, mais il eut soin de le faire précéder d'une relation complète du naufrage de la *Junon*, de manière que le zemindar ne pût point remettre cette pièce à l'officier de police de Ramou sans que celui-ci sût que des naufragés avaient survécu qui avaient besoin de son secours.

L'événement prouva que John avait eu raison de se défier du zemindar, car, le lendemain, au lieu de donner à John toutes les facilités de départ qu'il lui avait promises, ce fut lui qui partit, muni de son certificat, et qui, s'étant rendu à Ramou, remit la papier au phoughedar. Celui-ci, qui vit qu'il était question dans ce document de naufragés anglais, remit le papier au lieutenant Towers, qui commandait un détachement à Ramou, et le lieutenant Towers, ayant fait venir le zemindar, l'ayant interrogé, ayant remarqué l'ambiguïté de ses réponses, envoya aussitôt à Ramou un canot, une escorte, des provisions et de l'argent.

En outre, le chef de l'escorte était chargé d'une lettre pour John Mackay, lequel, on le pense bien, n'ayant pas revu le zemindar, était fort inquiet dans son village.

Le 22 dans la soirée, voyant que le canot promis n'arrivait pas et que chaque fois qu'il se présentait chez le zemindar on lui répondait que le zemindar était sorti, John résolut, au risque de ce qui pourrait lui arriver, de partir le lendemain. En conséquence, et pour qu'il ne fût pas dénoncé par les provisions qu'il lui fallait faire, chacun de ses compagnons économisa une portion de son souper, qu'il mit en réserve, après quoi John Mackay se coucha près de ses provisions.

Le lendemain avant le jour, il devait être en route.

Mais, comme il venait de s'endormir, on frappa à sa porte. C'étaient l'escorte et le bateau qui arrivaient.

Le lendemain matin tout le monde partit du village et s'achemina vers Ramou, où l'on arriva vers midi.

Le lieutenant Towers était sur le bord de la rivière et attendait les naufragés, qu'il conduisit à l'instant même chez lui. Madame Bremner fut installée dans sa propre chambre, et les autres furent répartis dans la maison.

Pendant trois jours il ne voulut point qu'ils pensassent à autre chose qu'à se rétablir, et pendant ces trois jours, dit John Mackay, il fut notre serviteur, notre chirurgien et même notre cuisinier.

Le 26, les naufragés furent embarqués dans deux canots, et le 28 on arriva à Chittagong, où commandait le lieutenant Price.

A Chittagong, les naufragés furent reçus comme à Ramou, et M. Price fut pour eux ce qu'avait été M. Towers.

Après un jour de repos, dont il avait grand besoin, John Mackay se présenta chez M. Thomson, juge du district d'Islamabad, auquel il fit sa déclaration. Celui-ci envoya aussitôt une garde près du navire échoué, pour mettre fin aux déprédations qui se commettaient sur la carcasse de ce malheureux bâtiment. Puis un rapport exact de tout ce qui s'était passé fut signé par madame Bremner, veuve du capitaine, John Mackay, second maître, et Thomas Johnson, le canonnier.

Ce rapport fut envoyé aux propriétaires du bâtiment, à Madras.

Huit jours après, sentant ses forces revenues, John Mackay se mit en route pour retourner près de la *Junon*, et sauver ce qui en restait encore.

C'était le 8 août.

Il s'embarqua sur un canot, emmenant des charpentiers et emportant tous les outils nécessaires. Le 12, il arriva à Ramou, où il se reposa chez le lieutenant Towers ; le 14, il continua son chemin, porté dans son palanquin ; enfin, le 17, il arriva dans la baie où le navire avait échoué et qu'il appela la *baie de la Junon*.

On construisit deux huttes, et dès le lendemain toute la charpente était empilée sur le rivage. On y mit alors le feu et l'on recueillit le fer, c'est-à-dire le seul objet de toute cette vieille carcasse qui eût encore une valeur.

Vers le commencement de novembre, le capitaine Galloway, commandant le navire la *Restau-ration*, arriva dans la baie, envoyé de Calcutta pour prendre le fer et la charpente.

Le 25 tout fut chargé, et le même jour la *Restauration* remit à la voile, emmenant John Mackay et se dirigeant sur Calcutta, où elle arriva heureusement le 12 décembre 1795.

Maintenant, si le lecteur désire savoir, après cette terrible catastrophe, ce que devinrent les principaux personnages de ce récit, nous lui dirons :

Que John Mackay, entièrement remis de son naufrage, fut, au commencement de 1796, nommé au commandement d'un bâtiment de la Compagnie, et que ce bâtiment, envoyé en Europe, y arriva en août 1796 ;

Que madame Bremner, après avoir recouvré ses forces et sa santé, redevenue plus jolie et plus gracieuse que jamais, fit un excellent mariage ;

Enfin que le mousse, qui avait si grand'peur des tigres, ayant, avec plus de raison encore, aussi grande peur de la mer, resta à Chittagong, où il vécut et mourut, exerçant honnêtement l'état de colporteur, qu'il avait sans doute choisi en souvenir de ces colporteurs portugais qui l'avaient si bien accueilli le soir où ils avaient été abandonnés, John Mackay et lui, par les Hindous.

LE KENT

ALEXANDRE DUMAS

I

e 1er mars, à dix heures du matin, un magnifique trois-mâts, ses grandes voiles carguées et prises aux bas ris, ses vergues de perroquet amenées, se tenait à la cape sous son grand hunier seul, avec trois ris pris, ses fausses fenêtres de poupe fer-mées, et tous ses soldats de quart, amarrés à un cordage de sûreté tendu sur le pont, luttant contre un des plus terribles grains qui aient jamais soulevé les vagues gigantesques de la mer de Biscaye.

C'était le *Kent*, magnifique navire de la Compagnie anglaise des Indes, commandé par le capitaine Henry Cobb et destiné pour le Bengale et la Chine. Il portait vingt officiers, trois cent quarante-quatre soldats, quarante-trois femmes et soixante-six enfants, tous faisant partie du 31ᵉ régiment d'infanterie, et cela sans compter vingt passagers et un équipage de cent quarante-huit hommes, officiers compris.

Tout cela était joyeusement parti des Dunes le 19 février 1825, car le bâtiment étant neuf et le capitaine expérimenté, car tout étant aménagé à bord pour le bien-être et le comfort le plus parfait, on pouvait avec confiance espérer un bon et rapide voyage.

Poussé par un vent frais du nord-ouest, le beau navire avait majestueusement descendu la Manche, et, le 23 février, après avoir perdu de vue les côtes d'Angleterre, était entré dans l'Atlantique.

Malgré quelques intervalles de mauvais temps, le navire avait continué de faire bonne route jusqu'à la nuit du lundi 28, où un coup de vent du sud-ouest, dont la violence avait progressivement augmenté pendant la matinée du 29, l'avait subitement arrêté au moment où nous sommes arrivés, c'est-à-dire au 1ᵉʳ mars, à dix heures du matin.

Malgré les précautions prises, le navire, lancé par les flots à des hauteurs prodigieuses, retombant du sommet de ces vagues dans des abîmes sans fond, roulait effroyablement : et ce roulis était encore augmenté par la nature d'une partie de la cargaison, formée de tonneaux pleins de boulets et de bombes. Vers le milieu du jour, le roulis devint si terrible, qu'à chaque inclinaison du bâtiment, soit à bâbord, soit à tribord, les haubans plongeaient de trois ou quatre pieds dans la mer. Il résultait de cet effroyable mouvement que les meubles les plus solidement calés étaient renversés et jetés d'un côté à l'autre du bâtiment avec tant de fracas, qu'il n'y avait plus moyen pour personne de se tenir soit dans la chambre, soit dans la salle commune.

Ce fut en ce moment qu'un officier, effrayé de l'horrible remue-ménage qui se faisait dans le pont et dans l'entre-pont, pensa qu'il ne serait pas mal d'aller voir ce qui, au milieu de pareilles secousses, pouvait se passer à fond de cale. En conséquence, il prit deux matelots avec lui, et ordonna à l'un d'eux de se munir d'une lampe de sûreté.

En entrant dans la cale, il s'aperçut que la lampe brûlait mal, et, dans la crainte du feu, s'il la ravivait lui-même, il envoya un des matelots arranger la mèche sur la plate-forme des câbles, restant pendant toute son absence dans l'obscu-

rité. Au bout de cinq minutes, il reparut, et, s'apercevant qu'une des barriques d'eau-de-vie était hors de sa place, il prit la lampe des mains du matelot qui la portait, et donna l'ordre à lui et à son compagnon d'aller chercher des coins pour caler cette barrique.

Tous deux sortirent.

Resté seul, l'officier se trouva obligé de tenir la lampe d'une main et de maintenir la barrique de l'autre; mais alors il arriva une telle secousse, que, violemment ébranlé, il fut obligé de lâcher sa lampe. Comprenant le danger auquel il exposait le bâtiment, il se hâta de la ramasser; mais, dans son empressement, il lâcha la barrique, qui se défonça en retombant : l'eau-de-vie se répandit aussitôt, et, entrant en contact avec la flamme de la lampe, la lave ardente se répandit dans la cale comme un serpent de feu. Au lieu de donner l'alarme par un cri imprudent, l'officier eut la force de se contenir, et, les deux matelots étant revenus, il fit à l'instant même prévenir par l'un d'eux le capitaine de ce qui se passait, et avec l'autre essaya de porter les premiers secours au feu.

Le capitaine accourut, donna ses ordres, et l'on commença d'essayer à comprimer le feu au moyen des pompes que l'on fit jouer, de seaux d'eau que l'on versa, et de toiles et de hamacs mouillés dont on encombra la cale au vin.

L'officier qui a laissé le récit le plus détaillé de cette catastrophe, le major Mac Gregor, homme à la fois plein de courage et de croyance sainte, était en ce moment occupé à observer les baromètres suspendus dans la chambre du conseil, lorsque l'officier de quart, M. Spence, s'approcha de lui et lui dit tout bas :

— Le feu est dans la cale au vin.

— Impossible !

— Allez-y voir, major.

Et M. Spence se remit à se promener de long en large et à maintenir l'ordre sur le pont avec autant de calme que l'agitation furieuse de la mer le lui permettait.

Le major Mac Gregor doutait encore. Il courut à l'écoutille, dont la fumée commençait à s'échapper, et trouva le capitaine Cobb et les officiers donnant avec le plus grand calme des ordres exécutés avec un calme presque égal par les matelots et par les soldats.

Le capitaine Cobb l'aperçut.

— Ah! c'est vous, major? dit-il.

— Oui, mon commandant. Puis-je vous être bon à quelque chose?

— Prévenez vos officiers et veillez à ce que le trouble ne se mette point parmi les soldats.

— Est-ce aussi grave qu'on le dit, commandant? demanda le major.

— Dame! voyez, dit le capitaine en lui montrant la fumée qui sortait par l'écoutille.

Le major fit des lèvres un mouvement qui signifiait que la chose était grave, et se mit en quête du lieutenant-colonel Fearon.

Le major Mac Gregor s'informa et apprit que le colonel Fearon était chez lui, avec quelques-unes des femmes des officiers, qui, tremblantes devant cette tempête effroyable et ne soupçonnant pas un autre danger en face d'un danger si grand, s'étaient réunies chez lui.

Il frappa à la porte avec l'intention de prendre à part le lieutenant-colonel et de lui annoncer le nouveau péril qui menaçait le bâtiment; mais, malgré cette précaution, le visage du major portait, à ce qu'il paraît, une telle empreinte de terreur, que les femmes se levèrent spontanément et demandèrent si la tempête devenait plus sérieuse.

Mais, en souriant, le major leur donna sa parole que de ce côté elles n'avaient rien à craindre, et la parole du major les rassura.

Le colonel Fearon sortit pour s'emparer de l'esprit de son régiment, et le major pour retourner sur le théâtre de l'incendie.

Les choses avaient fort empiré pendant son absence. A la légère flamme bleue de l'eau-de-vie, qui laissait croire encore à la possibilité de se rendre maître du sinistre, avait succédé une épaisse fumée qui, en énormes tourbillons, sortait par les quatre écoutilles et qui roulait en torrents d'un bout à l'autre du vaisseau.

En même temps, une forte odeur de goudron se répandait sur le pont.

Le major s'informa de ce changement au capitaine Cobb, qui lui répondit :

— La flamme a gagné de la cale au vin la soute aux cordages.

— Alors nous sommes perdus, fit le major.

— Oui, répondit simplement le capitaine.

Puis en même temps, d'une voix forte et qui indiquait l'imminence du danger, le capitaine Cobb cria :

— Pratiquez des voies d'eau dans le premier ou le second pont, déblayez les écoutilles, ouvrez les sabords de la batterie basse, afin que la mer entre de tous côtés.

On s'empressa d'obéir; mais déjà quelques soldats, une femme et plusieurs enfants avaient péri après des efforts inutiles pour gagner le pont supérieur. En descendant vers la batterie basse avec le colonel Fearon et le capitaine Braye et deux ou trois autres officiers du 31ᵉ qui voulaient ouvrir les sabords, ceux-ci rencontrèrent un des contre-maîtres chancelant, prêt à tomber, épuisé, perdant connaissance. Il venait de heurter du pied les cadavres de plusieurs personnes suffoquées par la fumée, dont il avait lui-même failli être victime.

En effet, cette fumée était si âcre et si épaisse, qu'en entrant dans l'entre-pont, ils se sentirent saisis par elle, et qu'à peine purent-ils y rester le temps nécessaire pour exécuter les ordres du capitaine Cobb.

Ils y arrivèrent cependant, et aussitôt la mer se précipita furieuse dans les voies qui lui étaient ouvertes, brisant les cloisons et dispersant comme des bouchons de liége les caisses les plus lourdes et les mieux amarrées.

C'était un spectacle terrible, et que cependant les spectateurs regardaient avec une certaine joie, car ils se flattaient de trouver leur salut dans cette ressource violente.

Plongés dans l'eau jusqu'aux genoux, les officiers s'encourageaient mutuellement avec cette voix âpre et stridente qui montre clairement que celui-là même qui crie aux autres : « Espérez ! » n'espère plus.

Et cependant cette quantité immense d'eau qui se précipitait dans la cale parvint à arrêter, non pas l'incendie, mais son accroissante fureur; seulement, au fur et à mesure que le danger de sauter en l'air diminuait, celui de sombrer augmentait : le vaisseau s'était visiblement alourdi et enfoncé de plusieurs pieds. On n'avait que le choix de la mort; on préféra celle qui offrait un sursis.

Les officiers se précipitèrent contre les sabords, qu'ils refermèrent à grand'peine; après quoi l'on boucha les écoutilles, afin d'exclure l'air extérieur des profondeurs du vaisseau, et l'on attendit, car on savait avoir maintenant une heure ou deux devant soi.

Alors les officiers qui venaient de noyer le bâtiment, remontés sur le pont, jetèrent les yeux autour d'eux et commencèrent à distinguer dans son ensemble d'abord, puis ensuite à suivre dans ses détails une scène terrible et sublime à la fois.

Le pont supérieur était couvert de six à sept cents créatures humaines : marins, soldats, passagers, hommes, femmes, enfants.

Quelques femmes, retenues dans leur lit par le mal de mer, s'étaient élancées hors de leurs cadres quand elles avaient connu le terrible danger dont elles étaient menacées, et, pareilles à des fantômes au milieu de cette nuit blafarde, à la lueur des éclairs, aux roulements de la foudre, erraient sur le pont, appelant, l'une son père, l'autre son frère, l'autre son mari.

Par un instinct naturel, ces sept cents personnes, au lieu de se serrer les unes contre les autres, s'étaient divisées par groupes, les forts avec les forts, les faibles avec les faibles.

Ces groupes permettaient que l'on circulât sur le pont dans les intervalles qu'ils avaient formés.

Quelques-uns des marins et des soldats les plus fermes de cœur, — ceux-là formaient le groupe le moins nombreux, — avaient été se placer directement au-dessus de la sainte-barbe, afin d'être emportés les premiers, et que l'explosion au centre de laquelle ils devaient se trouver terminât immédiatement leurs souffrances.

Parmi ces groupes, les uns attendaient leur sort avec une résignation silencieuse ou une insensibilité stupide.

D'autres se tordaient les bras, poussaient des cris sans paroles et se livraient à toutes les frénésies du désespoir.

D'autres imploraient à genoux et avec d'abondantes larmes la miséricorde du Très-Haut.

Plusieurs femmes et des enfants de soldats étaient venus chercher un refuge dans la chambre des ponts supérieurs et priaient avec les femmes des officiers et des passagers; parmi ces femmes, quelques-unes, douées d'un calme sublime, semblaient des anges envoyés par le Seigneur pour préparer à la mort la créature mortelle à laquelle Dieu a toujours le droit de reprendre la vie qu'il lui a donnée.

Au milieu de tout cela, quelques pauvres enfants, ignorant le danger, et les yeux fixes, ou jouaient dans leur lit, ou faisaient des questions qui prouvaient que le Seigneur écartait de leur angélique innocence jusqu'à l'apparence du danger.

Mais il n'en était point ainsi des autres.

Un jeune passager s'approcha du major Mac Gregor.

— Major, lui demanda-t-il, que pensez-vous de la situation?

— Monsieur, répondit le major, préparons-nous à reposer cette nuit même dans le sein de Dieu.

Le jeune homme s'inclina avec mélancolie, et, serrant la main du major,

— Mon cœur est en paix avec ce Dieu dont vous me parlez, major, dit-il, et cependant je vous l'avoue, je redoute beaucoup ce dernier instant, quoique je sache que cette crainte est absurde.

En ce moment, comme si la mer eût été furieuse qu'un autre élément s'apprêtât à détruire le bâtiment et qu'elle avait l'air de regarder comme sa proie et qu'elle attirait à elle par toutes les bouches de ses abîmes, une de ces vagues terribles qui montaient à la hauteur des vergues se précipita sur le pont, arracha l'habitacle de ses amarres et mit en pièces la boussole, dont elle emporta les débris.

Le coup avait été terrible; un morne silence l'avait suivi, car chacun regardait avec terreur autour de lui s'il ne lui manquait pas quelque être bien-aimé emporté par ce terrible coup de mer, quand, au milieu de ce silence, la voix d'un jeune contre-maître s'éleva pleine d'angoisse et cria :

— Capitaine, le *Kent* n'a plus de boussole !

Un long frémissement suivit ces paroles, car chacun sait ce que c'est qu'un navire perdu et errant au hasard sur l'Océan.

Aussi, à ces mots, un jeune officier qui jusque-là n'avait point paru désespérer, prit d'un air sombre une boucle de cheveux blonds dans son nécessaire et la plaça sur son cœur.

Un autre prit du papier et écrivit à son père quelques lignes qu'il introduisit dans une bouteille, espérant que la bouteille, recueillie par quelque âme charitable, serait envoyée à son père avec ce qu'elle contenait, et qu'ainsi, par la certitude de sa mort, il épargnerait au vieillard de longues années d'incertitude et d'anxiété.

Au moment où ce jeune officier s'avançait vers le bastingage pour jeter cette bouteille à la mer, un des seconds, M. Thomson, eut l'idée de faire monter un matelot au petit mât de hune, dans l'espérance de découvrir quelque bâtiment en vue, et que ce bâtiment pût secourir le *Kent*.

C'était une dernière espérance, bien faible, il est vrai, et cependant à laquelle tous les cœurs se rattachaient.

On attendit donc avec une inexprimable angoisse.

Le matelot parcourut des yeux tout le cercle de l'horizon. Puis tout à coup, agitant son chapeau :

— Une voile sous le vent ! cria-t-il.

Alors on put distinguer la chaloupe luttant contre les vagues. — Page 7.

Trois hourras de joie s'élancèrent du pont. A l'instant, on hissa les pavillons de détresse. On tira le canon de minute en minute, et l'on dirigea la manœuvre de manière à **arriver sur le** navire, qui était en vue, naviguant sous la misaine et les trois huniers.

II

LA CAMBRIA.

endant dix ou quinze mi-
nutes, tous les yeux fu-
rent fixés sur le bâtiment
en vue, que l'on sut plus
tard être la *Cambria*, petit brick de deux cents
tonneaux, faisant voile
pour la Vera-Cruz, sous
le commandement du capitaine Cook, et ayant
à bord vingt à trente mineurs de Cornouailles et
d'autres employés de la Compagnie anglo-mexicaine.

L'anxiété était grande, car on cherchait à s'assurer si, de son côté, il voyait ou ne voyait pas le
Kent.

Ces dix minutes furent un siècle.

On n'avait point d'espoir que le bruit des canons eût été entendu; ce bruit se perdait dans
les clameurs de la tempête et dans les rugissements de la mer.

Mais il pouvait bien certainement voir la fumée qui enveloppait le bâtiment de son nuage
sombre, et qui, pareille à une trombe, bondissait à la surface de la mer.

Après quelques minutes d'angoisses, on vit le
brick hisser pavillon anglais et mettre toutes
voiles dehors pour venir au secours du *Kent*.

Ce fut une joie universelle. Cette lueur de salut qui succédait à l'obscurité de la mort illumina
tous les cœurs, et cependant, en calculant l'espace qui restait à parcourir, la petitesse du bâtiment qui venait au secours du *Kent*, l'état
effroyable de la mer, il y avait quatre-vingts chances encore sur cent que le bâtiment sautât, que
celui qui était en vue pût en recueillir à peine la
dixième partie, et enfin que le transbordement
fût impossible.

En ce moment, et pendant que le capitaine
Cobb, le colonel et le major Mac Gregor tenaient
conseil sur les mesures les plus promptes et les
plus sûres de mettre les embarcations à la mer,

un lieutenant du 31° vint demander au major
dans quel ordre les officiers devaient quitter le
vaisseau.

— Dans l'ordre que l'on observe aux funé-
railles, répondit d'une voix calme le major Mac
Gregor.

Alors, comme si l'officier eût pensé qu'un second ordre supérieur était nécessaire, il se retourna vers le colonel Fearon, l'interrogeant du
regard.

— Eh bien, dit celui-ci, n'avez-vous point
entendu? Les cadets les premiers; mais d'abord,
et avant tout, les femmes et les enfants. Vous
passerez au fil de l'épée tout homme qui tenterait
de descendre avant eux.

L'officier s'éloigna en faisant un signe de tête
qui indiquait que l'ordre serait ponctuellement
exécuté.

Et en effet, pour empêcher l'encombrement
que l'on avait lieu de craindre d'après les signes
d'impatience qui se manifestaient chez les soldats et même chez les marins, deux officiers,
l'épée nue, se mirent en faction près de chaque
embarcation; mais il faut le dire, en jetant
les yeux sur leurs officiers, et en voyant leur
contenance calme et sévère à la fois, les soldats et les marins trop pressés à la fuite eurent honte d'eux-mêmes, et les premiers donnèrent l'exemple de la subordination et de la
discipline.

Vers deux heures ou deux heures et demie,
l'embarcation se trouva prête.

L'ordre fut à l'instant même donné par le capitaine Cobb d'y faire descendre autant de femmes, d'officiers, de passagers et de soldats que
le canot en pourrait contenir.

Alors on vit défiler sur le pont le lugubre cortége de ces malheureuses femmes vêtues des premiers objets dont elles avaient pu s'emparer, et
qui, traînant leurs enfants d'une main, tendaient
l'autre vers celui, père, frère ou mari, qu'elles

abandonnaient sur le bâtiment à une mort presque certaine.

Ce cortége s'avançait du gaillard d'arrière jusqu'au sabord, au-dessous duquel le canot était suspendu.

On n'entendait pas un cri, il ne se proférait pas une plainte; les petits enfants eux-mêmes, comme s'ils eussent compris la solennité de la situation, avaient cessé de pleurer. Deux ou trois femmes seulement demandèrent en grâce à ne pas s'embarquer seules et à rester près de leur mari. Mais la voix du major ou du colonel répondait : *Marchez*; et la malheureuse reprenait son rang, silencieuse et obéissante.

Et, quand on leur eût bien dit que chaque minute de retard apportée à l'embarquement pourrait être la perte de tout ce qui restait à bord, alors, sans plus rien demander, même cette sombre grâce de mourir avec leurs maris, elles s'arrachèrent aux embrassements, et, avec cette force d'âme qu'on ne trouve que chez elles, elles allèrent s'entasser sans un seul murmure dans le canot, qui descendit aussitôt à la mer.

Les plus croyants dans la miséricorde divine n'espéraient pas, tant la mer était grosse, que le canot pût tenir cinq minutes. Les marins placés dans les haubans crièrent même deux fois que le canot faisait eau; mais le major Mac Gregor étendit la main et d'une voix forte s'écria :

— Celui qui a fait marcher l'apôtre sur les vagues saura bien soutenir nos femmes et nos enfants sur les flots! Lâchez tout!

Le major Mac Gregor avait sa femme et son fils dans le canot. Mais ce n'était point assez que de donner l'ordre, il fallait l'exécuter.

En effet, voici comment l'embarquement se devait faire.

Ne voulant négliger aucune précaution, le capitaine Cobb avait aposté à chaque extrémité du canot un homme armé d'une hache afin de couper à l'instant même les palans si l'on éprouvait la moindre peine à les décrocher.

Or la difficulté d'une pareille opération sur une mer furieuse et avec une chaloupe surchargée ne peut-être comprise que par un marin.

En effet, après que les hommes chargés de ce travail difficile eurent deux ou trois fois essayé de déposer doucement la chaloupe sur la vague, l'ordre fut donné de défaire les crochets; le palan de poupe ne présenta aucune difficulté et fut dégagé à l'instant, mais au contraire les cordages de la proue s'embrouillèrent, et l'homme placé à ce poste ne put exécuter l'ordre donné. En vain

alors eut-on recours à la hache : la corde n'était pas tendue, la hache ne mordit point; mais, comme il arrivait alors que, retenu seulement par une de ses extrémités, le canot suivait tous les mouvements et qu'en ce moment la vague le soulevait, il fut un moment où l'on dut croire que l'embarcation suspendue verticalement par la proue allait verser à la mer tout ce qu'elle contenait. Par miracle, en ce moment une vague passa sous la poupe de la chaloupe et la souleva comme si la main de Dieu eût fait contre-poids au mouvement du vaisseau.

En ce moment, on parvint à décrocher le palan, et la chaloupe se trouva lancée à la mer.

Aussitôt on poussa au large, et ceux qui étaient restés sur le bâtiment, oubliant leur propre danger, s'élancèrent vers les bastingages pour voir quel sort attendait ceux qui venaient de les quitter.

Alors on put distinguer la chaloupe luttant contre les vagues, s'élevant comme un point noir à leur sommet, puis replongeant dans l'abîme pour disparaître encore et reparaître de nouveau.

Ce spectacle était d'autant plus effrayant, que la distance à parcourir du *Kent* à la *Cambria* était de près d'un mille, la *Cambria* ayant mis en panne à cette distance, afin d'échapper aux débris enflammés en cas d'explosion, et surtout pour se garantir du feu des canons, qui, chargés à boulets, tiraient au fur et à mesure que la flamme les atteignait.

Le succès ou l'insuccès de cette première tentative était donc la mesure des chances de salut ou de perte de l'avenir.

Qu'on juge aussi de l'intérêt avec lesquels, d'abord les pères, les frères et les maris, mais encore ceux-là mêmes qui ne lui portaient qu'un intérêt tout égoïste, suivaient cette précieuse embarcation.

Pour maintenir autant que possible le canot en équilibre, pour que les matelots pussent ramer sans trop de difficulté, on avait pêle-mêle sous les bancs entassé les enfants et les femmes. Seulement cette précaution, qui était de toute nécessité, les exposa à être noyés par l'écume qui à chaque coup de mer inondait le canot, et qui se résolvant en eau, montait au fur et à mesure que l'on avançait, de manière que, lorsqu'on approcha la *Cambria*, les femmes avaient de l'eau jusqu'à la ceinture et étaient obligées de tenir leurs enfants élevés dans leurs bras.

Enfin, au bout de vingt-cinq minutes, pendant

.. S'y cramponna et fut recueilli dans le canot. — Page 13.

lesquelles les malheureux demeurèrent entre la vie et la mort, la chaloupe accosta le brick.

Du bâtiment en flammes on pouvait encore voir le brick et la chaloupe; seulement on perdait les détails.

La première créature humaine qui passa du canot sur le brick fut le fils du major Mac Gregor, âgé de trois semaines, qui, enlevé des bras de sa mère par M. Thomson, quatrième lieutenant du *Kent* et commandant l'embarcation, fut soulevé jusqu'à la hauteur des bras qui s'étendaient du brick pour le recevoir.

Ainsi fut récompensée la sainte confiance du capitaine en Dieu.

Puis il en fut ainsi de tous les enfants et de toutes les mères, qui furent sauvés, depuis le premier enfant jusqu'à la dernière mère.

Les femmes sans enfants vinrent ensuite et passèrent à leur tour sans accident de la chaloupe sur le brick.

Puis le canot reprit sa course vers le *Kent* avec les seuls matelots, qui faisaient force de rames pour aller au secours de leurs compagnons.

Quand tous ces hommes, marins, soldats, passagers, virent revenir les canots vides, lorsqu'ils eurent la certitude que leurs femmes et leurs enfants étaient arrivés sans accident, un instant ceux qui jouissaient du bonheur de savoir ces êtres bien-aimés en sûreté oublièrent la situation où ils étaient eux-mêmes, et, suspendus entre deux abîmes, rendirent grâces à Dieu.

Mais, au retour de ce premier voyage, les embarcations essayèrent inutilement d'accoster le *Kent* bord à bord. C'était chose impossible à cause de la rage avec laquelle les vagues fouettaient le flanc du bâtiment ; force fut donc de tenir les embarcations au-dessous de la poupe, et de descendre les femmes et les enfants au moyen d'un cordage auquel on les attachait deux à deux.

Mais, comme le tangage était terrible, comme bien souvent, au moment où femmes et enfants allaient être déposés dans le canot, le canot se dérobait sous eux, alors ces malheureux étaient plongés à plusieurs reprises dans la mer.

Pas une femme ne périt cependant, mais il n'en fut pas de même des enfants, frêles créatures de la poitrine desquelles le souffle était chassé plus aisément, et plus d'une fois, après ces terribles immersions, la mère vivante et l'enfant mort furent déposés dans la chaloupe.

Ce fut alors le moment des épisodes terribles.

Deux ou trois soldats, pour soulager leurs femmes ou pour arriver à sauver plus promptement leurs enfants, sautèrent à la mer après se les être fait attacher autour du corps, et périrent avec eux submergés par ces vagues gigantesques.

Une jeune femme refusait de quitter son père, vieux soldat enchaîné à son poste ; il fallut l'arracher de ses genoux, où elle s'était cramponnée, la lier à l'extrémité de la corde, et la descendre malgré ses cris ; cinq fois les vagues les étouffèrent ; la sixième fois elle fut déposée évanouie dans le bateau, on la croyait morte, on allait la rejeter à la mer lorsqu'elle donna signe d'existence : elle fut sauvée.

Un homme se trouvait placé entre l'alternative de perdre sa femme ou ses enfants ; sans hésitation, il se prononça pour sa femme ; la femme fut sauvée, les quatre enfants périrent.

Un soldat, grand, fort, excellent nageur, n'ayant ni femme ni enfants, se chargea de trois des enfants de ses camarades, se les fit attacher sur les épaules, et, chargé de ce précieux fardeau, se jeta à la mer. Mais ce fut vainement qu'il essaya d'atteindre le canot ; alors ses compagnons, témoins des efforts inouïs qu'il faisait, lui jetèrent une corde ; il la saisit et fut hissé à bord.

Un matelot tomba dans l'écoutille, et, comme s'il fût tombé dans le cratère d'un volcan, fut en quelques secondes dévoré par les flammes.

Un autre eut l'épine du dos brisée, et cela si complétement, qu'il tomba plié en deux et ne se releva point.

Un autre, en arrivant à la *Cambria*, eut la tête prise et écrasée entre le canot et le brick.

Cependant les précautions à prendre pour embarquer les femmes et les enfants dévoraient un temps précieux. Le capitaine Cobb donna alors l'ordre d'admettre quelques soldats dans le bateau avec les femmes seulement. Ceux-ci atteindraient le bateau comme ils l'entendraient. C'était leur affaire.

Cette permission devint fatale à plusieurs. Sur une douzaine qui sauta immédiatement à la mer, cinq ou six furent engloutis.

Un de ces hommes... il y a d'étranges destinées, disons la sienne avec quelques détails :

Il avait une femme, une femme qu'il aimait tendrement et qui, étant de celles qui n'avaient pu obtenir de suivre le régiment, était condamnée à rester en Angleterre.

Elle résolut d'éluder la défense.

Elle suivit le régiment à Gravesend. Là, par l'aide de son mari et des compagnons de son mari, elle trouva moyen d'échapper à la vigilance des sentinelles et se glissa dans le bâtiment. Pendant plusieurs jours, elle resta cachée, et personne ne s'aperçut de sa présence à bord. A Deal, elle fut découverte, et on la renvoya à terre ; mais avec cette persévérance dont les femmes seules sont capables, elle rejoignit le bâtiment, se glissa de nouveau dans l'entre-pont et y demeura cachée parmi les autres femmes jusqu'au jour du désastre.

Au milieu du sinistre, on ne fit plus attention à elle, et son tour étant venu d'être attachée à la corde, elle y fut attachée et descendue dans la chaloupe. A peine son mari l'y vit-il en sûreté, que, profitant de la permission que venait de donner le capitaine, il sauta à l'eau, et, excellent nageur, eut bientôt gagné la chaloupe.

Ils allaient donc être réunis. Déjà sa femme lui tendait les bras, lorsqu'au moment où il avançait la main pour s'appuyer sur le plat-bord, un tan-

Paris. — Imp. Simon Raçon & Cⁱᵉ, rue d'Erfurth, 1.

gage subit fit heurter sa tête contre le bossoir. Étourdi du coup, il disparut à l'instant et ne reparut plus.

Nous avons dit qu'au moment où l'on avait crié au feu! les plus résolus d'entre les matelots et les soldats étaient allés se placer au-dessus de la sainte-barbe pour sauter des premiers, et en sautant être plus sûrement pulvérisés.

Un de ces matelots, voyant qu'il avait vainement attendu l'explosion près de cinq heures, s'impatienta.

— Eh bien, dit-il, puisque le feu ne vent pas de moi, voyons ce qu'en dira l'eau!

Et sur ces paroles il sauta à la mer, gagna le canot et fut sauvé.

Et, en effet, depuis sept heures le navire brûlait, sans que, par un miracle, la flamme eût encore atteint la sainte-barbe.

III

LE MAJOR MAC GREGOR.

andis que le canot autour duquel se groupaient tous les épisodes que nous avons dits et s'accomplissaient toutes les catastrophes que nous avons racontées, faisait un second voyage au brick, tandis qu'en arrivant à bord une femme de soldat accouchait d'une fille qui reçut le nom de Cambria, et qui, selon toute probabilité, vit encore aujourd'hui, — le jour tirait à sa fin, et le colonel Fearon, et le capitaine Cobb, et le major Mac Gregor se montraient d'autant plus empressés à accomplir leurs devoirs, en secourant par tous les moyens possibles les braves gens qu'ils s'étaient imposé l'obligation de sauver avant de penser un instant à se sauver eux-mêmes.

À cet effet, et pour établir un moyen plus facile de quitter le bâtiment, le capitaine Cobb ordonna de suspendre à l'extrémité du gui de brigantine, espèce de mât couché qui dépasse la poupe du bâtiment d'une quinzaine de pieds, un cordage le long duquel les hommes devaient se laisser glisser du bâtiment dans les embarcations.

Mais, par cette manœuvre, on courait deux dangers:

Le premier, de ne pouvoir arriver sans vertige au bout du gui, que le mouvement du tangage élevait parfois à trente pieds au-dessus des flots;

Le second, une fois suspendu à la corde, de manquer le canot et d'être plongé à la mer ou bien d'être brisé contre les plats-bords.

Aussi beaucoup de ceux qui, n'étant pas marins, n'avaient point l'habitude de grimper le long des manœuvres ou de courir sur les vergues, préféraient-ils se jeter à la mer par les fenêtres de poupe et essayer de gagner les canots à la nage.

Mais cependant, comme, malgré tous ces moyens de sauvetage, plus de la moitié des hommes était encore à bord, et qu'on ne pouvait savoir ce qu'il en resterait au moment où les flammes forceraient ces derniers à quitter le bâtiment, on commença de construire des radeaux avec les planches des cages à poules et tous les matériaux que l'on put réunir.

En même temps, chaque homme eut ordre de se mettre une corde autour du corps afin de s'amarrer aux radeaux si l'on était forcé d'y avoir recours.

Au milieu de ces dangers et des souffrances dont ils étaient accompagnés, quand à la crainte incessante d'être lancé dans l'espace et dans l'éternité se joignaient les premières atteintes d'une soif intolérable, un soldat découvrit, par hasard, une caisse d'oranges, et fit part de cette trouvaille à ses camarades.

Alors tous, d'un commun accord, avec un respect et une affection auxquels, en pareille circonstance, on ne pouvait guère s'attendre, apportèrent, depuis la première jusqu'à la dernière, ces oranges à leurs officiers, et refusèrent d'y toucher avant que chaque officier eût pris la sienne.

Comme entre chaque départ et chaque retour des chaloupes il s'écoulait près de trois quarts d'heure, les officiers pouvaient, pendant cet intervalle, faire de bien précieuses observations.

Nous allons donc, jusqu'à la fin de ce chapitre, pour mettre ces observations à notre tour sous les yeux du lecteur, emprunter notre récit à l'admirable, philosophique et précise relation du major Mac Gregor :

« Le temps ne me permet malheureusement pas de retracer ici les diverses pensées qui occupèrent mon esprit pendant cette terrible journée, ni les observations que je pus faire de ce qui se passait dans l'âme de mes compagnons d'infortune ; mais je crois devoir consigner ici un trait moral dont je conserve un souvenir parfaitement distinct.

« Il y avait un si grand nombre de personnes à bord, que j'eusse cru trouver, dans cette quantité d'organisations différentes, des nuances de caractère et de force d'âme assez diverses pour faire, si je puis m'exprimer ainsi, une échelle décroissante, depuis l'héroïsme jusqu'au dernier degré de la faiblesse et de l'égarement. Je fus promptement détrompé ; la situation mentale de mes compagnons de souffrance fut immédiatement séparée en deux catégories parfaitement distinctes, en deux couleurs fortement tranchées par une seule ligne, qui, ainsi que j'eus l'occasion de le voir, n'était pas impossible à franchir. D'un côté étaient rangés les puissants de cœur, ceux-là dont l'âme était encore exaltée par la force de la situation ; de l'autre, le groupe incomparablement moins nombreux de ceux chez qui le danger avait paralysé toute faculté d'agir et de penser, ou qu'il avait plongés dans le délire ou l'abattement.

« Ce fut avec un vif intérêt que j'observai les échanges de force et de faiblesse qui se firent entre ces deux groupes pendant les dix ou onze heures où je me trouvai à portée de les observer. Quelques hommes, par exemple, que leur agitation et leur faiblesse avaient rendus le matin l'objet de la pitié et même du mépris de tous,

s'élevèrent, les premières heures passées, par quelque grand effort intérieur, jusqu'à l'héroïsme le plus sublime, tandis que d'autres, au contraire, qui, en se roidissant contre les premières émotions, avaient fait admirer leur calme et leur courage, se laissant accabler tout à coup sans aucun sujet de désespoir nouveau, semblaient, à l'approche du danger, abandonner tout à la fois leur corps et leur esprit.

« Peut-être me serait-il possible de rendre compte de ces anomalies, mais ce n'est pas le but que je me propose. Je me borne à raconter ce que j'ai vu, en y ajoutant une circonstance qui produisit sur moi une vive impression.

« Comme j'étais sur le pont, occupé des observations que je viens de dire, j'entendis un soldat qui disait derrière moi :

« — Tiens! voilà le soleil qui se couche.

« Cette parole, bien simple en toute autre circonstance, me fit tressaillir vivement, car il était évident que ce soleil qui se couchait, c'était mon dernier soleil. Je tournai les yeux vers l'occident, et je n'oublierai jamais l'impression que me produisit cet astre à son déclin. Pénétré de cette conviction que l'Océan, dans lequel le soleil semblait se plonger, serait cette nuit même mon tombeau, j'en arrivai peu à peu, en descendant pour ainsi dire dans ma pensée, à me représenter dans tout leur effroyable réalisme les dernières souffrances de la vie et les conséquences de la mort. Cette pensée, que je voyais pour la dernière fois, ce soleil immense, foyer d'existence et de lumière, s'empara peu à peu de toute mon âme et donna à mes réflexions un côté de terreur qui jusque-là m'avait été complétement inconnu. Ce que je ressentais, ce n'était point le regret d'une vie que l'on trouve toujours inutile ou mal remplie quand on la regarde du seuil de la mort. Non, c'était comme une prescience vague, comme une vue sans bornes de l'éternité elle-même, abstraction faite de toute idée de misère ou de félicité. Non, l'éternité telle qu'elle se présentait à moi dans ce moment, c'était le vide, une atmosphère sans horizon, sans soleil, sans nuit, sans peine, sans plaisir, sans repos, sans sommeil, quelque chose de terne et de glauque comme le jour que l'homme qui se noie voit à travers la vague qui roule entre lui et le ciel. Cette pensée était cent fois pire que celle qui m'eût présenté une éternité de flammes, car la mienne à moi, telle que je la voyais, ce n'était ni la vie ni la mort, c'était une espèce de somnolence stupide qui tenait de l'une et de l'autre, et, en vérité, je ne sais jusqu'à quel sombre désespoir m'eût entraîné cette espèce de folie, si tout à coup je n'eusse fait un effort pour sortir de ce commencement de léthargie, et je ne me fusse rattaché, comme on le fait dans les convulsions de la mort, à quelqu'une de ces douces promesses de l'Évangile qui peuvent seules donner du charme à une existence immortelle. La vue même de ce soleil prêt à disparaître à l'horizon ramena mon âme vers celui qui a tout créé, et, au souvenir de ces adorables promesses, je me rappelai *cette cité bienheureuse qui n'a besoin ni de la lumière, ni du soleil, ni de la lune, parce que c'est la gloire même de Dieu qui l'éclaire.*

« Je laissai donc le soleil se perdre entièrement à l'horizon, et, aussi calme que s'il ne s'agissait point pour moi de franchir ce pas terrible qui sépare la vie de l'éternité, je descendis dans la grande chambre pour y chercher quelque objet qui me garantît du froid, devenu plus intense encore depuis que le soleil avait disparu.

« Rien n'était triste et désolé au monde comme l'aspect de cette salle, qui le matin même était encore le théâtre d'une conversation amicale et d'une douce gaieté. A l'heure où l'on était arrivé, elle était presque déserte ; on n'y rencontrait que quelques malheureux qui, ayant cherché dans l'eau-de-vie ou le vin l'oubli du danger, roulaient sur le plancher leur ivresse brutale, ou bien quelques misérables en quête de pillage, rôdant autour des secrétaires ou des armoires pour s'approprier un or ou des bijoux dont la jouissance était loin de leur être assurée. Les sofas, les commodes, ces meubles élégants qui font des bâtiments de transport anglais des modèles de comfort et de bien-être, étaient brisés en mille morceaux et renversés sur le parquet. Au milieu de leurs pieds brisés, au milieu de leurs coussins épars, des oies et des poulets couraient, échappés de leurs cages, tandis qu'un cochon, qui avait trouvé moyen de sortir de son étable, située sur le gaillard d'avant, s'était mis en possession d'un magnifique tapis de Turquie dont une des chambres était décorée.

« Ce spectacle, devenu plus triste encore par la vue de la fumée qui commençait à passer à travers les planches du parquet, me serra le cœur : je m'empressai de prendre une couverture et je remontai sur le pont, où je retrouvai, parmi le petit nombre d'officiers demeurés à bord, le capitaine Cobb, le colonel Fearon et les lieutenants Ruxton, Booth et Evans, qui dirigeaient avec un zèle admirable le départ de nos malheu-

reux camarades, dont le nombre diminuait rapidement.

« En général, au reste, les hommes doués d'une véritable force d'âme ne montrèrent ni impatience de quitter le bâtiment ni désir de rester en arrière. Les vieux soldats avaient trop de respect pour leurs officiers et trop de soin de leur propre réputation pour montrer de la hâte à partir les premiers ; d'un autre côté, ils étaient trop sages et trop résolus pour hésiter un seul instant lorsqu'ils recevaient l'ordre de partir.

« Et cependant, comme cette scène terrible tirait à sa fin, quelques malheureux qui restaient encore à bord, loin de montrer de l'empressement à partir, témoignaient, au contraire, toute leur répugnance à employer le périlleux moyen de salut qui leur était offert. Le capitaine Cobb fut donc forcé de renouveler, d'abord avec prière, puis ensuite avec menaces, l'ordre de ne pas perdre un seul instant, et un des officiers du 31e, qui, se dévouant au salut de tous, avait exprimé l'intention de rester jusqu'à la fin et de ne quitter le bâtiment qu'un des derniers, fut contraint de déclarer, à la vue de cette hésitation, que, passé tel délai qu'il indiqua à haute voix, il quitterait le bâtiment, abandonnant à ce qui pourrait leur arriver les cœurs faibles dont l'hésitation compromettait non-seulement leur propre salut, mais encore le salut des autres.

« Au milieu de ces retards, dix heures approchaient ; quelques hommes, épouvantés par l'élévation du gui et l'agitation de la mer, rendue plus terrible encore au milieu des ténèbres, se refusaient absolument à se sauver par ce moyen, tandis que d'autres demandaient qu'on les descendît, chose impossible, à la manière des femmes et avec un cordage autour du corps. Tout à coup on vint annoncer que le bâtiment, déjà enfoncé de neuf ou dix pieds au-dessus de la flottaison, venait encore de baisser tout à coup de deux pieds. Calculant d'ailleurs que les deux embarcations qui attendaient sous la poupe, jointes à celles qu'à la lueur des flammes on voyait éparses sur la mer ou revenant du brick, étaient suffisamment grandes pour contenir tous ceux qui, en état d'être transportés, se trouvaient encore à bord du *Kent*, les trois derniers officiers supérieurs du 31e régiment, au nombre desquels je me trouvais, songèrent sérieusement à faire retraite.

« Et maintenant, comme je ne saurais mieux donner une idée de la situation des autres qu'en décrivant la mienne, je demande au lecteur la permission de l'entretenir quelques instants de moi et de lui raconter avec quelques détails la façon dont j'échappai. Mon histoire sera celle de quelques centaines d'individus qui m'avaient précédé sur l'étroit chemin où je vais m'aventurer à mon tour.

« Le gui de brigantine d'un navire de la grandeur du *Kent*, qui dépasse la poupe de quinze à dix-sept pieds en ligne horizontale, se trouve en temps de calme à dix-huit ou vingt pieds au-dessus de la surface de la mer ; mais, au milieu d'une tempête comme celle qui s'acharnait sur nous, la hauteur des vagues et la violence du tangage le levaient souvent jusqu'à trente et quarante pieds.

« Il fallait donc à la fois, pour atteindre la corde flottante à l'extrémité du gui comme une ligne au bout de son bâton, ramper le long de cet agrès arrondi et glissant, manœuvre qui, même pour des marins qui en avaient l'habitude, n'était point sans danger et qui exigeait de tout le monde, marins ou autres, une tête exempte de vertiges, une main adroite et des muscles vigoureux.

« Ce voyage aérien avait, avant moi, déjà coûté la vie à bien des personnes : les unes n'avaient pas voulu le risquer, et s'étaient jetées tout d'abord à la mer ; aux autres, la tête avait tourné au tiers ou à la moitié du voyage, et elles s'étaient laissées tomber dans le gouffre, qui, béant au-dessous d'elles, les avait aussitôt englouties.

« Quelques-unes étaient arrivées à bon port jusqu'à l'extrémité du gui ou même jusqu'à l'extrémité de la corde ; mais là elles n'avaient point été sauvées. Restait cette chance à peu près égale d'être descendu dans la chaloupe, d'être brisé sur ses plats-bords ou d'être trempé dans la mer, et, arrivé à bout de force, de lâcher le câble pendant l'immersion.

« Comme on le voit, il n'y avait pas grande chance de salut dans notre seule chance de salut. Mais enfin, je le répète, comme c'était la seule, je n'hésitai point, mon tour venu, à me mettre à cheval sur ce morceau de bois glissant, malgré mon inexpérience et ma maladresse d'une semblable manœuvre ; mais, je dois le dire et je suis heureux même de le dire, avant que de m'y aventurer, je remerciai Dieu de ce que ce moyen de délivrance, si dangereux qu'il fût, me fût encore offert, et je le remerciai surtout d'en être arrivé à ne penser à mon propre salut qu'après avoir dignement rempli mon devoir envers mon souverain et envers mes camarades.

« Cette courte prière en action de grâces envoyée au ciel plutôt avec le cœur et les yeux qu'avec les lèvres, je me hasardai sur ma route aérienne et j'avançai du mieux que je pus.

« J'étais précédé par un jeune officier aussi inexpérimenté que moi dans la manœuvre que nous accomplissions, lorsque, arrivés à la presque extrémité du gui, nous fûmes assaillis par un grain violent mêlé de pluie qui nous contraignit d'interrompre notre route et de nous cramponner à ce bâton.

« Un instant nous crûmes qu'il nous fallait renoncer à tout espoir d'atteindre la corde ; mais, Dieu nous aidant, il en fut autrement : après quelques minutes d'immobilité, mon compagnon se remit en chemin et atteignit le câble, s'y cramponna et fut recueilli dans le canot, mais non sans avoir été immergé trois ou quatre fois.

« Son exemple me servit de leçon.

« Je calculai qu'au lieu de commencer à descendre quand le bateau était immédiatement au-dessous du câble, mieux valait au contraire risquer cette descente quand le bateau était à vingt-cinq ou trente pas, attendu que dans ce mouvement de va-et-vient c'était le seul moyen de me trouver au bout de la corde juste au moment où la chaloupe de son côté se trouverait au-dessous de moi.

« Grâce à ce calcul, en effet, me laissant glisser le long du câble que je serrais à la fois entre mes mains et entre mes genoux, je fus le seul qui atteignis la chaloupe sans avoir été plongé dans la mer et sans avoir reçu de graves contusions.

« Le colonel Fearon, qui me suivait, fut moins heureux. Après avoir été balancé en l'air pendant quelque temps, et avoir plongé dans la mer à plusieurs reprises ; après avoir été heurté contre le plat-bord du canot et même entraîné sous sa quille, il se trouva si épuisé, qu'il lâcha la corde ; par bonheur, au même moment un des hommes du canot l'aperçut, le saisit par les cheveux, et le tira à bord presque sans connaissance.

« Quant au capitaine Cobb, il avait déclaré qu'il ne quitterait que le dernier le pont de son bâtiment. Aussi, comme s'il eût répondu de la vie de tous ceux qui étaient embarqués sur le *Kent*, depuis le premier jusqu'au dernier, refusa-t-il de gagner les embarcations avant d'avoir fait tout ce qu'il lui était possible de faire pour triompher de l'irrésolution de ce petit nombre d'hommes que la frayeur avait privés de leurs facultés.

« Toutes ses supplications furent inutiles.

« Cependant, comme il entendait déjà tous les canons dont les palans étaient coupés par les flammes tomber l'un après l'autre dans la cale et y faire explosion, il pensa qu'un dévouement plus long ne serait qu'un entêtement insensé, et jetant un dernier regard sur son bâtiment :

« —Adieu, noble *Kent!* dit-il; adieu, mon vieux compagnon! Tu méritais une mort plus digne et plus belle, et j'eusse partagé ton sort avec joie s'il nous eût fallu couler ensemble au milieu d'une victoire; mais nous n'avons pas ce bonheur. Adieu, noble *Kent!* Hélas! hélas! était-ce donc ainsi que nous devions nous séparer?

« Puis, après quelques secondes d'un douloureux silence, il saisit la balancine d'artimon, et, se laissant glisser le long de ce cordage par-dessus la tête des malheureux qui restaient immobiles sans oser faire un pas ni en avant ni en arrière, il atteignit l'extrémité du gui, d'où, sans même se donner la peine de glisser le long de la corde, il se laissa tomber dans la mer et gagna le canot à la nage.

« Et cependant, malgré l'inutilité de ses supplications envers eux, il ne voulut point abandonner tout à fait ces cœurs faibles qui, s'exposant à un danger plus grand, n'avaient point osé braver le danger de leurs compagnons.

« Une embarcation fut laissée en conséquence en station au-dessous de la poupe, jusqu'au moment où les flammes qui sortaient violemment des fenêtres de la chambre du conseil rendirent impossible le maintien de cette position.

« Et néanmoins, lorsqu'une heure après l'arrivée du capitaine Cobb à la *Cambria*, l'embarcation laissée en arrière accosta à son tour, ramenant le seul soldat qu'il eût été possible de déterminer à fuir, le capitaine de la *Cambria* ne voulut point permettre aux matelots et au lieutenant de monter à bord, qu'il n'eût reconnu que la chaloupe était montée par M. Thomson, jeune officier qui avait fait preuve dans cette journée d'un zèle et d'un dévouement remarquables. »

IV

L'EXPLOSION.

Il serait difficile d'exprimer ce qui se passait à bord de la *Cambria* au fur et à mesure que les chaloupes, en accostant, annonçaient aux veuves et aux orphelins la mort de ceux qui avaient succombé, ou aux femmes et aux enfants dont Dieu avait eu pitié que leurs pères ou leurs maris existaient encore et leur étaient rendus.

Mais bientôt tout s'arrêta, douleur et joie, à la vue du spectacle que présentait le *Kent.*

Après l'arrivée du dernier bateau à bord de la *Cambria*, les flammes, qui avaient gagné le pont supérieur et la dunette du vaisseau, montèrent avec la rapidité de l'éclair jusqu'au haut de la mâture. Tout le bâtiment alors présenta une seule masse de feu qui embrasa le ciel et qui éclairait comme en plein jour tout ce qui se trouvait sur la *Cambria*, hommes et choses. Les pavillons de détresse hissés le matin continuaient de flotter au milieu des flammes, et se déroulèrent ainsi jusqu'au moment où les mâts enflammés eux-mêmes s'écroulèrent au milieu de l'incendie comme des cloches de cathédrale. Enfin, à une heure et demie du matin, le feu ayant atteint la sainte-barbe, l'explosion, qu'un prodige avait retardée jusque-là, retentit, et, terrible bouquet de ce funèbre feu d'artifice, les débris enflammés d'un des plus beaux bâtiments que l'Angleterre possédât montèrent jusqu'au ciel.

Puis tout s'éteignit, tout se tut, et la mer satisfaite rentra dans le silence et dans l'obscurité.

Et cependant la *Cambria*, qui, graduellement, avait fait de la voile, fila bientôt neuf à dix nœuds à l'heure et mit le cap sur l'Angleterre.

Deux mots maintenant de ce bâtiment, de son capitaine et des circonstances qui l'avaient mis à même de rendre cet éminent service aux malheureux naufragés du *Kent*.

La *Cambria*, qui, ainsi que nous l'avons dit, était un petit brick de deux cents tonneaux destiné pour la Vera-Cruz, sous le commandement du capitaine Cook, avec huit hommes d'équipage, et ayant à bord une trentaine de mineurs de la Cornouailles et quelques employés de la Compagnie anglo-mexicaine, se trouvait le matin même du désastre à une grande distance sous le vent faisant la même route que le *Kent*.

Mais la Providence ayant voulu que sa lisse de tribord fût subitement brisée par une grosse lame qui la prit en travers, le capitaine Cook, pour soulager son bâtiment, changea de bord et se trouva ainsi en vue du *Kent*.

On sait de quelle façon le capitaine Cook donna l'hospitalité aux malheureux naufragés. Mais maintenant voici ce qu'il faut dire :

C'est que, tandis que les huit hommes d'équipage étaient occupés aux manœuvres, les trente mineurs de Cornouailles, établis dans les haubans et dans la position la plus périlleuse, déployaient cette force musculaire devenue proverbiale en Angleterre, pour saisir à chaque retour de la vague, soit par la main, soit par les vêtements, soit même par les cheveux, quelque victime de ce grand naufrage, et pour la transporter sur le pont; en outre, on a vu la difficulté avec laquelle le capitaine Cook accueillit la dernière embarcation venue du *Kent*. Plus d'une fois déjà, en effet, les matelots, lassés de ces voyages, murmurant des périls auxquels on les exposait pour sauver des soldats de terre, êtres qui leur sont essentiellement antipathiques, eussent refusé de retourner au bâtiment, si le capitaine Cook non-seulement ne leur eût fait honte de cet égoisme, mais n'eût positivement déclaré qu'il ne les recevrait point à bord de la *Cambria*, qu'ils n'eussent complétement accompli leur œuvre d'humanité.

Or la Providence voulut encore que cette complication inouïe de dangers qui mettait aux prises l'incendie et la tempête fît de la lutte du feu et de l'eau un moyen de salut pour l'équipage, en ce qu'elle permit que le capitaine Cobb, en ouvrant ses sabords, pût inonder immédiatement la cale et ralentir les progrès de l'incendie, sans quoi le *Kent* eût été complétement dévoré par les flammes avant qu'un seul homme eût eu le temps de se réfugier à bord de la *Cambria*.

Et cette *Cambria* elle-même, ne fut-ce point un miracle qu'elle fût au commencement de son voyage au lieu d'être sur son départ, et par conséquent que ses vivres fussent à peine entamés au lieu de tirer à leur fin?

Ne fut-ce point un miracle encore que le pont, au lieu d'être encombré par une cargaison, fût complétement vide de marchandises, que l'on n'eût eu, dans ce cas peut-être, ni le temps ni la possibilité de jeter à la mer?

Ne fut-ce point un miracle toujours, que le vent, contraire au voyage qu'elle avait entrepris, fût si favorable, au contraire, pour la ramener chargée de six cents naufragés vers les côtes de l'Angleterre?

Car, il faut le dire, les malheureux naufragés, pour être à bord de la *Cambria*, n'étaient point sauvés pour cela, entassés qu'ils étaient, pendant une tempête furieuse, au nombre de six cents, sur un navire destiné à porter quarante ou cinquante hommes au plus, et jeté dans le golfe de Biscaye, à une centaine de milles du port le plus prochain.

Ainsi, par exemple, la petite chambre qui reçut le major Mac Gregor, destinée à huit ou dix personnes, en renfermait quatre-vingts, sur lesquelles soixante manquaient de place pour s'asseoir. Comme la tempête, au lieu de diminuer, redoublait de violence et qu'une des lisses avait été emportée la veille, les lames passaient à chaque instant par-dessus le pont, et l'on était obligé de fermer les écoutilles.

Mais en fermant les écoutilles, on supprimait l'air extérieur, et l'on asphyxiait les malheureux entassés dans l'entre-pont.

Alors on fut obligé d'ouvrir les écoutilles dans les intervalles des vagues.

Et en effet les hommes étaient entassés dans l'entre-pont, à ce point que la chaleur produite par la vapeur de leur haleine fit craindre un instant qu'à son tour la *Cambria* ne fût en feu.

La corruption de l'air était si forte, qu'une bougie allumée s'y éteignait à l'instant.

La condition de la foule qui encombrait le

pont n'était pas moins misérable, car ils étaient obligés de rester nuit et jour dans l'eau jusqu'à la cheville du pied, à moitié nus, transis de froid et d'humidité.

Heureusement, comme nous l'avons dit, le vent était bon, et, comme s'il eût compris que la *Cambria* ne pouvait marcher trop vite, il redoubla de violence. De son côté, au risque de rompre les mâts, le capitaine mit toutes voiles dehors, et, dans l'après-midi du 3 mars, le cri de *terre à l'avant!* retentit au haut de la hune.

Dans la soirée, on eut connaissance des îles Sorlingues, et, après avoir rapidement longé la côte de Cornouailles, on jeta l'ancre, à minuit et demi, dans le port de Falmouth.

Le lendemain le vent, qui jusque-là avait été du sud-ouest, sauta tout à coup au nord-ouest. Mais le miracle le plus grand, celui où la main de la Providence se trouve le mieux marquée, c'est que, trois jours après l'arrivée de la *Cambria* et de ses six cents naufragés, on apprit que le reste des hommes abandonnés sur le *Kent*, et que l'on croyait anéantis avec lui, venaient d'aborder à Liverpool, ramenés par la *Caroline*.

Maintenant, comment ce prodigieux sauvetage avait-il eu lieu? Les malheureux naufragés eux-mêmes pouvaient à peine en rendre compte. Le voici.

Après le départ du dernier canot, les flammes qui s'échappaient de tous côtés les forcèrent de se réfugier dans les porte-haubans, où ils restèrent jusqu'au moment où les mâts s'écroulèrent par-dessus bord, et, à moitié brûlés, s'éteignirent en s'écroulant. Alors ils se cramponnèrent à tous ces débris flottants et virent paraître le jour et s'écouler la matinée du lendemain dans cette effroyable situation.

Vers deux heures de l'après-midi, l'un d'eux, porté au haut d'une vague et jetant les yeux autour de lui, aperçut un bâtiment et fit entendre le cri : Une voile!

Cette voile venait droit sur eux.

C'était la *Caroline*, allant d'Alexandrie à Liverpool. Recueillis par le capitaine Bilbay, ils touchèrent, comme nous l'avons dit, les côtes d'Angleterre, quatre jours après leurs malheureux compagnons, qui les croyaient perdus.

Dieu est grand!

Charles Nodier.

Le chevalier Gluck.

Vue de Tunis.

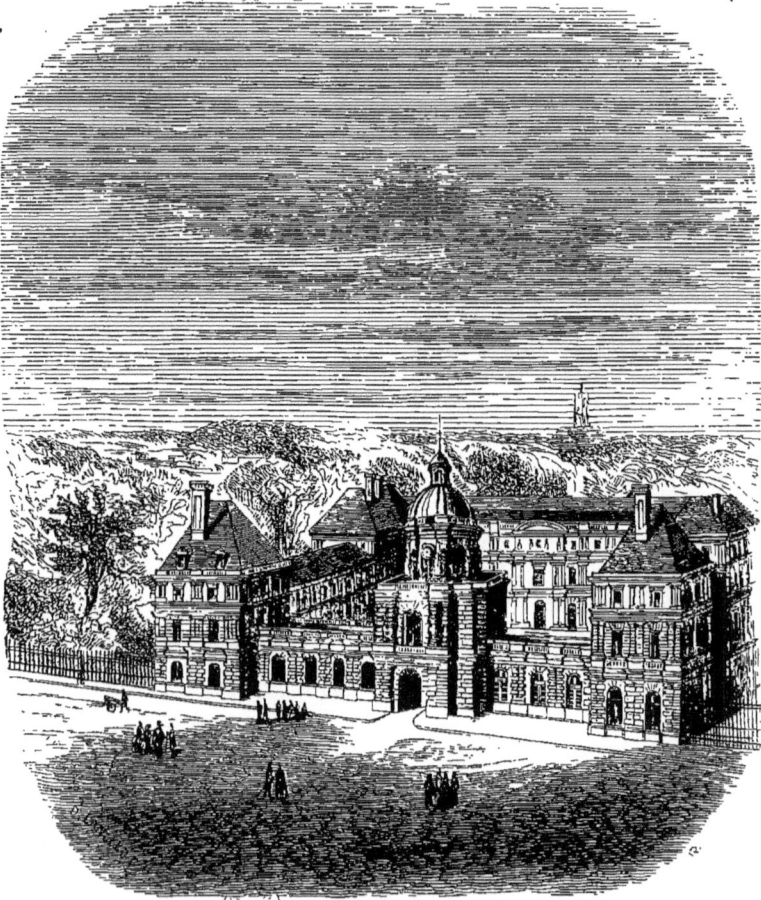

Le Luxembourg.

Le Louvre.

L'Arsenal.

Le capitaine Cook.

J. A. BEAUCE.

PISAN.

Le grand radeau.

Calcutta.

Alexandrie.

ROUIT J A BEAUCE

PARIS. — TYPOGRAPHIE SIMON RAÇON ET COMP., RUE D'ERFURTH, 1.

www.ingramcontent.com/pod-product-compliance
Lightning Source LLC
Chambersburg PA
CBHW070411090426
42733CB00009B/1626